Web Scraping with Python

파이썬으로 웹 크롤러 만들기 2판

KB146549

| 표지 설명 |

책 표지에 실은 동물은 사바나천산갑*Smutsia temminckii*입니다. 사바나천산갑은 무리를 짓지 않고 홀로 지내는 야행성 포유류이며 아르마딜로, 나무늘보, 개미핥기 등과 유전적으로 가깝습니다. 남아프리카와 동아프리카에서 서식합니다. 아프리카에는 천산갑 종이 셋 더 있지만, 모두 심각하게 멸종 위협을 받고 있습니다.

완전히 자란 사바나천산갑은 30센티미터에서 1미터 정도의 길이이며, 무게는 단 1.5킬로그램부터 33킬로그램까지 다양합니다. 아르마딜로와 비슷하게 몸을 보호하는 비늘에 덮여 있습니다. 비늘 색은 짙은 갈색, 옅은 갈색, 올리브색 등입니다. 어린 사바나천산갑의 비늘은 분홍색에 가깝습니다. 위협을 받으면 꼬리의 비늘은 몸을 보호하는 무기로 돌변해 공격자를 베거나 상처 입힐 수 있습니다. 항문 근처에 있는 샘에서 고약한 냄새가 나는 산을 분비해, 스컹크와 비슷한 방식으로 자신을 보호하기도 합니다. 이 산은 잠재적 공격자에게 경고를 보내는 동시에 영역을 표시하는 역할도 합니다. 배 쪽은 비늘 대신 털이 조금 나 있습니다.

개미핥기와 마찬가지로 사바나천산갑도 개미와 흰개미를 먹고 삽니다. 혀가 매우 길어서 통나무나 개미집을 핥아 개미를 사냥하기에 적합합니다. 자신의 몸보다도 길고, 휴식을 취할 때는 가슴 속에 넣고 다닙니다.

사바나천산갑은 홀로 지내는 동물이지만, 다 자라면 지하 깊숙한 굴에서 삽니다. 보통은 땅돼지나 혹멧돼지가 쓰다 버린 굴을 찾아서 삽니다. 물론 앞발에 긴 곡선형 발톱이 세 개 있어 필요하다면 문제없이 굴을 팔 수 있습니다.

오라일리에서 표지에 소개하는 동물 중 상당수는 멸종 위협에 처해 있습니다. 이들은 모두 우리 세계에 중요한 동물입니다. 이 동물들을 돕고 싶다면 animals.oreilly.com을 참고하십시오.

표지 그림은 라이데커의 『Royal Natural History』에서 가져왔습니다.

파이썬으로 웹 크롤러 만들기(2판)

초간단 나만의 웹 크롤러로 원하는 데이터를 가져오는 방법

초판 1쇄 발행 2016년 12월 1일
2판 3쇄 발행 2021년 6월 21일

지은이 라이언 미첼 / **옮긴이** 한선용 / **펴낸이** 김태헌
펴낸곳 한빛미디어(주) / **주소** 서울시 서대문구 연희로2길 62 한빛미디어(주) IT출판부
전화 02-325-5544 / **팩스** 02-336-7124
등록 1999년 6월 24일 제25100-2017-000058호 / **ISBN** 979-11-6224-163-9   93000

총괄 전정아 / **책임편집** 서현 / **기획** 이상복 / **편집** 백지선 / **진행** 김종찬
디자인 표지 신종식 내지 김연정 전산편집 백지선
영업 김형진, 김진불, 조유미 / **마케팅** 박상용, 송경석, 한종진, 이행은, 고광일, 성화정 / **제작** 박성우, 김정우

이 책에 대한 의견이나 오탈자 및 잘못된 내용에 대한 수정 정보는 한빛미디어(주)의 홈페이지나 아래 이메일로 알려주십시오. 잘못된 책은 구입하신 서점에서 교환해드립니다. 책값은 뒤표지에 표시되어 있습니다.
한빛미디어 홈페이지 www.hanbit.co.kr / **이메일** ask@hanbit.co.kr

지금 하지 않으면 할 수 없는 일이 있습니다.
책으로 펴내고 싶은 아이디어나 원고를 메일(**writer@hanbit.co.kr**)로 보내주세요.
한빛미디어(주)는 여러분의 소중한 경험과 지식을 기다리고 있습니다.

Web Scraping with Python

파이썬으로 웹 크롤러 만들기 2판

O'REILLY® 한빛미디어 Hanbit Media, Inc.

지은이 · 옮긴이 소개

지은이 **라이언 미첼** Ryan Mitchell

웹 크롤링, 보안, 데이터 과학에 관심이 많은 개발자. 현재 글로벌 펀드사 헤지서브HedgeServ에서 시니어 개발자로 근무하고 있습니다. 프랭클린 W. 올린 공과대학교를 졸업했고 하버드 대학교에서 소프트웨어 엔지니어링 석사 과정을 밟았습니다. 어바인Abine에서 웹 크롤러와 봇을 만들었고, 링크드라이브LinkeDrive에서는 API 및 데이터 분석 도구를 만들었습니다. 금융업 및 유통업 분야에서 웹 크롤링 프로젝트 컨설팅을 하고 있고, 교육과 강연 활동도 활발하게 펼치고 있습니다. 본서 외 저서로『Instant Web Scraping with Java』(Packt, 2013)가 있습니다.

옮긴이 **한선용**

웹 표준과 자바스크립트에 관심이 많은 번역가. 2008년부터 웹 관련 일을 했으며, 'WCAG 2.0을 위한 일반적 테크닉' 등의 문서를 번역해 웹에 올렸습니다. 번역서로『한 권으로 끝내는 Node & Express』(2015), 『자바스크립트를 말하다』(2014), 『데이터 시각화를 위한 데이터 인사이트』(2014), 『모던 웹을 요리하는 초간편 HTML5 Cookbook』(2012), 『Head First jQuery』(2012), 『jQuery Mobile』(2012), 『자바스크립트 성능 최적화』(2011, 이상 한빛미디어), 『자바스크립트 프로그래밍』(2013), 『처음 배우는 jQuery』(2012), 『에릭 마이어의 CSS 노하우』(2011, 이상 인사이트) 등이 있습니다.

옮긴이의 말

필자가 웹 스크레이핑에 대해 이야기할 때마다 누군가는 항상 이렇게 묻습니다. "구글 같은 기업은 어떻게 만들어지나요?" 필자의 대답은 항상 같습니다. "첫째, 수십억 달러를 모아 세계에서 가장 훌륭한 데이터센터를 만들고 세계 곳곳에 배치합니다. 둘째, 웹 크롤러를 만듭니다."

구슬이 서 말이라도 꿰어야 보배라는 속담이 있습니다. 길바닥에 돈이 굴러다녀도 주워야 내 것이라는 말도 있지요. 인터넷에 아무리 많은 정보가 있어도 수집하고 분석할 수 없다면 큰 의미가 없을 겁니다.

하지만 그 많은 것들을, 일일이 손으로 찾아다니며 직접 확인하는 것은 이제 불가능한 일이 됐습니다. 그래서 필요해진 것이 웹 크롤러입니다. 스스로 링크를 타고 움직이면서 정보를 수집하는 웹 크롤러가 이 책의 주제입니다.

처음 이 책의 번역을 제안받았을 때는 그저 크롤러를 만들고 HTML 구조를 분석하는 책이겠거니 생각했습니다만, 책을 쭉 읽어보니 생각보다 훨씬 다양한 분야를 다루고 있어 몹시 흥미로웠습니다. 케빈 베이컨의 여섯 다리라는 문제를 제시하고 몇 장에 걸쳐서 다양한 지식을 습득한 후 마침내 문제를 해결하는 구성도 좋았고, n-그램과 자연어 처리 부분을 읽고는 업무에 적용할 아이디어와 영감이 떠올라 흥분을 느끼기도 했습니다. 즉, 역자는 이 책을 번역하면서 아주 즐거웠습니다. 독자 여러분도 즐겁게 읽어보기 바랍니다.

저자의 깃허브 저장소에 있는 예제 파일 외에 13장에 필요한 이미지 파일 등은 한빛미디어 홈페이지(http://www.hanbit.co.kr/src/10163)에서 받을 수 있습니다.

책의 초판에 보내주신 독자 여러분의 사랑에 깊이 감사드립니다. 초판을 읽어보신 분이라면 4장, 5장, 16장에서 전에 없던 새로운 내용을 발견하실 수 있습니다. 그 밖에도 전반적으로 예제와 설명이 좀 더 이해하기 쉽게 바뀌었으므로, 혹시 초판에서 잘 이해되지 않는 부분이 있었다면 이번 개정판과 비교해보는 것도 괜찮을 것 같습니다.

좋은 책을 소개해주신 한빛미디어 이상복 편집자님께, 좋은 책을 쓴 라이언 미첼에게 감사합니다. 영문 원고 정리를 도와준 시즈카 호소이 님께 감사합니다. 모든 것에 대해, 부모님께 항상 감사합니다.

한선용

컴퓨터 프로그래밍은 공부하지 않은 이들에게는 마치 마술처럼 보일 수도 있습니다. 프로그래밍이 마술이라면, 웹 스크레이핑은 마법일 겁니다. 놀라울 정도로 간단하면서도 그 결과는 정말 인상적이고 유용하니까요.

사실 필자는 소프트웨어 엔지니어로 일해오면서 웹 스크레이핑만큼 프로그래머와 일빈인이 모두 흥미로워하는 분야를 별로 본 적이 없었습니다. 단순한 봇을 만들어 데이터를 수집하고 터미널에 보내거나 데이터베이스에 저장하는 일이 어렵지 않다면, 몇 번을 하든 똑같이 스릴과 가능성을 느끼게 될 겁니다.

웹 스크레이핑에 관해 이야기할 때마다 프로그래머들이 오해하고 혼란스러워하는 걸 보는 건 불행한 일입니다. 어떤 사람들은 웹 스크레이핑이 적법한 일인지 확신하지 못하고(적법합니다), 자바스크립트를 많이 사용하거나 로그인이 필요한 페이지를 어떻게 처리해야 할지 모르겠다는 사람도 있었습니다. 대규모 웹 스크레이핑을 어디부터 시작해야 할지 혹은 원하는 데이터를 어디에서 찾아야 할지부터 혼란스러워하는 사람도 있었습니다. 웹 스크레이핑에 관한 흔한 의문과 오해를 종식하고, 가장 널리 쓰이는 웹 스크레이핑 작업에 관해 상세한 가이드를 제공하기 위해 이 책을 썼습니다.

웹 스크레이핑은 다양하고 빠르게 변하는 분야이므로, 흔히 마주치는 데이터 수집 프로젝트들에 대응할 수 있도록 고수준 개념과 구체적인 예제를 함께 제공하려고 노력했습니다. 책 전반에 걸쳐 코드 샘플로 개념을 보여주는 동시에 직접 실습할 수 있게 할 것입니다. 이들 코드 샘플은 공개한 것이므로 저작권 표시 없이 사용해도 무방합니다(물론 표시한다면 감사하겠습니다). 모든 코드 샘플은 필자의 깃허브 저장소(https://github.com/REMitchell/python-scraping)에서도 보거나 내려받을 수 있습니다.

웹 스크레이핑이란?

인터넷에서 자동으로 데이터를 수집하는 일은 거의 인터넷 자체만큼 오래됐습니다. 웹 스크레이핑 자체는 새로운 개념이 아니지만, 그동안은 화면 스크레이핑이나 데이터 마이닝, 웹 하베스팅, 또는 그 비슷한 표현이 더 많이 쓰였습니다. 최근에는 웹 스크레이핑이라는 용어가 더 널리 쓰이므로 책에서도 이 표현을 사용합니다. 하지만 특히 여러 페이지를 횡단하는 프로그램은 웹 크롤러라고 부를 것이고, 웹 스크레이핑 프로그램 자체를 봇이라 부르기도 할 겁니다.

이론적으로는, 웹 스크레이핑이란 데이터를 수집하는 작업 전체를 말하며, API를 활용하는 프로그램이나 사람이 직접 웹 브라우저를 조작하는 방법만 제외하면 어떤 방법을 쓰든 상관없습니다. 가장 널리 쓰이는 방법은 프로그램을 만들어 웹 서버에 쿼리를 보내 데이터(보통 HTML이나 기타 웹 페이지를 구성하는 파일)를 요청하고, 이를 파싱해 필요한 정보를 추출하는 작업을 자동으로 하는 겁니다.

현실적으로는, 웹 스크레이핑은 데이터 분석, 자연어 처리, 정보 보안 같은 다양한 프로그래밍 테크닉과 기술을 포괄합니다. 1부에서는 웹 스크레이핑과 크롤링의 기본을 설명하고, 2부에서는 고급 주제 몇 가지를 살펴봅니다. 먼저 1부를 꼼꼼히 읽고 공부한 다음, 필요한 주제에 따라 2부를 읽는 것을 권합니다.

왜 웹 스크레이핑을 써야 할까요?

오직 브라우저만 사용해 인터넷에 접근한다면 수많은 가능성을 놓치고 있는 겁니다. 브라우저는 자바스크립트를 실행하고 이미지를 표시하며 객체를 사람이 읽기 편한 형식으로 표시하는데 뛰어나지만, 웹 스크레이퍼는 다량의 데이터를 수집하고 처리하는 데 뛰어납니다. 모니터의 좁은 창에서 페이지를 하나씩 볼 필요 없이, 데이터베이스에서 수천, 심지어 수백만 페이지를 즉시 볼 수 있습니다.

또한 웹 스크레이퍼는 전통적 검색 엔진으로는 불가능했던 일도 할 수 있습니다. 구글에서 '보스턴까지 가는 가장 싼 항공편'을 검색하면 인기 있는 항공편 검색 사이트와 광고가 뒤섞여 나올 겁니다. 구글은 이들 웹사이트의 콘텐츠 페이지에 기재된 내용만 알 뿐, 항공편 검색 애플리케이션에서 사용할 수 있는 다양한 쿼리 결과를 정확히 알지는 못합니다. 하지만 잘 만들어진 웹 스크레이퍼는 다양한 웹사이트에서 시간별로 항공편 비용을 검색해 이를 차트로 만들고, 언제 항공권을 사는 게 가장 좋을지도 알려줄 수 있습니다.

'데이터 수집을 하기 위해 API가 존재하는 것 아닌가?' 하고 생각할 수도 있습니다(API가 뭔지 잘 모른다면 12장을 보십시오). 물론 목적에 딱 맞는 API를 찾는다면 정말 좋을 겁니다. API를 이용하면 깔끔하게 구성된 데이터를 한 서버에서 다른 서버로 간편하게 옮길 수 있으니까요. 트위터 포스트나 위키백과 페이지처럼 다양한 데이터 타입에 맞는 API를 찾을 수 있습니다. 일반적으로 API가 존재한다면 같은 데이터를 수집하기 위해 일부러 봇을 만들기보다는 API를 쓰는 편이 낫습니다. 하지만 다음과 같은 이유로 딱 맞는 API가 존재하지 않을 수도 있습니다.

- 아주 많은 사이트들에 걸쳐 비교적 작은 데이터를 수집해야 하는데 이 사이트들의 API가 서로 맞지 않을 수 있습니다.
- 필요한 데이터가 매우 작고 제한적이어서 웹마스터가 API를 준비하지 않았을 수도 있습니다.
- 사이트에 API를 만들 만한 인프라나 기술적인 능력이 없을 수도 있습니다.
- 귀중한 데이터는 보호받고 있어 널리 퍼지는 것을 원하지 않는 경우도 있습니다.
- 설령 API가 **존재하더라도** 요청 크기나 빈도에 제한이 있을 수 있고, 데이터 타입이나 형식이 당신의 목적에 맞지 않을 수도 있습니다.

이런 면에서 웹 스크레이핑이 필요합니다. 몇 가지 예외를 제외하면, 무언가를 브라우저에서 볼 수 있다면 그것은 파이썬 스크립트로도 접근할 수 있습니다. 스크립트로 접근할 수 있다면 데이터베이스에 저장도 가능합니다. 데이터베이스에 저장할 수 있다면 그 데이터로 할 수 있는 일은 무궁무진합니다.

거의 무한한 데이터에 접근할 수 있게 되면서, 대단히 실용적인 애플리케이션들이 많이 만들어졌습니다. 뉴스 사이트의 데이터에서 시장 예측 프로그램이 탄생했고 번역된 텍스트들을 바탕으로 기계번역 프로그램이 만들어졌으며, 심지어 건강 포럼의 데이터는 의학적 분석에 지대한 공헌을 했습니다.

웹 스크레이핑은 예술 세계에도 창조의 새 지평을 열었습니다. 2006년에 조너선 해리스와 셉

캠버가 주도한 프로젝트 'We Feel Fine'(http://wefeelfine.org)은 영어로 된 블로그 사이트들을 검색해 'I feel'이나 'I am feeling'으로 시작하는 구절들을 찾았습니다. 이를 통해 세계인들이 매일, 매분 어떻게 느끼는지 나타내는 데이터 시각화를 완성할 수 있었습니다.

당신이 일하는 분야가 무엇이든, 웹 스크레이핑을 통해 비즈니스를 더 효과적으로 만들고 생산성을 향상시키거나 심지어 완전히 새로운 분야로 뻗어나갈 방법이 거의 항상 존재합니다.

이 책의 구성

이 책은 웹 스크레이핑을 소개하는 것에 그치지 않고 오늘날 웹에 존재하는 거의 모든 종류의 데이터를 수집, 변형, 사용할 수 있는 상세한 가이드로 읽을 수 있게 디자인되었습니다. 이 책에서는 파이썬 언어를 사용하고 파이썬의 기본을 설명하기도 하지만, 이 책을 파이썬 교재로 사용할 수는 없습니다.

파이썬을 전혀 모른다면 이 책은 조금 어려울 수 있습니다. 파이썬 교재로 이 책을 사용하면 안 됩니다. 그래도 필자는 더 많은 독자가 내용을 이해할 수 있도록 파이썬 초중급자 수준에 맞춰 개념을 설명하고 코드 예제를 작성했습니다. 이를 위해 필요한 곳에서는 고급 파이썬 프로그래밍이나 컴퓨터 과학 지식을 설명하기도 했습니다. 경험 많은 독자는 이런 부분을 건너뛰고 읽으면 됩니다.

더 상세한 파이썬 가이드가 필요하다면 조금 길긴 하지만 빌 루바노빅의 『처음 시작하는 파이썬』(한빛미디어, 2015)을 권합니다. 너무 긴 책이 부담스럽다면 제시카 매켈러의 동영상 강의 'Introduction to Python'(http://shop.oreilly.com/product/110000448.do)도 훌륭한 교재입니다. 제가 강의를 들었던 앨런 다우니가 쓴 『씽크 파이썬』(길벗, 2017)도 좋습니다. 이 책은 특히 프로그래밍이 처음인 사람에게 좋습니다.

기술 서적은 종종 언어나 기술 한 가지에 집중하지만, 웹 스크레이핑은 데이터베이스, 웹 서버, HTTP, HTML, 인터넷 보안, 이미지 처리, 데이터 과학, 기타 도구 등을 사용해야 하는 여러 주제로 이루어집니다. 이 책에서는 인터넷을 통해 원격 소스에서 데이터를 수집한다는 목적에 부합하는 선에서 이들을 모두 설명할 겁니다. 각각의 주제를 완벽하게 다루는 것은 아니지만, 웹 스크레이퍼를 만드는 데 필요한 만큼은 충분히 설명했습니다.

1부에서는 웹 스크레이핑과 웹 크롤링에 대해 깊이 있게 설명하며, 책에서 사용할 라이브러리에 중점을 둡니다. 1부는 이들 라이브러리와 테크닉에 관한 상세한 레퍼런스로 활용할 수도 있습니다(예외도 있지만, 그럴 때는 참조할 내용을 추가로 제공합니다). 1부에서 다루는 스킬은, 어떤 타깃이나 애플리케이션을 목표로 하든 웹 스크레이퍼를 작성하는 모든 사람에게 유용한 내용입니다.

2부에서는 독자가 웹 스크레이퍼를 만들 때 유용한 추가 주제를 다룹니다. 하지만 이들 주제는 불행히도 한 장에서 설명하기에는 너무 방대합니다. 따라서 추가 정보를 위해 다른 자원을 자주 참조할 겁니다.

이 책은 원하는 웹 스크레이핑 테크닉이나 정보를 쉽게 찾을 수 있도록 만들었습니다. 어떤 개념이나 코드가 이전 장에서 언급한 내용을 바탕으로 만들어졌다면 참조한 섹션을 명시적으로 언급할 겁니다.

감사의 말

가장 좋은 제품이 사용자의 피드백 속에서 만들어지는 것과 마찬가지로, 수많은 협력자, 독려자, 편집자의 도움이 없었다면 이 책 역시 유용한 형태로 만들어지지는 않았을 겁니다. 이 다소 독특한 주제에 대해 오라일리 스탭이 보여준 감탄스러운 지원에 감사합니다. 필자의 원고를 읽으며 아낌없이 조언해준 친구들과 가족, 그리고 헤지서브의 동료들에게 감사합니다.

특히 앨리슨 맥도널드와 브라이언 앤더슨, 미겔 그린버그, 에릭 반위크가 준 피드백, 도움, 애정에 감사합니다. 이 책의 일부 섹션과 코드 샘플은 거의 그들이 만들어준 거나 마찬가지입니다.

초판을 비롯해 2판까지 4년 동안 무한한 참을성을 보여준 예일 스펙트에게도 감사합니다. 스펙트는 처음에 이 프로젝트를 진행할 수 있도록 용기를 주었고, 쓰는 동안 계속 스타일에 관해 피드백을 주었습니다. 그가 없었다면 이 책을 쓰는 데 걸리는 시간은 절반 정도로 줄었겠지만, 별로 도움이 되는 책이 되지도 않았을 겁니다.

마지막으로 짐 월도에게 감사합니다. 필자가 젊고 감수성이 예민하던 십대에 리눅스 박스와 『The Art and Science of C』를 보내주지 않았다면 아마 필자의 오늘은 존재하지 않았을 겁니다.

CONTENTS

Part I 스크레이퍼 제작

CHAPTER 1 첫 번째 웹 스크레이퍼

CHAPTER 2 고급 HTML 분석

CONTENTS

CHAPTER 6 데이터 저장

Part II 고급 스크레이핑

CHAPTER 7 문서 읽기

CONTENTS

CHAPTER 14 스크레이핑 함정 피하기

CHAPTER 15 스크레이퍼로 웹사이트 테스트하기

CONTENTS

스크레이퍼 제작

1부에서는 웹 스크레이핑의 기본에 대해 다룹니다. 파이썬으로 웹 서버에 정보를 요청하는 법, 서버 응답을 처리하는 기본적인 방법, 웹사이트와 자동적으로 통신하는 법이 1부의 주된 내용입니다. 1부를 마치고 나면 인터넷을 쉽게 여행할 수 있고, 도메인에서 도메인으로 건너뛰며 정보를 수집하고 저장하는 스크레이퍼를 만들 수 있게 될 겁니다.

사실 웹 스크레이핑은 비교적 적은 투자로 엄청난 소득을 올릴 수 있는 환상적인 분야입니다. 웹 스크레이핑 프로젝트의 90% 정도는 다음 여섯 장에서 배울 내용만으로 만들 수 있습니다. 여기서 다룰 내용은(기술적인 지식이 좀 있는) 일반인들이 '웹 스크레이퍼'라는 단어를 들었을 때 떠올릴 만한 것들입니다.

- 도메인 이름을 받고 HTML 데이터를 가져옴
- 데이터를 파싱해 원하는 정보를 얻음
- 원하는 정보를 저장함
- 필요하다면 다른 페이지에서 이 과정을 반복함

이 내용을 잘 익히면 2부에서 더 복잡한 프로젝트를 다룰 기초가 잘 마련될 겁니다. 1부가 2부에서 다룰 고급 프로젝트보다 덜 중요할 거라는 착각에 빠지지 마십시오. 앞으로 만들게 될 웹 스크레이퍼에 필요한 거의 모든 정보를 1부에서 얻게 될 겁니다.

Part I

스크레이퍼 제작

## CHAPTER 1

첫 번째 웹 스크레이퍼

일단 웹 스크레이핑을 시작하면 브라우저가 우리를 위해 얼마나 많은 일을 하고 있었는지 새삼 감탄하게 될 겁니다. HTML 구조, CSS 스타일, 자바스크립트 실행, 이미지 렌더링을 거치지 않은 웹을 처음 보면 좀 겁이 날 수도 있지만, 이 장과 다음 장에서는 브라우저의 도움 없이 데이터 구조를 파악하고 해석하는 방법을 배울 겁니다.

이 장에서는 웹 서버에 특정 페이지 콘텐츠를 요청하는 GET 요청을 보내고, 그 페이지의 HTML 결과를 얻고, 우리가 원하는 콘텐츠를 뽑아내는 단순한 데이터 추출의 기본을 배웁니다.

1.1 연결

네트워크나 네트워크 보안을 공부하지 않았다면 인터넷이 움직이는 방식이 좀 어려워 보일 수도 있습니다. 브라우저를 열고 *http://google.com*에 들어갈 때마다 네트워크에서 정확히 무슨 일이 일어나는지 생각하고 싶은 사람은 없고, 최근에는 그럴 필요도 없습니다. 사실 필자는 컴퓨터 인터페이스가 진화해서 인터넷을 사용하는 사람들 대부분이 인터넷이 어떻게 동작하는지 대충이라도 생각할 필요가 없게 된 게 아주 잘된 일이라고 생각합니다.

하지만 웹 스크레이핑은 이런 편리한 인터페이스를 브라우저 수준(HTML, CSS, 자바스크립트를 해석하는 방법)에서 없애야 할 뿐 아니라, 가끔은 네트워크 연결 수준에서 없애야 할 때도 있습니다.

다음 예제를 살펴보면서 브라우저로 정보를 가져오는 구조에 대해 감을 잡아봅시다. 앨리스는 웹 서버를 가지고 있습니다. 밥은 데스크톱 컴퓨터를 가지고 있고 앨리스의 서버에 연결하려고 합니다. 컴퓨터가 다른 컴퓨터에 연결하려면 다음과 같은 일이 일어나야 합니다.

1. 밥의 컴퓨터는 1과 0으로 된 비트 스트림을 보냅니다. 각 비트는 전압으로 구별됩니다. 이들 비트는 정보를 구성하며, 헤더와 바디도 그런 정보에 포함됩니다. 헤더에는 바로 다음 목표인 밥의 라우터 MAC 주소와 최종 목표인 앨리스의 IP 주소가 들어 있습니다. 바디에는 밥이 앨리스의 서버 애플리케이션에 요청하는 내용이 들어 있습니다.

2. 밥의 라우터는 이들 비트를 받아 밥의 MAC 주소에서 앨리스의 IP 주소로 가는 패킷으로 해석합니다. 밥의 라우터의 고유 IP 주소를 패킷에 'from' 주소로 기록한 다음밥의 라우터는 이 패킷을 인터넷에 보냅니다.

3. 밥의 패킷은 여러 중간 서버를 거치며 이동합니다. 중간 서버들은 정확한 물리적 경로 또는 유선 경로를 거쳐 앨리스의 서버를 향해 패킷을 보냅니다.

4. 앨리스의 서버는 자신의 IP 주소에서 그 패킷을 받습니다.

5. 앨리스의 서버는 헤더에서 패킷 포트의 목적지 정보를 읽고 패킷을 적합한 애플리케이션, 즉 웹 서버 애플리케이션에 보냅니다. 웹 애플리케이션에서 패킷 포트의 목적지는 거의 항상 80포트입니다. IP 주소가 거리 주소라면 포트 번호는 아파트의 동호수라 생각해도 됩니다.

6. 웹 서버 애플리케이션은 서버 프로세서에서 데이터 스트림을 받습니다. 이 데이터에는 다음과 같은 정보가 들어 있습니다.
   – 이 요청은 GET 요청임
   – 요청하는 파일은 `index.html`임

7. 웹 서버는 해당하는 HTML 파일을 찾고 새 패킷으로 묶어서 자신의 라우터를 통해 밥의 컴퓨터로 전송합니다. 웹 서버가 보낸 패킷은 밥이 보낸 패킷과 같은 과정을 거쳐 밥의 컴퓨터에 도달합니다.

그러면 웹 브라우저는 이 과정 중 어디에 개입했을까요? 아무 곳에도 개입하지 않았습니다. 사실 브라우저는 인터넷 역사에서 비교적 최근에 발명된 제품입니다. 1990년에 나온 넥서스가 최초의 브라우저입니다.

물론 웹 브라우저는 이들 패킷을 만들고, 운영체제를 통해 패킷을 보내고, 돌아온 데이터를 해석해 사진, 소리, 비디오, 텍스트 등으로 표현하는 매우 유용한 애플리케이션입니다. 하지만 웹 브라우저 역시 코드일 뿐이고, 코드는 떼어내서 기본 구성 요소로 나누고, 다시 만들고, 재사용하고, 원하는 어떤 것으로든 바꿀 수 있습니다. 웹 브라우저는 프로세서에 명령을 내려 데이터를 애플리케이션에 보내서 유/무선 인터페이스로 처리할 수 있으며, 파이썬에서는 단 세 줄의 코드로 같은 일을 할 수 있습니다.

```
from urllib.request import urlopen
html = urlopen('http://pythonscraping.com/pages/page1.html')
print(html.read())
```

이 코드를 scrapetest.py에 저장하고 터미널에서 다음 명령어로 실행해도 되고, 필자의 깃허브 보관소에 있는 아이파이썬 노트북(*https://github.com/REMitchell/python-scraping/blob/master/Chapter01_BeginningToScrape.ipynb*)을 사용해도 됩니다.

```
$ python scrapetest.py
```

컴퓨터에 파이썬 2.x와 3.x가 모두 설치돼 있고 두 버전을 모두 사용한다면 다음과 같이 파이썬 3.x를 명시적으로 호출해야 합니다.

```
$ python3 scrapetest.py
```

출력 결과는 *http://pythonscraping.com/pages/page1.html* 페이지의 HTML 코드 전체입니다. 더 정확히 말하자면, 이 출력 결과는 도메인 이름 *http://pythonscraping.com*에 있는 서버의 /pages 디렉터리의 HTML 파일 page1.html입니다.

이 주소를 '페이지'가 아니라 '파일'이라고 생각해야 하는 이유는 뭘까요?? 최신 웹 페이지에는 대개 여러 가지 자원 파일이 연결되어 있습니다. 자원 파일은 이미지 파일이나 자바스크립트 파일, CSS 파일, 기타 당신이 요청한 페이지에 연결된 다른 콘텐츠입니다. 웹 브라우저는 웹 페이지를 해석하다 `<img src="cuteKitten.jpg">` 같은 태그를 만나면, 페이지를 완전히 렌더링하기 위해 서버에 다시 요청을 보내 cuteKitten.jpg 파일의 데이터를 받습니다.

물론 이 파이썬 스크립트에는 아직 서버로 돌아가 다른 파일을 요청하는 기능이 없습니다. 이 스크립트는 우리가 요청한 HTML 파일 하나를 읽을 수 있을 뿐입니다.

```
from urllib.request import urlopen
```

위 행도 생긴 것 그대로입니다. 위 행은 urllib 라이브러리에서 파이썬 모듈 request를 읽고 urlopen 함수 하나만 임포트합니다.

urllib은 표준 파이썬 라이브러리이므로 이 예제를 실행하기 위해 따로 뭔가 설치할 필요는 없습니다. urllib에는 웹을 통해 데이터를 요청하는 함수, 쿠키를 처리하는 함수, 심지어 헤더나 유저 에이전트 같은 메타데이터를 바꾸는 함수도 들어 있습니다. 이 책 전체에서 urllib을 사용할 테니 라이브러리 문서(*https://docs.python.org/3/library/urllib.html*)를 읽어보길 권합니다.

urlopen은 네트워크를 통해 원격 객체를 읽습니다. urlopen은 HTML 파일이나 이미지 파일, 기타 파일 스트림을 쉽게 열 수 있는 매우 범용적인 함수이므로 이 책에서도 매우 자주 사용할 겁니다.

1.2 BeautifulSoup 소개

> 아름다운 수프, 풍부한 녹색,
> 그릇에서 기다리거라!
> 누가 이 맛있는 것에 숙이지 않으리?
> 저녁 수프, 아름다운 수프!

BeautifulSoup 라이브러리는 루이스 캐럴의 『이상한 나라의 앨리스』에 나오는 동명의 시에서 이름을 따왔습니다. 이야기 속에서는 '모조 거북'이 이 노래를 부릅니다.

이상한 나라에서 왔으니, BeautifulSoup도 이상한 것들을 이해할 수 있습니다. BeautifulSoup는 잘못된 HTML을 수정하여 쉽게 탐색할 수 있는 XML 형식의 파이썬 객체로 변환하므로 골치 아픈 웹을 탐색할 때 유용합니다.

1.2.1 BeautifulSoup 설치

BeautifulSoup 라이브러리는 기본 파이썬 라이브러리가 아니므로 반드시 설치해야 합니다. 이미 파이썬 라이브러리 설치에 익숙하다면, 익숙한 인스톨러를 써서 BeautifulSoup를 설치하고 이 섹션의 내용은 건너뛰어도 됩니다.

파이썬 라이브러리를 설치해본 적이 없거나 오래 되서 기억을 환기해야 한다면 이 섹션을 계속 읽어보십시오. 이 섹션에서 사용하는 방법은 다른 라이브러리를 설치할 때도 똑같이 사용하므로, 나중에 필요하다면 이 섹션을 다시 들춰보게 될 수도 있습니다. 이 책에서는 BeautifulSoup 4 라이브러리(BS4라고도 합니다)를 사용할 겁니다. BeautifulSoup 4의 완전한 설치 방법은 Crummy.com(*http://www.crummy.com/software/BeautifulSoup/bs4/doc/*)에서 찾을 수 있습니다. 기본적으로 리눅스에서는 다음과 같이 하면 됩니다.[1]

```
$ sudo apt-get install python-bs4
```

맥에서는 다음과 같이 합니다.

```
$ sudo easy_install pip
```

위 명령어는 파이썬 패키지 관리자 pip를 설치합니다. 그다음 다음 명령을 실행해서 라이브러리를 설치합니다.

```
$ pip install beautifulsoup4
```

다시 말하지만, 컴퓨터에 파이썬 2.x와 3.x가 모두 설치되어 있다면 python3을 명시적으로 호출해야 합니다.

```
$ python3 myScript.py
```

패키지를 설치할 때도 명시적으로 파이썬 3임을 표시해야 하며, 그렇지 않으면 패키지가 파이썬 2.x용으로 설치될 수 있습니다.

---

1 역자주_ 파이썬 2.x와 3.x가 모두 설치되어 있다면 python-bs4 대신 python3-bs4를 설치해야 합니다.

```
$ sudo python3 setup.py install
```

pip를 사용한다면 pip3을 호출해서 패키지를 파이썬 3.x 버전으로 설치할 수 있습니다.

```
$ pip3 install beautifulsoup4
```

윈도우에서 패키지를 설치하는 것도 맥이나 리눅스와 거의 같습니다. 위 URL에서 최신 BeautifulSoup 4를 내려받고 그 디렉터리로 이동해서 다음 명령을 실행합니다.

```
>python setup.py install
```

이렇게만 하면 BeautifulSoup가 파이썬 라이브러리로 인식됩니다. 파이썬 터미널을 열고 임포트해서 테스트해볼 수 있습니다.

```
$ python
> from bs4 import BeautifulSoup
```

이렇게 임포트할 때 에러가 없어야 합니다.

또한 윈도우용 pip(*https://pypi.python.org/pypi/setuptools*)는 .exe 실행 파일도 있으므로 패키지를 쉽게 설치하고 관리할 수 있습니다.[2]

```
>pip install beautifulsoup4
```

라이브러리와 가상 환경 묶기

파이썬 프로젝트 여럿을 관리하거나, 프로젝트를 배포할 때 연결된 라이브러리를 모두 묶을 쉬운 방법이 필요하거나, 설치된 라이브러리들이 충돌할까 봐 걱정이라면 파이썬 가상 환경을 설치해서 관리하기 쉽게 분리할 수 있습니다.

가상 환경 없이 설치한 파이썬 라이브러리는 **전역으로** 설치됩니다. 라이브러리를 전역으로 설치하려면 보통 관리자 권한이 필요하며, 이렇게 설치한 파이썬 라이브러리는 모든 사용자와 모든

---

2 역자주_ 파이썬 3.4부터는 기본 설치 시 pip도 함께 설치되므로 pip를 별도로 받을 필요는 없습니다.

프로젝트에서 사용할 수 있습니다.

다행히도 가상 환경은 쉽게 설치하기 쉽습니다.

```
$ virtualenv scrapingEnv
```

이 명령은 새로운 scrapingEnv 환경을 만듭니다. 만든 새 환경을 사용하려면 반드시 활성화해야 합니다.

```
$ cd scrapingEnv/
$ source bin/activate
```

환경을 활성화하면 환경의 이름이 명령프롬프트에 표시되어 현재 가상 환경에 있음을 알립니다. 가상 환경에서 라이브러리를 설치하거나 스크립트를 실행하면 그 환경에만 영향이 있습니다.

물론 새로 설치한 scrapingEnv 환경에도 BeautifulSoup를 설치하고 사용할 수 있습니다.

```
(scrapingEnv)...$ pip install beautifulsoup4
(scrapingEnv)...$ python
> from bs4 import BeautifulSoup
>
```

deactivate 명령어로 환경에서 떠날 수 있습니다. 일단 환경에서 떠나면 그 가상 환경에 설치한 라이브러리에 더는 접근할 수 없습니다.

```
(scrapingEnv)...$ deactivate
$ python
> from bs4 import BeautifulSoup
Traceback (most recent call last):
  File "<stdin>", line 1, in <module>
ImportError: No module named 'bs4'
```

라이브러리를 프로젝트 단위로 구분하면 나중에 환경 폴더 전체를 압축해서 다른 사람에게 보내기도 쉽습니다. 프로젝트를 받은 사람의 컴퓨터에 같은 파이썬 버전이 설치돼 있기만 하면 라이브러리를 따로 설치하지 않아도 만든 코드가 해당 가상 환경에서 그대로 동작합니다.

이 책의 예제에서 가상 환경을 쓰라고 명시적으로 언급하지는 않겠지만, 언제든 가상 환경을 활성화하기만 하면 사용할 수 있음을 기억하십시오.

1.2.2 BeautifulSoup 실행

BeautifulSoup 라이브러리에서 가장 널리 쓰이는 객체는 물론 BeautifulSoup 객체입니다. 이 장 초반에서 만든 예제를 수정해 BeautifulSoup 객체를 사용해봅시다.

```python
from urllib.request import urlopen
from bs4 import BeautifulSoup

html = urlopen("http://www.pythonscraping.com/pages/page1.html")
bs = BeautifulSoup(html.read(), 'html.parser')
print(bs.h1)
```

출력 결과는 다음과 같습니다.

```
<h1>An Interesting Title</h1>
```

페이지에 있는 첫 번째 <h1> 태그만 반환한다는 사실을 유념해야 합니다. 원칙적으로는 페이지 하나에 <h1> 태그 하나만 쓰는 것이 맞지만, 웹 페이지들이 모두 원칙을 지키는 건 아닙니다. 따라서 위 코드는 첫 번째 <h1> 태그를 반환하지만, 그 태그가 당신이 찾던 태그라는 보장은 없다는 걸 기억해야 합니다.

이전 예제와 마찬가지로 urlopen 함수를 임포트하고 html.read()를 호출해서 페이지의 HTML 콘텐츠를 얻었습니다. 다음과 같이 .read()를 호출하지 않고 urlopen이 반환하는 파일 객체를 바로 사용할 수도 있습니다.

```python
bs = BeautifulSoup(html, 'html.parser')
```

이 HTML 콘텐츠를 변형한 BeautifulSoup 객체의 구조는 다음과 같습니다.

- html → <html><head>...</head><body>...</body></html>
  - head → <head><title>A Useful Page</title></head>
    - title → <title>A Useful Page</title>
  - body → <body><h1>An Int...</h1> Lorem ip... </body>
    - h1 → <h1>An Interesting Title</h1>
    - div → <div>Lorem Ipsum dolor...</div>

페이지에서 추출한 <h1> 태그는 BeautifulSoup 객체 구조(html → body → h1)에서 두 단계 만큼 중첩되어 있습니다. 하지만 우리가 객체에서 가져올 때는 h1 태그를 직접 가져옵니다.

```
bs.h1
```

사실 다음 중 무엇을 사용해도 결과는 같습니다.

```
bs.html.body.h1
bs.body.h1
bs.html.h1
```

객체를 만들 때는 두 가지 매개변수가 들어갑니다.

```
bs = BeautifulSoup(html.read(), 'html.parser')
```

첫 번째 매개변수는 이 객체의 근간이 되는 HTML 텍스트이고, 두 번째 매개변수는 BeautifulSoup가 객체를 만들 때 쓰는 구문 분석기인데, 이 구문 분석기는 우리가 직접 지정할 수 있습니다. 구문 분석기를 직접 지정하더라도 결과는 대개 같습니다.

html.parser는 파이썬 3와 함께 설치되므로 따로 설치할 필요는 없습니다. 특별히 다른 분석기가 필요한 경우가 아니라면 이 책에서는 html.parser를 계속 사용할 겁니다.

lxml(*http://lxml.de/parsing.html*)도 널리 쓰이는 구문 분석기입니다. 다음 명령을 통해 설치할 수 있습니다.

```
$ pip3 install lxml
```

BeautifulSoup에서 lxml을 사용하려면 다음과 같이 매개변수로 지정하면 됩니다.

```
bs = BeautifulSoup(html.read(), 'lxml')
```

lxml은 형식을 정확히 지키지 않은 '지저분한' HTML 코드를 분석할 때 html.parser보다 좀 더 낫습니다. lxml은 닫히지 않은 태그, 계층 구조가 잘못된 태그, <head>나 <body> 태그가 없는 등의 문제에서 일일히 멈추지 않고 그 문제를 수정합니다. lxml은 html.parser에 비해 조금 더 빠르기도 하지만, 어차피 웹 스크레이핑 분야에서는 네트워크 속도가 가장 큰 병목일 때가 대부분이므로 속도가 빠른 것은 별다른 장점이라 하긴 어렵습니다.

물론 단점도 있습니다. lxml은 따로 설치해야 하며, 서드파티 C 언어 라이브러리가 있어야 제대로 동작하므로 html.parser에 비해 어디서나 쉽게 쓰기에는 좀 어렵습니다.

html5lib도 널리 쓰이는 HTML 구문 분석기입니다. lxml과 마찬가지로 html5lib도 잘못 만들어진 HTML을 수정하고 구문 분석을 시도하는데, lxml보다 더 다양한 에러를 수정할 수 있습니다. 외부 프로그램이 있어야 동작할 수 있는 것도 마찬가지이며 lxml이나 html.parser보다 조금 느리다는 단점이 있긴 하지만, 잘못 만들어진 HTML이나 손으로 쓴 HTML을 분석해야 한다면 html5lib도 좋은 선택이 될 수 있습니다.

html5lib을 설치하고 다음과 같이 BeautifulSoup 객체에 문자열을 넘겨서 사용하면 됩니다.

```
bs = BeautifulSoup(html.read(), 'html5lib')
```

이걸 보고 BeautifulSoup 라이브러리가 얼마나 강력하고 단순한지 느낄 수 있길 바랍니다. 원하는 정보를 둘러싼, 혹은 그 주변에 태그가 있기만 하면 HTML(XML) 파일에서 어떤 정보든 추출할 수 있습니다. 3장에서는 더 복잡한 BeautifulSoup 함수 호출 방법과 BeautifulSoup 객체와 정규 표현식을 함께 써서 웹사이트에서 정보를 추출하는 법을 알아보겠습니다.

1.2.3 신뢰할 수 있는 연결과 예외 처리

웹은 엉망진창입니다. 데이터 형식은 제대로 지켜지지 않고 웹사이트는 자주 다운되며 닫는 태그도 종종 빠져 있습니다. 웹 스크레이핑에서 가장 좌절한 경험은 스크레이퍼를 실행해놓고 모든 데이터가 데이터베이스에 저장되어 있길 꿈꾸며 잠들었는데, 다음 날 일어나 보니 자리를 뜨자마자 스크레이퍼가 예기치 못한 데이터 형식에 부딪혀 에러를 일으키고 멈춰 있을 때입니다. 이런 상황이라면 그 웹사이트(그리고 엉망인 데이터)를 만든 개발자를 저주하고 싶겠지만, 사실 그 상황을 예상하지 못한 당신 자신을 탓해야 합니다.

스크레이퍼의 임포트 문 다음 행을 살펴보고 예외를 어떻게 처리할지 생각해봅시다.

```
html = urlopen('http://www.pythonscraping.com/pages/page1.html')
```

이 행에서 문제가 생길 수 있는 부분은 크게 두 가지입니다.

- 페이지를 찾을 수 없거나, URL 해석에서 에러가 생긴 경우
- 서버를 찾을 수 없는 경우

첫 번째 상황에서는 HTTP 에러가 반환될 것입니다. 이 HTTP 에러는 "404 Page Not Found", "500 Internal Server Error" 등입니다. 이런 모든 경우에 urlopen 함수는 범용 예외인 HTTPError를 일으킵니다. 이 예외는 다음과 같이 처리합니다.

```
from urllib.request import urlopen
from urllib.request import HTTPError

try:
    html = urlopen('http://www.pythonscraping.com/pages/error.html')
except HTTPError as e:
    print(e)
    # null을 반환하거나, break 문을 실행하거나, 기타 다른 방법을 사용
else:
    # 프로그램을 계속 실행합니다. except 절에서 return이나 break를 사용했다면
    # 이 else 절은 필요 없습니다.
```

이제 HTTP 에러 코드가 반환되면 프로그램은 에러를 출력하고 else 문은 실행하지 않습니다.

서버를 전혀 찾을 수 없을 때, 예를 들어 *http://www.pythonscraping.com*이 다운됐거나 URL에 오타가 있을 때 urlopen은 URLError 예외를 일으킵니다. HTTP 상태 코드를 얻으려면 원격 서버에 접속할 수 있어야 하는데 그 서버에 전혀 접속할 수 없으므로 HTTPError는 일어날리 없는 상황이며, 그보다 한 단계 더 심각한 URLError를 캐치해야 합니다. URLError도 캐치하려면 다음과 같은 코드를 사용합니다.

```
from urllib.request import urlopen
from urllib.error import HTTPError
from urllib.error import URLError

try:
    html = urlopen('https://pythonscrapingthisurldoesnotexist.com')
except HTTPError as e:
    print(e)
except URLError as e:
    print('The server could not be found!')
```

```
else:
    print('It Worked!')
```

물론 페이지를 서버에서 성공적으로 가져왔어도 페이지 콘텐츠가 예상과 전혀 다를 수 있습니다. BeautifulSoup 객체에 들어 있는 태그에 접근할 때마다 그 태그가 실제 존재하는지 체크하는 편이 좋습니다. 존재하지 않는 태그에 접근을 시도하면 BeautifulSoup는 None 객체를 반환합니다. 문제는 None 객체 자체에 태그가 있다고 가정하고 그 태그에 접근하려 하면 AttributeError가 일어나는 것입니다.

다음 코드에서 nonExistentTag는 존재한다고 가정하는 태그이며 실제 BeautifulSoup 함수 이름은 아닙니다.

```
print(bs.nonExistentTag)
```

위 코드는 None 객체를 반환합니다. None 객체는 처리하거나 체크할 때 아무 문제도 없습니다. 문제는 다음 예제처럼 None이 반환될 수 있음을 무시하고 None 객체에 어떤 함수를 호출하는 경우입니다.

```
print(bs.nonExistentTag.someTag)
```

위 코드는 다음과 같이 예외를 일으킵니다.

```
AttributeError: 'NoneType' object has no attribute 'someTag'
```

그럼 이런 두 가지 상황에 어떻게 대응해야 할까요? 가장 쉬운 방법은 두 상황을 명시적으로 체크하는 겁니다.

```
try:
    badContent = bs.nonExistingTag.anotherTag
except AttributeError as e:
    print("Tag was not found")
else:
    if badContent == None:
        print ("Tag was not found")
    else:
```

```
print(badContent)
```

이렇게 가능한 에러를 모두 체크하고 처리하는 일이 처음에는 지겨워 보일 수 있지만, 코드를 조금만 수정하면 좀 더 쉽게 읽을 수 있습니다. 예를 들어 다음 코드는 같은 스크레이퍼를 조금 다르게 쓴 겁니다.

```python
from urllib.request import urlopen
from urllib.error import HTTPError
from bs4 import BeautifulSoup

def getTitle(url):
    try:
        html = urlopen(url)
    except HTTPError as e:
        return None
    try:
        bs = BeautifulSoup(html.read(), 'html.parser')
        title = bs.body.h1
    except AttributeError as e:
        return None
    return title

title = getTitle('http://www.pythonscraping.com/pages/page1.html')
if title == None:
    print('Title could not be found')
else:
    print(title)
```

이 예제에서는 페이지 타이틀을 반환하거나, 어떤 문제가 있으면 None 객체를 반환하는 getTitle 함수를 만듭니다. getTitle 내부에서는 이전 예제와 마찬가지로 HTTPError를 체크하고 BeautifulSoup 행 두 개를 try 문으로 캡슐화합니다. 이 두 행 중 어느 행이라도 AttributeError를 일으킬 수 있습니다. 예를 들어 서버가 존재하지 않으면 html은 None 객체이고 html.read()가 AttributeError를 일으킬 겁니다. try 문 하나에 원하는 만큼 여러 행을 넣을 수도 있고, AttributeError를 일으킬 수 있는 별도의 함수도 어느 시점에서든 호출할 수 있습니다.

스크레이퍼를 만들 때는 코드의 전반적 패턴에 대해 생각해야 예외도 처리하고 읽기도 쉽게 만들 수 있습니다. 코드를 많이 재사용하고 싶을 텐데, getSiteHTML이나 getTitle 같은 범용 함
수를 만들고 여기에 예외 처리를 철저하게 만들어두면 빠르고 믿을 수 있는 웹 스크레이퍼를
쉽게 만들 수 있습니다.

## CHAPTER 2

고급 HTML 분석

미켈란젤로는 다비드상 같은 걸작을 어떻게 만들었는지 질문을 받았을 때 이런 명언을 남겼습니다 "쉽습니다. 돌에서 다비드처럼 보이지 않는 부분을 깎아내기만 하면 됩니다."

웹 스크레이핑이 조각과 비슷한 부분은 별로 없지만, 복잡한 웹 페이지에서 필요한 정보를 얻어낸다는 점에서는 미켈란젤로와 비슷한 방식을 따라야 합니다. 원하지 않는 콘텐츠를 깎아내서 필요한 정보를 얻는 방법은 여러 가지가 있습니다. 이 장에서는 복잡한 HTML 페이지를 분석해서 원하는 정보만 추출하는 방법을 알아보겠습니다.

2.1 닭 잡는 데 소 잡는 칼을 쓸 필요는 없습니다

복잡한 태그를 만나면 당장 달려들어 여러 줄의 코드를 써서라도 필요한 정보를 추출하고 싶은 생각이 들 겁니다. 하지만 이 장에서 소개하는 테크닉을 부주의하게 사용한다면 코드는 디버그하기 어려워지거나, 취약해지거나, 혹은 둘 다가 될 수도 있습니다. 시작하기 전에, 고급 HTML 분석을 쓰지 않아도 필요한 결과를 얻을 수 있는 방법을 몇 가지 알아봅시다.

당신이 원하는 콘텐츠가 있습니다. 그 콘텐츠는 이름일 수도, 통계 자료일 수도, 텍스트 블록일 수도 있겠죠. 그리고 그 콘텐츠는 20단계나 되는 HTML 덩어리 속에 단서가 될 만한 태그나 속성 하나 없이 파묻혀 있을 수도 있습니다. 당장 달려들어, 다음과 비슷한 코드를 짰다고 합시다.

```
hs.findAll('table')[4].find_all('tr')[2].find('td').find_all('div')[1].find('a')
```

별로 좋아 보이지는 않는군요. 간결함이나 우아함은 찾아볼 수 없을뿐더러, 사이트 관리자가 사이트를 조금만 수정하더라도 웹 스크레이퍼의 동작이 멈출 수 있습니다. 웹 개발자가 테이블을 추가하거나 데이터 열을 추가한다면 어떻게 될까요? 페이지 상단에 div 태그 몇 개가 포함된 요소를 추가한다면? 위 코드는 신뢰할 수 없고, 사이트 구조가 절대 변하지 않는다는 가정 위에 만들어져 있습니다. 그럼 어떻게 해야 할까요?

- '페이지 인쇄' 같은 링크를 찾아보거나, 더 나은 HTML 구조를 갖춘 모바일 버전 사이트를 찾아보십시오(모바일 장치에서 접근하는 것처럼 속이거나 모바일 사이트 버전을 가져오는 방법은 12장에서 다룹니다).

- 자바스크립트 파일에 숨겨진 정보를 찾아보십시오. 물론 이렇게 하려면 자바스크립트 파일을 불러와서 분석해야 할 겁니다. 필자는 사이트에 포함된 구글 맵스를 조작하는 자바스크립트를 살펴본 후 위도와 경도가 포함된 거리 주소를, 깔끔하게 배열로 정리된 형태로 수집했던 일이 있습니다.

- 중요한 정보는 페이지 타이틀에 있을 때가 대부분이지만, 원하는 정보가 페이지 URL에 들어 있을 때도 있습니다.

- 원하는 정보가 오직 이 웹사이트에만 있다면 할 수 있는 일이 더는 없을 수 있습니다. 그렇지 않다면, 이 정보를 다른 소스에서 가져올 수는 없는지 생각해보십시오. 다른 웹사이트에 같은 데이터가 있지는 않을까요? 이 웹사이트에 있는 데이터가 혹시 다른 웹사이트에서 수집한 것은 아닐까요?

데이터가 깊숙이 파묻혀 있거나 정형화되지 않을수록, 코드부터 짜려고 달려들었다간 빠져나올 수 없는 구멍에 파묻히게 됩니다. 심호흡을 하고 대안이 없는지 생각해보십시오.

대안이 없다고 확신한다면, 이 장의 내용이 도움이 될 겁니다. 이 장에서는 태그의 위치, 문맥, 속성, 콘텐츠에 따라 태그를 선택하는 표준적이고 창의적인 방법을 설명합니다. 이 장에서 설명하는 내용을 숙지하고 정확히 사용한다면 더 안정적이고 신뢰할 수 있는 웹 크롤러를 만들 수 있게 됩니다.

2.2 다시 BeautifulSoup

1장에서는 BeautifulSoup를 설치하고 실행하는 방법을 훑어봤고, 한 번에 객체 하나씩 선택하는 방법도 알아봤습니다. 이 섹션에서는 속성을 통해 태그를 검색하는 법, 태그 목록을 다루는 법, 트리 내비게이션을 분석하는 법을 알아보겠습니다.

거의 모든 웹사이트에 스타일시트가 존재합니다. 웹사이트의 스타일 계층은 육안으로 해석하는 것을 위해 만들어진 것이라 웹 스크레이핑에는 별 도움이 되지 않는다고 생각할 수 있겠지만, 사실 CSS의 등장은 웹 스크레이퍼에도 큰 도움이 되었습니다. CSS는 HTML 요소를 구분해서 서로 다른 스타일을 적용합니다. 예를 들어 다음과 같은 태그가 있다고 해봅시다.

```
<span class="green"></span>
```

그리고 다음과 같은 태그도 있다고 합시다.

```
<span class="red"></span>
```

이 경우 웹 스크레이퍼는 클래스를 이용해 쉽게 이 태그들을 구별할 수 있습니다. 예를 들어 BeautifulSoup는 빨간색 텍스트만 전부 수집하고 녹색 텍스트는 수집하지 않을 수 있습니다. CSS는 이런 속성을 통해 사이트에 스타일을 적용하며, 오늘날의 웹사이트 대부분은 이런 클래스(class)와 ID(id) 속성이 가득합니다.

http://www.pythonscraping.com/pages/warandpeace.html 페이지를 스크랩하는 예제 웹 스크레이퍼를 만들어봅시다.

이 페이지에서 등장인물이 말하는 대사는 빨간색으로, 등장인물의 이름은 녹색으로 표시되어 있습니다. 다음 소스 코드 샘플을 보면 span 태그에 적절한 CSS 클래스가 붙어 있습니다.

```
<span class="red">Heavens! what a virulent attack!</span> replied <span class=
"green">the prince</span>, not in the least disconcerted by this reception.
```

페이지 전체를 가져온 다음, BeautifulSoup 객체로 1장에서 썼던 것과 비슷한 프로그램을 만들 수 있습니다.

```
from urllib.request import urlopen
from bs4 import BeautifulSoup

html = urlopen('http://www.pythonscraping.com/pages/warandpeace.html')
bs = BeautifulSoup(html, 'html.parser')
```

이 BeautifulSoup 객체에 findAll 함수를 쓰면 <span class="green"></span> 태그에 들어
있는 텍스트만 선택해서 고유명사로 이루어진 파이썬 리스트를 추출할 수 있습니다(findAll
은 대단히 유연한 함수이며 이 책 후반에서 매우 자주 사용합니다).

```
nameList = bs.findAll('span', {'class': 'green'})
for name in nameList:
    print(name.get_text())
```

이 코드는 『전쟁과 평화』에 등장하는 모든 고유명사를 순서대로 출력합니다. 어떤 원리로 그렇
게 동작하는 걸까요? 이전에는 bs.tagName을 호출해서 페이지에 처음 나타난 태그를 찾아냈
습니다. 이번에는 bs.findAll(tagName, tagAttributes)을 호출해서 첫 번째 태그뿐만 아니
라 페이지의 태그 전체를 찾은 겁니다.

이름 리스트를 만든 뒤에는 리스트의 모든 이름을 순회하며 name.get_text()를 호출해 태그
를 제외하고 콘텐츠만 출력합니다.

> **NOTE_ get_text()를 쓸 때와 태그를 보존할 때**
> .get_text()는 현재 문서에서 모든 태그를 제거하고 유니코드 텍스트만 들어 있는 문자열을 반환합니다.
> 예를 들어 하이퍼링크, 문단, 기타 태그가 여럿 들어 있는 텍스트 블록에 사용하면 태그 없는 텍스트만 남습
> 니다.
> 텍스트 블록보다는 BeautifulSoup 객체에 사용하는 게 원하는 결과를 얻기가 훨씬 쉽습니다. .get_text()
> 는 항상 마지막, 즉 최종 데이터를 출력하거나 저장, 조작하기 직전에만 써야 합니다. 일반적으로는 문서의 태
> 그 구조를 가능한 유지해야 합니다.

2.2.1 find()와 findAll()

find()와 findAll()은 BeautifulSoup에서 가장 자주 쓰는 함수입니다. 이 함수를 쓰면 HTML 페이지에서 원하는 태그를 다양한 속성에 따라 쉽게 필터링할 수 있습니다.

두 함수는 거의 비슷한데, BeautifulSoup 문서의 함수 정의만 봐도 알 수 있습니다.

```
findAll(tag, attributes, recursive, text, limit, keywords)
find(tag, attributes, recursive, text, keywords)
```

실제로 이 함수를 쓸 때는 거의 항상 처음 두 매개변수인 **tag**와 **attributes**만 쓰게 될 겁니다. 하지만 매개변수 모두 살펴봅시다.

tag 매개변수는 이미 살펴봤습니다. 태그 이름인 문자열을 넘기거나, 태그 이름으로 이루어진 파이썬 리스트를 넘길 수도 있습니다. 예를 들어 다음 코드는 문서의 모든 헤더 태그 리스트를 반환합니다.[1]

```
bs.findAll({'h1', 'h2', 'h3', 'h4', 'h5', 'h6'})
```

attributes 매개변수는 속성으로 이루어진 파이썬 딕셔너리를 받고, 그중 하나에 일치하는 태그를 찾습니다. 예를 들어 다음 함수는 HTML 문서에서 녹색과 빨간색 span 태그를 **모두** 반환합니다.

```
bs.findAll('span', {'class':{'green', 'red'}})
```

recursive 매개변수는 문서에서 얼마나 깊이 찾아 들어가고 싶은지 지정하는 불리언입니다. **recursion**이 **True**이면 **findAll** 함수는 매개변수에 일치하는 태그를 찾아 자식, 자식의 자식을 검색합니다. **false**이면 문서의 최상위 태그만 찾습니다. 기본적으로 **findAll**은 재귀적으로(**recursive**가 **True**) 동작합니다. 일반적으로 이 옵션은 그대로 두는 것이 좋습니다(원하는 것이 무엇인지 정확히 알고 있으며 성능이 중요한 상황이 아니라면).

text 매개변수는 태그의 속성이 아니라 텍스트 콘텐츠에 일치한다는 점이 좀 다릅니다. 예를

---

[1] 문서의 모든 제목(h1 ~ h6) 태그 리스트를 얻고자 한다면 더 간결한 방법이 있습니다. 2.4절에서 살펴보겠습니다.

들어 예제 페이지에서 태그에 둘러싸인 'the prince'가 몇 번 나타났는지 보려면 이전 예제의
findAll() 함수를 다음과 같이 고치면 됩니다.

```
nameList = bs.findAll(text = 'the prince')
print(len(nameList))
```

출력 결과는 7입니다.

limit 매개변수는 물론 findAll에만 쓰입니다. find는 findAll을 호출하면서 limit을 1로 지
정한 것과 같습니다. 이 매개변수는 페이지의 항목 **처음 몇 개**에만 관심이 있을 때 사용합니다.
이 매개변수는 페이지에 나타난 순서대로 찾으며 그 순서가 원하는 바와 일치한다는 보장은 없
으므로 주의하십시오.

keyword 매개변수는 특정 속성이 포함된 태그를 선택할 때 사용합니다.

```
title = bs.findAll(id='title', class_='text')
```

NOTE_ keyword 매개변수와 클래스

keyword 매개변수는 특정 상황에서 매우 유용할 수 있습니다. 하지만 이 매개변수는 기술적으로는
BeautifulSoup 자체의 기능과 중복되기도 합니다. **keyword**로 할 수 있는 일은 이 장 후반부에서 설명하는
방법을 써서도 할 수 있습니다.

예를 들어 다음 두 행은 완전히 같습니다.

```
bs.findAll(id='text')
bs.findAll('', {'id':'text'})
```

keyword는 가끔 문제를 일으키는데, 가장 흔한 경우는 class 속성으로 요소를 검색할 때 일어나며 이는
class가 파이썬에서 보호된 키워드이기 때문입니다. 즉, class는 파이썬 예약어keyword이므로 변수나 매개변
수 이름으로 쓸 수 없습니다(BeautifulSoup.findAll()의 keyword 매개변수와는 상관없습니다).[2] 예를 들
어 다음 행은 class를 비표준적인 방법으로 사용하므로 문법 에러를 일으킵니다.

```
bs.findAll(class="green")
```

대신 어설프지만, 밑줄을 추가하는 해결책을 쓸 수 있습니다.

---

2 파이썬 언어 레퍼런스 문서에서 예약어 목록 전체를 볼 수 있습니다(*https://docs.python.org/3/reference/lexical_analysis.*
html#keywords).

```
bs.findAll(class_ = 'green')
```

혹은 class를 따옴표 안에 쓰는 방법도 있습니다.

```
bs.findAll('', {'class': 'green'})
```

이쯤에서 이런 의문이 생길 수도 있겠군요. "잠깐, 원하는 속성을 딕셔너리 리스트에 담아서 함수에 전달하면 되지 않나?"

태그 목록을 .findAll()에 속성 목록으로 넘기면 or 필터처럼 동작한다는 점, 즉 태그1, 태그2, 태그3 등이 들어간 모든 태그 목록을 선택하게 된다는 점을 기억하십시오. 태그 목록이 길다면 필요 없는 것들도 잔뜩 선택될 것입니다. keyword 매개변수는 and 필터처럼 동작하므로 그런 문제가 없습니다.

2.2.2 기타 BeautifulSoup 객체

이 책에서는 지금까지 BeautifulSoup 라이브러리의 두 가지 객체를 설명했습니다.

BeautifulSoup 객체

이전 코드 예제에서는 bs와 같은 형태로 사용했습니다.

Tag 객체

리스트 호출 또는 BeautifulSoup 객체에 find와 findAll을 호출해서 또는 다음과 같이 탐색해 들어가서 얻습니다.

```
bs.div.h1
```

하지만 두 가지 객체가 더 있습니다. 널리 쓰이지는 않지만 알아둘 가치는 있습니다.

NavigableString 객체

태그 자체가 아니라 태그 안에 들어 있는 텍스트를 나타냅니다. 일부 함수는 Navigable Strings를 다루거나 반환합니다.

Comment 객체

주석 태그 안에 들어 있는 HTML 주석(`<!-- 이런주석 -->`)을 찾는 데 사용합니다.

이 책을 쓰는 시점에서 BeautifulSoup 라이브러리에는 이 네 가지 객체가 전부입니다.

2.2.3 트리 이동

`findAll` 함수는 이름과 속성에 따라 태그를 찾습니다. 하지만 문서 안에서의 위치를 기준으로 태그를 찾을 때는 어떻게 해야 할까요? 이럴 때 트리 내비게이션이 필요합니다. 1장에서는 BeautifulSoup 트리를 단방향으로 이동하는 방법을 봤었습니다.

```
bs.tag.subTag.anotherSubTag
```

이제 *http://www.pythonscraping.com/pages/page3.html*에 있는 온라인 쇼핑 사이트를 스크레이핑 예제 페이지로 써서 HTML 트리를 이동하는 방법을 알아봅시다(그림 2-1).

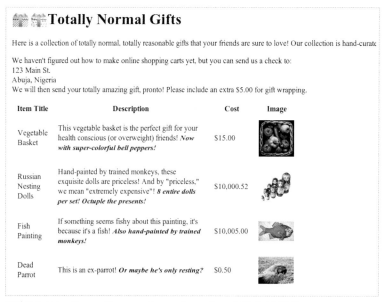

그림 2-1 *http://www.pythonscraping.com/pages/page3.html* 스크린샷

이 페이지의 HTML은 다음과 같은 트리 구조로 나타낼 수 있습니다(간결함을 위해 일부 태그는 생략했습니다).

```
• html
    — body
        — div.wrapper
            — h1
            — div.content
            — table#giftList
                — tr
                    — th
                    — th
                    — th
                    — th
                — tr.gift#gift1
                    — td
                    — td
                        — span.excitingNote
                    — td
                    — td
                        — img
                — ... 더 많은 테이블 행...
        — div.footer
```

다음 몇 섹션에 걸쳐 이 HTML 구조를 예제로 쓰겠습니다.

자식과 자손

컴퓨터 과학과 일부 수학 분야에서는 자식들을 끔찍하게 다루곤 합니다. 이리저리 이동하고, 저장하고, 제거하고, 심지어 죽이기도 하죠. 다행히 이 섹션에서는 그런 끔찍한 수단은 사용하지 않고, 자식들을 선택하는 방법만 다룹니다.

여러 다른 라이브러리와 마찬가지로 BeautifulSoup 라이브러리도 **자식**children과 **자손**descendants을 구별합니다. 사람의 가족과 마찬가지로, 자식은 항상 부모보다 한 태그 아래에 있고, 자손은 조상보다 몇 단계든 아래에 있을 수 있습니다. 예를 들어 tr 태그는 table 태그의 자식이며 tr과 th, td, img, span은 모두 table 태그의 자손입니다(최소한 우리 예제 페이지에서는 말입니다). 모든 자식은 자손이지만, 모든 자손이 자식인 것은 아닙니다.

bs일반적으로 BeautifulSoup 함수는 항상 현재 선택된 태그의 자손을 다룹니다. 예를 들어 bs.body.h1은 body의 자손인 첫 번째 h1 태그를 선택합니다. body 바깥에 있는 태그에 대해서는 동작하지 않습니다.

마찬가지로 bs.div.findAll("img")는 문서의 첫 번째 div 태그를 찾고, 그 div 태그의 자손인 모든 img 태그의 목록을 가져옵니다.

자식만 찾을 때는 .children을 사용합니다.

```
from urllib.request import urlopen
from bs4 import BeautifulSoup

html = urlopen('http://www.pythonscraping.com/pages/page3.html')
bs = BeautifulSoup(html, 'html.parser')

for child in bs.find('table',{'id': 'giftList'}).children:
    print(child)
```

이 코드는 giftList 테이블에 들어 있는 제품 행 목록을(열 제목이 들어 있는 첫 행을 포함해) 출력합니다. children() 대신 descendants() 함수를 썼다면 테이블에 포함된 태그가 20개 이상 출력됐을 테고, 거기에는 img, span, td 태그 등이 모두 포함됐을 겁니다. 자식과 자손의 구별이 중요합니다!

형제 다루기

BeautifulSoup의 next_siblings() 함수는 테이블에서 데이터를 쉽게 수집할 수 있으며, 특히 테이블에 타이틀 행이 있을 때 유용합니다.

```
from urllib.request import urlopen
from bs4 import BeautifulSoup

html = urlopen('http://www.pythonscraping.com/pages/page3.html')
bs = BeautifulSoup(html, 'html.parser')

for sibling in bs.find('table', {'id': 'giftList'}).tr.next_siblings:
    print(sibling)
```

이 코드의 출력 결과는 제품 테이블에서 첫 번째 타이틀 행을 제외한 모든 제품 행입니다. 타이틀 행은 왜 건너뛰었을까요? 객체는 자기 자신의 형제^{siblings}가 될 수 없습니다. 객체의 형제를 가져올 때, 객체 자체는 항상 그 목록에서 제외됩니다. 함수 이름이 암시하듯, 이 함수는 **다음** 형제만 가져옵니다. 예를 들어 우리가 목록 중간에 있는 임의의 행을 선택하고 next_siblings 을 호출했다면 그다음에 있는 형제들만 반환됩니다. 즉, 타이틀 행을 선택하고 next_siblings 을 호출하면 타이틀 행 자체를 제외한 모든 테이블 행을 선택하게 됩니다.

NOTE_ 선택은 명확하게 하십시오

이전 코드는 bs.table.tr, 심지어 bs.tr을 써서 테이블의 첫 번째 행을 선택했더라도 마찬가지로 잘 동작했을 겁니다. 하지만 필자는 번거로움을 무릅쓰고 위 코드를 길고 명확하게 작성했습니다.

```
bs.find('table', {'id': 'giftList'}).tr
```

설령 페이지에 테이블(또는 다른 타깃 태그)이 하나뿐인 것처럼 보일 때에도 실수를 하기 쉽습니다. 또한 페이지 레이아웃은 시시때때로 변합니다. 코드를 작성할 때는 페이지 처음에 있던 테이블이, 어느 날 보니 두 번째 또는 세 번째 테이블이 되어 있을 수도 있는 겁니다. 스크레이퍼를 더 견고하게 만들려면 항상 태그를 가능한 한 명확하게 선택하는 것이 최선입니다. 가능하다면 태그 속성을 활용하십시오.

---

next_siblings를 보완하는 previous_siblings 함수도 있습니다. 이 함수는 원하는 형제 태그 목록의 마지막에 있는 태그를 쉽게 선택할 수 있을 때 사용합니다.

물론 next_siblings, previous_siblings와 거의 같은 next_sibling, previous_sibling 함수도 있습니다. 이들 함수는 리스트가 아니라 태그 하나만 반환한다는 점을 빼면 똑같이 동작합니다.

부모 다루기

페이지를 스크랩하다 보면, 자식이나 형제가 아니라 아주 가끔은 부모^{parent}를 찾아야 할 때도 있습니다. 일반적으로 HTML 페이지에서 데이터를 수집할 목적으로 살펴볼 때는 보통 맨 위 계층에서 시작해 원하는 데이터까지 어떻게 찾아 들어갈지 생각하기 마련입니다. 하지만 가끔 BeautifulSoup의 부모 검색 함수 .parent와 .parents가 필요할 때도 있습니다.

```
from urllib.request import urlopen
from bs4 import BeautifulSoup
```

```
html = urlopen('http://www.pythonscraping.com/pages/page3.html')
bs = BeautifulSoup(html, 'html.parser')
print(bs.find('img', {'src': '../img/gifts/img1.jpg'
        }).parent.previous_sibling.get_text())
```

이 코드는 ../img/gifts/img1.jpg 이미지가 나타내는 객체의 가격(이 경우 $15.00)을 출력합니다.

어떻게 작동하는 것일까요? HTML 페이지에서 우리가 살펴볼 부분의 트리 구조를 숫자로 표시한 단계와 함께 나타내면 다음과 같습니다.

- <tr>
  – <td>
  – <td>
  – <td>   ③
    – "$15.00" ④
  – s<td>   ②
    – <img src=../img/gifts/img1.jpg''> ①

① 먼저 src="../img/gifts/img1.jpg"에 해당하는 이미지를 선택합니다.

② 부모 태그(이 경우 <td> 태그)를 선택합니다.

③ 2에서 선택한 <td>의 previous_sibling(이 경우 제품 가격이 들어 있는 <td> 태그)을 선택합니다.

④ 태그에 들어 있는 텍스트인 $15.00를 선택합니다.

2.3 정규 표현식

컴퓨터 과학에는 오래된 농담이 있습니다. "당신에게 문제가 하나 있는데, 그 문제를 정규 표현식으로 풀겠다고 결정했다고 칩시다. 자, 이제 문제가 두 개로 늘어났군요."

불행히도 **정규 표현식**regular expression을 공부하려고 하면 보통 무작위하게 심벌들을 길다랗게 늘어놓아, 묶어서 보면 대체 무슨 말인지 알 수 없는 표를 제시하는 경우가 대부분입니다. 이렇다 보니 사람들은 정규 표현식을 멀리하게 되고, 단 한 줄의 정규 표현식으로 끝낼 수 있는 일을 처리하기 위해 복잡한 검색과 필터링 함수를 만들곤 합니다.

하지만 정규 표현식은 그리 어려운 게 아니며, 단순한 예제 몇 가지를 살펴보고 실험해보면 쉽게 배울 수 있습니다.

정규 표현식이라는 이름은 정규 문자열을 식별하는 데 쓰이는 데서 유래했습니다. 즉, 정규 표현식은 문자열이 주어진 규칙에 일치하는지, 일치하지 않는지 판단할 수 있습니다. 정규 표현식은 긴 문서에서 전화번호나 이메일 주소 같은 문자열을 빠르게 찾아보려 할 때 무척 유용합니다.

필자는 **정규 문자열**이란 표현을 썼습니다. 그럼 정규 문자열이란 무엇일까요? 다음과 같이 선형 규칙을 연달아 적용해 생성할 수 있는 문자열을 말합니다.[3]

1. 글자 'a'를 최소한 한 번 쓰시오.
2. 그 뒤에 'b'를 정확히 다섯 개 쓰시오.
3. 그 뒤에 'c'를 짝수 번 쓰시오.
4. 마지막에 'd' 또는 'e'를 쓰시오.

이 규칙을 따르는 문자열은 'aaaabbbbbccccd', 'aabbbbbcce' 등이 있습니다(조합은 무한합니다).

정규 표현식은 위에 나열한 규칙을 짧게 줄여 쓴 것에 불과합니다. 예를 들어 다음 정규 표현식은 위에 나열한 규칙 네 개를 하나로 합친 겁니다.

```
aa*bbbbb(cc)*(d|e)
```

이 문자열은 처음에는 복잡해 보일 수 있지만, 쪼개보면 명확해집니다.

| aa* |

먼저 a를 쓰고 그다음에 a*를 썼습니다. a*는 a가 몇 개든 상관없고 0개여도 된다는 뜻입니다. 이렇게 하면 a가 최소한 한 번은 있다는 뜻입니다.

---

3 "그럼 '비정규' 표현식도 있는 건가?" 하는 의문이 생길 수도 있을 겁니다. 비정규 표현식은 이 책의 범위를 벗어나지만 예를 들자면 'a의 소수(素數)를 쓰고, 그 뒤에 딱 그 두 배만큼 b를 쓰시오" 또는 '회문(回文: madam이나 nurses run처럼 앞에서부터 읽으나 뒤에서부터 읽으나 동일한 단어나 구)을 쓰시오' 같은 문제가 이에 해당됩니다. 이런 문자열은 정규 표현식으로 식별할 수 없습니다. 다행히 필자는 웹 스크레이퍼로 이런 문자열을 식별해야 하는 상황에 처했던 적은 없습니다.

| bbbbb |

여기는 특별한 건 없습니다. b 다섯 개를 연이어 썼습니다.

| (cc)* |

c 짝수 개에 관한 규칙을 충족하려면 c 두 개를 괄호 안에 쓰고 그 뒤에 아스테리스크를 붙여, c의 **쌍**이 임의의 숫자만큼 있음을 나타냅니다(0쌍이어도 규칙에는 맞습니다).

| (d¦e) |

표현식 중간에 있는 막대는 '이거 **아니면** 저거'라는 뜻입니다. 여기서는 'd 또는 e를 쓴다'는 뜻이 됩니다. 이렇게 하면 d나 e 둘 중 하나만 있게 됩니다.

> **NOTE_ 정규표현식 실험하기**
> 정규 표현식을 공부할 때는 여러 방법을 실험해보면서 어떻게 동작하는지 감을 익히는 게 중요합니다.
> 정규 표현식이 예상대로 동작하는지 확인하기 위해 코드 에디터를 열어 프로그램을 짜고 실행해보고 하는 게
> 번거롭게 느껴진다면 RegexPal(*http://regexpal.com/*) 같은 웹사이트에서 정규 표현식을 바로 테스트할
> 수 있습니다.

[표 2-1]은 널리 쓰이는 정규 표현식 기호와 간단한 설명 및 예제입니다. 이 목록은 일부에 불과하고, 이미 언급했듯 언어에 따라 조금씩 다를 수 있습니다. 하지만 이들 12가지 기호는 파이썬에서 가장 널리 쓰이는 정규 표현식 기호이며, 대부분의 문자열 타입에 대응할 수 있습니다.

표 2-1 널리 쓰이는 정규 표현식 기호

기호	의미	예제	일치하는 문자열 예제
*	바로 앞에 있는 문자, 하위 표현식, 대괄호로 묶인 문자들이 0번 이상 나타납니다.	a*b*	aaaaaaaa, aaabbbbb, bbbbb
+	바로 앞에 있는 문자, 하위 표현식, 대괄호로 묶인 문자들이 1번 이상 나타납니다.	a+b+	aaaaaaaab, aaabbbbb, abbbbbb
[]	대괄호 안에 있는 문자 중 하나가 나타납니다.	[A-Z]*	APPLE, CAPITALS, QWERTY

기호	의미	예제	일치하는 문자열 예제
()	그룹으로 묶인 하위 표현식입니다. 정규 표현식을 평가할 때에는 하위 표현식이 가장 먼저 평가됩니다.	(a*b)*	aaabaab, abaaab, ababaaaab
{m, n}	바로 앞에 있는 문자, 하위 표현식, 대괄호로 묶인 문자들이 m번 이상, n번 이하 나타납니다.	a{2,3}b{2,3}	aabbb, aaabbb, aabb
[^]	대괄호 안에 있는 문자를 제외한 문자가 나타납니다.	[^A-Z]*	apple, lowercase, qwerty
¦	¦로 분리된 문자, 문자열, 하위 표현식 중 하나가 나타납니다. ¦는 '파이프'라 부르는 세로 막대이며 대문자 I가 아닙니다.	b(a¦i¦e)d	bad, bid, bed
.	문자 하나(글자, 숫자, 기호, 공백 등)가 나타납니다.	b.d	bad, bzd, b$d, b d
^	바로 뒤에 있는 문자 혹은 하위 표현식이 문자열의 맨 앞에 나타납니다.	^a	apple, asdf, a
\	특수 문자를 원래 의미대로 쓰게 하는 이스케이프 문자입니다.	\. \¦ \\	. ¦ \
$	정규 표현식 마지막에 종종 쓰이며, 바로 앞에 있는 문자 또는 하위 표현식이 문자열의 마지막이라는 뜻입니다. 이 기호를 쓰지 않은 정규 표현식은 사실상 .*가 마지막에 있는 것이나 마찬가지여서 그 뒤에 무엇이 있든 전부 일치합니다. ^ 기호의 반대라고 생각해도 됩니다.	[A-Z]*[a-z]*$	ABCabc, zzzyx, Bob
?!	'포함하지 않는다'는 뜻입니다. 이 기호 쌍 바로 다음에 있는 문자(또는 하위 표현식)는 해당 위치에 나타나지 않습니다. 이 기호는 조금 혼란스러울 수 있습니다. 배제한 문자가 문자열의 다른 부분에는 나타나도 되니까요. 특정 문자를 완벽히 배제하려면 ^과 $를 앞뒤에 쓰십시오.	^((?![A-Z]).)*$	no-caps-here, $ymb0ls a4e f!ne

고전적인 정규 표현식 예제는 이메일 주소를 식별하는 문제입니다. 이메일 주소의 정확한 규칙은 메일 서버에 따라 미세하게 다를 수 있지만, 일반적인 규칙은 만들 수 있습니다. 다음 표의 첫 번째 열은 이메일 주소에 해당하는 규칙이고, 두 번째 열은 그에 대응하는 정규 표현식입니다.

규칙 1 이메일 주소의 첫 번째 부분에는 다음 중 최소한 하나가 포함되어야 합니다. 대문자, 소문자, 숫자 0–9, 마침표(.), 플러스 기호(+), 밑줄 기호(_)	[A-Za-z0-9\._+]+ A-Z, a-z, 0-9는 각각 A부터 Z까지의 대분사 중 하나, a부디 z끼지의 소문자 중 하나, 0부터 9까지의 숫자 중 하나를 뜻합니다. 이렇게 가능한 경우를 모두 대괄호([ ]) 안에 넣으면 '대괄호에 들어 있는 것들 중 아무거나 하나'라는 뜻입니다. 마지막의 + 기호는 바로 앞에 있는 것이 최소 한 번은 나타나야 하며 최대 몇 개인지는 제한하지 않는다는 뜻입니다.
규칙 2 그다음에 @가 나타나야 합니다.	@ 매우 단순한 규칙입니다. 이메일 주소에는 @가 반드시 있어야 하며, 정확히 한 개만 있어야 합니다.
규칙 3 그다음에는 반드시 대문자나 소문자가 최소한 하나 있어야 합니다.	[A-Za-z]+ @ 다음에 오는 도메인 이름의 첫 부분은 영문 대문자 또는 소문자여야 하고 최소한 글자 하나는 있어야 합니다.
규칙 4 그다음에는 마침표가 옵니다.	\. 도메인 이름 다음에는 반드시 마침표가 있어야 합니다.
규칙 5 마지막으로, 이메일 주소는 com, org, edu, net 중 하나로 끝납니다(최상위 도메인은 이 밖에도 물론 더 있지만, 예제 용도로는 이 넷이면 충분할 겁니다).	(com¦org¦edu¦net) 이 규칙은 이메일 주소의 두 번째 부분에서 마침표 다음에 나타날 수 있는 글자들을 나열한 것입니다.

이 규칙들을 합치면 정규 표현식이 만들어집니다.

```
[A-Za-z0-9\._+]+@[A-Za-z]+\.(com¦org¦edu¦net)
```

아무것도 없는 상태에서 정규 표현식을 만들 때는 목표하는 문자열이 어떤 형태인지 정확하게 나타내는 단계의 목록을 만드는 것으로 시작하는 게 좋습니다. 맨 앞과 맨 뒤에는 특히 주의를 기울이십시오. 예를 들어 전화번호를 식별하는 정규 표현식을 만든다면 국가 코드와 기타 확장을 고려할지 정해야 할 겁니다.

CAUTION_ 정규 표현식은 언어마다 다릅니다

정규 표현식 표준 버전(이 책에서 기준으로 삼고 있고 파이썬과 BeautifulSoup에서도 사용하는 버전)은 펄 문법에 따라 만들어졌습니다. 대부분의 최신 프로그래밍 언어는 정규 표현식을 이 버전과 거의 비슷하게 구현하고 있습니다. 하지만 다른 언어에서 이 책에서 배운 방법대로 정규 표현식을 사용한다면 문제가 생길 수 있습니다. 자바 같은 최신 언어에서도 정규 표현식을 처리하는 방법에 차이가 있습니다. 의심이 들 때는 매뉴얼을 읽으세요

2.4 정규 표현식과 BeautifulSoup

정규 표현식을 다룬 이전 섹션이 이 책과 조금 동떨어져 있다 느꼈다면, 여기서 정규 표현식을 어디 쓰는지 설명하겠습니다. 웹 스크레이핑에서도 BeautifulSoup와 정규 표현식을 함께 쓸 수 있습니다. 사실 문자열 매개변수를 받는 대부분의 함수(예를 들어 find(id = 'aTagIdHere')는 정규 표현식도 매개변수로 받을 수 있습니다.

http://www.python-scraping.com/pages/page3.html 페이지를 스크랩하며 예제를 봅시다.

이 사이트에는 다음과 같은 형태의 제품 이미지가 여러 개 있습니다.

```
<img src='../img/gifts/img3.jpg'>
```

제품 이미지 URL을 모두 수집하는 건 처음에는 매우 단순해 보입니다. .findAll('img')로 모든 이미지 태그를 가져오면 되겠죠? 하지만 문제가 있습니다. 로고 등 불필요한 이미지가 있을 뿐 아니라, 최신 웹사이트에는 종종 숨은 이미지, 공백 유지와 요소 정렬에 쓰이는 빈 이미지, 기타 알아채지 못하는 이미지 태그가 여럿 있습니다. 페이지에 있는 이미지가 모두 제품 이미지라고 확신할 수는 없습니다.

페이지 레이아웃이 바뀔 수도 있고, 어떤 이유로든 페이지에서 이미지가 차지하는 **위치**를 정확한 태그를 찾는 근거로 삼는 게 불가능할 수도 있습니다. 웹사이트 전체에 무작위로 퍼져 있는 특정 요소나 데이터를 수집하려 할 때 이런 일이 일어날 수 있습니다. 예를 들어 세일 상품 이미지는 일부 페이지에서는 특별한 레이아웃을 통해 상단에 노출되지만, 다른 페이지에서는 노출되지 않을 수도 있습니다.

해결책은 태그 자체를 식별하는 무언가를 찾는 겁니다. 여기서는 제품 이미지의 파일 경로로 확인할 수 있습니다.

```
from urllib.request import urlopen
from bs4 import BeautifulSoup
import re

html = urlopen('http://www.pythonscraping.com/pages/page3.html')
bs = BeautifulSoup(html, 'html.parser')
images = bs.findAll('img', {'src': re.compile('\.\.\/img\/gifts/img.*\.jpg')})
for image in images:
```

```
print(image['src'])
```

`import re`로 정규 표현식을 임포트했습니다. 이 코드는 `../img/gifts/img`로 시작해서 `.jpg`로 끝나는 이미지의 상대 경로만 출력합니다. 출력 결과는 다음과 같습니다.

```
../img/gifts/img1.jpg
../img/gifts/img2.jpg
../img/gifts/img3.jpg
../img/gifts/img4.jpg
../img/gifts/img6.jpg
```

정규 표현식은 BeautifulSoup 표현식 어디든 매개변수로 삽입할 수 있어서, 매우 유연하게 원하는 요소를 찾을 수 있습니다.

2.5 속성에 접근하기

지금까지는 태그에 접근하고 필터링하는 법, 그 안에 들어 있는 콘텐츠에 접근하는 법을 알아 봤습니다. 그런데 웹 스크레이핑을 하다 보면 태그의 콘텐츠가 아니라 그 속성에 관심이 있을 때가 자주 있습니다. 특히 태그가 가리키는 URL이 `href` 속성에 들어 있는 `<a>` 태그, 타깃 이미지가 `src` 속성에 들어 있는 `<img>` 태그는 속성에만 관심이 있기 마련입니다.

다음과 같이 태그 객체에서 속성 목록에 접근할 수 있습니다.

```
myTag.attrs
```

결과는 전형적인 파이썬 딕셔너리 객체이므로 이들 속성을 가져오거나 조작하기는 매우 쉽습니다. 예를 들어 이미지의 소스 위치는 다음과 같이 찾을 수 있습니다.

```
myImgTag.attrs['src']
```

2.6 람다 표현식

컴퓨터 과학을 정식으로 배웠다면 람다^{lambda} 표현식도 배웠을 겁니다(학교를 졸업한 후에는 쳐다도 안 봤겠지만요). 람다 함수는 대단히 유용하지만, 여기에서는 너무 깊이 들어가지는 않고 웹 스크레이핑에 활용되는 예제만 몇 개 알아보겠습니다.

람다 표현식은 간단히 말해 다른 함수에 변수로 전달되는 함수입니다. 다시 말해, 함수를 f(x, y)처럼 정의하지 않고 f(g(x), y), 또는 f(g(x), h(x)) 같은 형태로도 정의할 수 있다는 뜻입니다.

BeautifulSoup에서는 특정 타입의 함수를 findAll 함수에 매개변수로 넘길 수 있습니다. 이들 함수는 반드시 태그 객체를 매개변수로 받아야 하고, 불리언만 반환할 수 있다는 제약만 있습니다. BeautifulSoup는 모든 태그 객체를 이 함수에서 평가하고, True로 평가된 태그는 반환하며 그렇지 않은 태그는 버립니다.

예를 들어 다음 코드는 속성이 정확히 두 개인 태그를 모두 가져옵니다.

```
bs.findAll(lambda tag: len(tag.attrs) == 2)
```

여기서 매개변수로 넘기는 함수는 len(tag.attrs) == 2입니다. 이 함수가 True로 평가되면 findAll 함수가 그 태그를 반환합니다. 즉, 다음과 같은 태그를 찾습니다.

```
<div class=body'' id=content''></div>
<span style=color:red'' class=title''></span>
```

람다 함수를 잘 응용하면 심지어 BeautifulSoup에서 제공하는 기본 함수를 대체할 수도 있습니다.

```
bs.findAll(lambda tag: tag.get_text() == 'Or maybe he\'s only resting?')
```

다음과 같이 람다 함수를 쓰지 않아도 위 예제와 같은 결과를 얻을 수 있습니다.

```
bs.findAll('', text='Or maybe he\'s only resting?')
```

하지만 람다 함수의 문법을 이해하고 태그 속성에 어떻게 접근하는지 기억한다면, Beautiful Soup의 나머지 문법은 전부 잊어버려도 원하는 일을 모두 할 수 있습니다! 매개변수로 제공하는 람다 함수는 True나 False 반환만 한다면 어떤 함수여도 상관없으므로, 람다 함수에 정규 표현식을 사용해서 어떤 문자열 패턴이든 그 패턴과 맞는 태그를 찾아낼 수 있습니다.

## CHAPTER 3

크롤링 시작하기

여태까지 이 책에서 사용한 예제는 정적 페이지 하나만 분석하는 예제였고, 다소 인위적으로 만든 예제였습니다. 이 장에서는 여러 페이지, 여러 사이트를 이동하는 스크레이퍼를 통해 실제 문제를 살펴보겠습니다.

웹 크롤러라는 이름은 웹을 크롤링하기 때문에 붙은 이름입니다. 그 핵심은 재귀입니다. 웹 크롤러는 URL에서 페이지를 가져오고, 그 페이지를 검사해 다른 URL을 찾고, 다시 그 페이지를 가져오는 작업을 무한히 반복합니다.

하지만 조심하십시오. 웹 크롤링이 가능하다는 것과 웹 크롤링을 해야 한다는 것은 다른 이야기입니다. 이전 예제에서 사용한 스크레이퍼는 모든 데이터가 페이지 하나에 들어 있는 상황에서는 잘 동작합니다. 웹 크롤러를 사용할 때는 반드시 대역폭에 세심한 주의를 기울여야 하며, 타깃 서버의 부하를 줄일 방법을 강구해야 합니다.

3.1 단일 도메인 내의 이동

'위키백과의 여섯 다리'에 대해서는 못 들어봤더라도, 아마 '케빈 베이컨의 여섯 다리'에 대해서는 들어봤을 겁니다. 두 게임 모두 목표는 관계가 없는 두 대상을 연결하는 겁니다. 위키백과의 경우는 링크로 연결된 항목, 케빈 베이컨의 경우는 같은 영화에 등장한 배우라는 조건으로, 총 여섯 단계(시작과 목표를 포함해) 안에 찾는 것이죠.

예를 들어 에릭 아이들Eric Idle은 브렌든 프레이저Brendan Fraser와 함께 〈폭소 기마 특공대〉에 출연했고, 브렌든 프레이저는 케빈 베이컨과 함께 〈내가 숨쉬는 공기〉에 출연했습니다.[1] 이 경우 에릭 아이들과 케빈 베이컨을 잇는 고리는 세 단계밖에 되지 않습니다.

이 절에서는 '위키백과의 여섯 다리'를 풀어보는 프로젝트를 시작할 겁니다. 즉, 에릭 아이들의 페이지(*https://en.wikipedia.org/wiki/Eric_Idle*)에서 시작해 케빈 베이컨의 페이지(*https://en.wikipedia.org/wiki/Kevin_Bacon*)에 닿는 최소한의 클릭 수를 찾을 겁니다.

하지만 위키백과의 서버 부하에 대한 대책은?

위키백과 재단에 따르면 위키백과 방문자는 대략 **초당** 2,500명이며, 그중 99퍼센트 이상이 다른 위키백과 도메인으로 이동합니다(자세한 내용은 '숫자로 보는 위키미디어Wikimedia in figures' 페이지(*http://bit.ly/2f2ZZXx*)를 검색해서 읽어보십시오). 워낙 트래픽이 대단하니, 우리가 만들 웹 스크레이퍼 정도는 위키백과 서버에 별 영향을 끼치지 않을 겁니다. 하지만 이 책의 코드 샘플을 집중적으로 사용하거나 위키백과 사이트를 스크랩하는 프로젝트를 만든다면 위키백과 재단에 기부(세액 공제도 됩니다)하는 것을 권합니다. 당신이 차지하는 서버 부하도 경감하고, 만인을 위한 교육 자원에도 보탬이 될 겁니다.

위키백과 데이터를 사용하는 대규모 프로젝트를 계획하고 있다면, 위키백과 API(*https://www.mediawiki.org/wiki/API:Main_page*)를 통해 얻을 수 있는 데이터는 아닌지 꼭 확인해보십시오. 위키백과의 HTML 구조는 단순하게 만들어져 있고 비교적 안정적이므로 스크레이퍼나 크롤러 시연에 종종 쓰이곤 하지만, 위키백과 API를 이용하면 같은 데이터를 더 효율적으로 얻을 수 있습니다.

지금쯤이면 임의의 위키백과 페이지를 가져와서 페이지에 들어 있는 링크 목록을 가져오는 파이썬 스크립트 정도는 쉽게 만들 수 있을 겁니다.[2]

```
from urllib.request import urlopen
from bs4 import BeautifulSoup

html = urlopen('http://en.wikipedia.org/wiki/Kevin_Bacon')
bs = BeautifulSoup(html, 'html.parser')
for link in bs.findAll('a'):
```

---

1 *http://oracleofbacon.org*에서 배우 사이의 관계에 대해 알 수 있습니다.

```
    if 'href' in link.attrs:
        print(link.attrs['href'])
```

링크 목록을 살펴보면 예상대로 'Apollo 13', 'Philadelphia', 'Primetime Emmy Award' 등이 모두 있을 겁니다. 하지만 원하지 않는 것들도 포함되어 있습니다.

```
//wikimediafoundation.org/wiki/Privacy_policy
//en.wikipedia.org/wiki/Wikipedia:Contact_us
```

사실 위키백과의 모든 페이지에는 사이드바, 푸터, 헤더 링크가 있고 카테고리 페이지, 토론 페이지 등 그 외에도 우리가 관심 있어 하는 항목이 아닌 페이지를 가리키는 링크가 많이 있습니다.

```
/wiki/Category:Articles_with_unsourced_statements_from_April_2014
/wiki/Talk:Kevin_Bacon
```

최근 필자의 친구는 이와 비슷한 위키백과 스크레이핑 프로젝트를 만들다가 내부 위키백과 링크가 항목 페이지인지 아닌지 판단하는 100행이 넘는 거대한 필터링 함수를 만들게 되었습니다. 친구가 '항목 링크'와 '다른 링크'를 구분하는 패턴을 발견하는 데 시간을 많이 들인 것 같지는 않습니다. 그랬다면 뭔가 규칙을 발견했을 테니까요. 항목 페이지를 가리키는 링크에는 다른 내부 페이지를 가리키는 링크와 비교되는 세 가지 공통점을 찾을 수 있습니다.

- 이 링크들은 id가 bodyContent인 div 안에 있습니다.
- URL에는 콜론이 포함되어 있지 않습니다.
- URL은 /wiki/로 시작합니다.

이들 규칙을 활용하면 정규 표현식 '^(/wiki/)((?!:).)*$'를 써서 항목 페이지를 가리키는

---

2 역자주_ 이 예제를 실행하면 보안 인증에 실패했다는(certificate verify failed) 에러를 내며 실패할 수도 있습니다. 다음과 같이 보안 연결을 우회하는 코드를 사용하면 예제를 테스트할 수 있지만, 인증을 건너뛰는 것이므로 믿을 수 있는 사이트에만 사용해야 합니다. 이하 코드에서는 생략하겠습니다.

```
import ssl
try:
    _create_unverified_https_context = ssl._create_unverified_context
except AttributeError:
    pass
else:
    ssl._create_default_https_context = _create_unverified_https_context
```

링크만 가져오도록 코드를 수정할 수 있습니다.

```python
from urllib.request import urlopen
from bs4 import BeautifulSoup
import re

html = urlopen('http://en.wikipedia.org/wiki/Kevin_Bacon')
bs = BeautifulSoup(html, 'html.parser')
for link in bs.find('div', {'id':'bodyContent'}).findAll('a',
                    href = re.compile('^(/wiki/)((?!:).)*$')):
    if 'href' in link.attrs:
        print(link.attrs['href'])
```

이 코드를 실행하면 케빈 베이컨의 위키백과 항목에서 다른 항목을 가리키는 모든 링크 목록을 볼 수 있습니다.

특정 위키백과 항목에서 다른 항목을 가리키는 모든 링크 목록을 가져오는 이 스크립트도 물론 흥미롭긴 하지만, 현실적으로 별 쓸모는 없습니다. 이 코드는 다음과 같은 형태로 바꿀 수 있어야 합니다.

- /wiki/<article_name> 형태인 위키백과 항목 URL을 받고, 링크된 항목 URL 목록 전체를 반환하는 getLinks 함수

- 시작 항목에서 getLinks를 호출하고 반환된 리스트에서 무작위로 항목 링크를 선택하여 getLinks를 다시 호출하는 작업을, 프로그램을 끝내거나 새 페이지에 항목 링크가 없을 때까지 반복하는 메인 함수

다음 코드가 그와 같은 코드입니다.

```python
from urllib.request import urlopen
from bs4 import BeautifulSoup
import datetime
import random
import re

random.seed(datetime.datetime.now())

def getLinks(articleUrl):
    html = urlopen('http://en.wikipedia.org{}'.format(articleUrl))
```

```
    bs = BeautifulSoup(html, 'html.parser')
    return bs.find('div', {'id':'bodyContent'}).findAll('a',
                href = re.compile('^(/wiki/)((?!:).)*$'))

links = getLinks('/wiki/Kevin_Bacon')
while len(links) > 0:
    newArticle = links[random.randint(0, len(links)-1)].attrs['href']
    print(newArticle)
    links = getLinks(newArticle)
```

이 프로그램이 필요한 라이브러리를 임포트한 후 처음 하는 일은 현재 시스템 시간으로 난수 발생기를 실행하는 겁니다. 이렇게 하면 프로그램을 실행할 때마다 위키백과 항목들 속에서 새롭고 흥미로운 무작위 경로를 찾을 수 있습니다.

의사 난수와 무작위 시드

앞의 예제에서 필자는 파이썬의 난수 발생기를 사용해 각 페이지에서 무작위로 항목을 선택해, 위키백과를 무작위로 이동했습니다. 하지만 난수는 조심히 사용해야 합니다.

컴퓨터는 정확한 답을 계산하는 데는 강하지만, 뭔가 창조하는 데는 심각하게 약합니다. 따라서 난수를 만드는 것도 매우 어려운 일입니다. 대부분의 난수 알고리즘은 균등하게 분배되고 예측하기 어려운 숫자들을 만들어내기 위해 최선을 다하며, 이런 알고리즘이 기동하기 위해서는 시드 숫자가 필요합니다. 시드 숫자가 일치하면 그 결과인 난수 배열도 항상 일치합니다. 따라서 시스템 시간으로 난수 배열을 만들면 항목도 무작위로 고를 수 있습니다. 이렇게 하면 프로그램도 좀 더 흥미진진해집니다.

궁금해할 사람들을 위해 좀 더 첨언하면, 파이썬의 의사 난수 발생기는 **메르센 트위스터 알고리즘**Mersenne Twister algorithm을 사용합니다. 이 알고리즘은 예측하기 어렵고 균일하게 분산된 난수를 만들긴 하지만, 프로세서 부하가 있는 편입니다. 이렇게 훌륭한 난수를 공짜로 얻을 순 없겠죠.

그다음 getLinks 함수를 정의합니다. 이 함수는 /wiki/... 형태인 URL을 받고 그 앞에 위키백과 도메인 이름인 *http://en.wikipedia.org*을 붙여, 그 위치의 HTML에서 BeautifulSoup 객체를 가져옵니다. 그리고 앞에서 설명한 매개변수에 따라 항목 링크 태그 목록을 추출해서 반환합니다.

이 프로그램은 초기 페이지인 *https://en.wikipedia.org/wiki/Kevin_Bacon*의 링크 목록을

links 변수로 정의하며 시작합니다. 그리고 루프를 실행해서 항목 링크를 무작위로 선택하고, 선택한 링크에서 **href** 속성을 추출하고, 페이지를 출력하고, 추출한 URL에서 새 링크 목록을 가져오는 작업을 반복합니다.

물론 단순히 페이지에서 페이지로 이동하는 스크레이퍼를 만들었다고 '위키백과의 여섯 다리' 문제가 풀리는 것은 아닙니다. 반드시 결과 데이터를 저장하고 분석할 수 있어야 합니다. 데이터의 저장과 분석은 6장에서 설명하겠습니다.

CAUTION_ 예외 처리를 잊지 마세요!
이 예제에서는 간결함을 위해 예외 처리를 대부분 생략했지만, 잠재적 함정이 많이 있음을 알아야 합니다. 예를 들어 위키백과에서 **bodyContent** 태그의 이름을 바꾼다면 어떻게 될까요? (힌트: 충돌이 일어납니다.) 주의 깊게 살펴보며 진행한다면 이 스크립트 예제도 별다른 문제가 없겠지만, 자동으로 실행되는 실무 코드에서는 예외 처리가 이 책에서 다룰 수 있는 것보다 훨씬 더 많이 필요합니다. 이에 관해서는 1장을 다시 읽어보십시오.

3.2 전체 사이트 크롤링

이전 섹션에서는 링크에서 링크로 움직이며 웹사이트를 무작위로 이동했습니다. 하지만 사이트의 모든 페이지를 어떤 시스템에 따라 분류하거나 검색해야 한다면 이런 방식은 적합하지 않습니다. 사이트 전체 크롤링, 특히 거대한 사이트의 크롤링은 메모리를 많이 요구하며 크롤링 결과를 바로 저장할 데이터베이스가 준비된 애플리케이션에 적합합니다. 하지만 이런 애플리케이션을 실제 규모로 실행하지 않아도 어떻게 움직이는지 알아보는 것은 가능합니다. 데이터베이스를 이용하는 애플리케이션에 대해서는 6장을 읽어보십시오.

다크 웹과 딥 웹

최근 **딥 웹**deep Web, **다크 웹**dark Web, **히든 웹**hidden Web 같은 용어를 많이 들어봤을 겁니다. 이들은 무슨 뜻일까요?

딥 웹은 간단히 말해 **표면 웹**_{Surface Web}, 즉 검색 엔진에서 저장하는 부분을 제외한 나머지 웹을 일컫습니다. 정확히 알 수는 없지만, 딥 웹은 틀림없이 인터넷의 90퍼센트 정도를 차지할 겁니다. 구글도 폼을 전송하거나, 최상위 도메인에서 링크되지 않은 페이지를 찾아내거나, `robots.txt`로 막혀 있는 사이트를 조사할 수는 없으므로, 표면 웹은 비교적 작은 비율을 차지합니다.

다크 웹은 다크넷이라고도 부르며 완벽히 다른 종류입니다. 다크 웹은 기존 네트워크 하드웨어 인프라에서 동작하기는 하지만, Tor 같은 클라이언트를 사용하고 HTTP 위에서 동작하며 보안 채널로 정보를 교환하는 애플리케이션 프로토콜을 사용합니다. 다크 웹도 다른 웹사이트와 마찬가지로 스크랩할 수는 있지만 이 책의 범위는 벗어납니다.

다크 웹과 달리 딥 웹은 비교적 쉽게 스크랩할 수 있습니다. 사실 이 책에서도 구글 봇이 검색할 수 없는 곳을 탐색하고 스크랩하는 여러 도구를 소개합니다.

그러면 웹사이트 전체 크롤링은 언제 유용하고, 언제 손해일까요? 사이트 전체를 이동하는 웹 스크레이퍼에는 여러 가지 장점이 있습니다. 몇 가지 꼽자면 다음과 같습니다.

사이트맵 생성

몇 해 전에 필자는 한 가지 문제를 겪었습니다. 중요한 클라이언트가 웹사이트 재설계 비용이 얼마나 될지 알아봐달라고 했지만, 현재 사용 중인 콘텐츠 관리 시스템 내부에 접근 권한을 주기는 꺼렸고 공개된 사이트맵도 없는 상황이었습니다. 필자는 사이트 전체를 이동하는 크롤러를 이용해 내부 링크를 모두 수집하고, 그 페이지들을 사이트의 실제 폴더 구조와 똑같이 정리할 수 있었습니다. 이를 통해 존재하는지조차 몰랐던 부분들을 빨리 발견할 수 있었고, 다시 설계해야 하는 페이지가 얼마나 되고 이동해야 할 콘텐츠가 얼마나 되는지 정확히 산출할 수 있었습니다.

데이터 수집

어떤 클라이언트는 글(이야기, 블로그 포스트, 뉴스 기사 등)을 수집해서 전문화 검색 플랫폼의 프로토타입을 만들고 싶다고 의뢰했습니다. 이들 웹사이트는 철저히 탐색할 필요는 없었지만, 광범위하게 진행해야 했습니다(데이터를 가져올 사이트가 많지는 않았습니다). 필자는 각 사이트를 재귀적으로 이동하는 크롤러를 만들어 기사 페이지에서만 데이터를 수집할 수 있었습니다.

사이트를 철저히 크롤링하려면 보통 홈페이지 같은 최상위 페이지에서 시작해, 그 페이지에 있는 내부 링크를 모두 검색합니다. 검색한 링크를 모두 탐색하고, 거기서 다시 링크가 발견되면 크롤링 다음 라운드가 시작됩니다.

당연히 일은 금새 엄청나게 커집니다. 모든 페이지에 내부 링크가 10개씩 있고 사이트가 다섯 단계로 구성되어 있다면(중간 규모 사이트에서는 매우 일반적인 깊이입니다) 최소 105페이지, 최대 100,000페이지를 찾아야 사이트를 철저히 탐색했다고 할 수 있습니다. 살짝 이상한 일이지만 '다섯 단계에, 페이지당 내부 링크 10개'가 매우 일반적인 크기인데도, 실제로 100,000페이지 이상으로 구성된 웹사이트는 거의 없습니다. 이유는 물론 내부 링크 중 상당수가 중복이기 때문입니다.

같은 페이지를 두 번 크롤링하지 않으려면 발견되는 내부 링크가 모두 일정한 형식을 취하고, 프로그램이 동작하는 동안 계속 유지되는 세트에 보관하는 게 중요합니다(세트는 리스트와 비슷한 데이터 형식이지만 요소의 순서가 없고 중복 없이 유일한 요소만 저장되므로 이러한 목적에 딱 맞습니다). 새로운 링크만 탐색하고 그 안에서 다른 링크를 검색해야 합니다.

```python
from urllib.request import urlopen
from bs4 import BeautifulSoup
import re

pages = set()
def getLinks(pageUrl):
    global pages
    html = urlopen('http://en.wikipedia.org{}'.format(pageUrl))
    bs = BeautifulSoup(html, 'html.parser')
    for link in bs.findAll('a', href=re.compile('^(/wiki/)')):
        if 'href' in link.attrs:
            if link.attrs['href'] not in pages:
                # 새 페이지를 발견
                newPage = link.attrs['href']
                print(newPage)
                pages.add(newPage)
                getLinks(newPage)

getLinks('')
```

웹 크롤링이 어떻게 동작하는지 충분히 이해하기 위해, 이전 예제에서 사용한 내부 링크 기준을 완화했습니다. 이번에는 스크레이퍼가 항목 페이지만 찾는 게 아니라, /wiki/로 시작하는 모든 링크를 찾으며, div의 id나 콜론이 들어 있는지의 여부도 검사하지 않습니다(항목 페이지에는 콜론이 들어 있지 않지만 파일 업로드 페이지나 토크 페이지 또는 이 비슷한 링크들은 URL에 콜론이 들어 있습니다).

먼저 getLinks에 빈 URL을 넘겨 호출합니다. 함수 내부에서 빈 URL 앞에 *http://en.wikipedia.org*를 붙여 위키백과 첫 페이지 URL로 바꿉니다. 다음에는 첫 번째 페이지의 각 링크를 순회하며 전역 변수인 pages에 들어 있는지 아닌지를 검사합니다. pages는 스크립트가 이미 발견한 페이지의 세트입니다. pages에 들어 있지 않은 링크라면 리스트에 추가하고 화면에 출력한 다음, getLinks 함수를 재귀적으로 호출합니다.

> **CAUTION_ 재귀에 관한 경고**
>
> 이 내용은 소프트웨어 책에 보통 포함되어 있지는 않지만 짚고 넘어가야 한다고 생각합니다. 위 프로그램은 오랫동안 실행하면 거의 확실히 죽어버립니다.
>
> 파이썬은 기본적으로 재귀 호출을 1,000회로 제한합니다. 위키백과의 링크 네트워크는 매우 넓어서 이 프로그램은 결국 재귀 제한에 걸려 멈추게 됩니다. 멈추는 일을 막으려면 재귀 카운터를 삽입하거나 다른 방법을 강구해야 합니다.
>
> 링크 깊이가 1,000단계까지 들어가지 않는 사이트에서는 이 방법도 일반적으로 잘 동작하지만, 가끔 예외는 있습니다. 예를 들어 필자는 블로그 포스트를 가리키는 내부 링크를 동적으로 만들 때 현재 페이지의 주소에 의존해 생성하는 웹사이트를 본 일이 있습니다. 나중에는 **/blog/blog/blog/blog.../blog/blog-post. php** 처럼 무한히 반복되는 URL이 만들어졌습니다.
>
> 이런 사례가 존재하긴 하지만 대부분의 경우 여기서 소개한 재귀적 테크닉은 이후 실무에서 사이트를 크롤링할 때 큰 문제 없이 사용할 수 있을 겁니다.

3.2.1 전체 사이트에서 데이터 수집

물론 웹 크롤러가 페이지와 페이지 사이를 옮겨 다니기만 한다면 쓸모가 없을 겁니다. 쓸모가 있으려면 페이지에 머무르는 동안 뭔가 다른 일을 할 수 있어야죠. 페이지 제목, 첫 번째 문단, 편집 페이지를 가리키는 링크(존재한다면)를 수집하는 스크레이퍼를 만들어봅시다.

항상 그렇지만, 이런 일을 가장 잘하기 위해 첫 번째 할 일은 사이트의 페이지 몇 개를 살펴보며 패턴을 찾는 일입니다. 위키백과에서 항목 페이지와 개인정보 정책 페이지 같은 항목 외 페이지를 여럿 봤다면 다음과 같은 패턴을 알 수 있을 겁니다.

- 항목 페이지든 편집 내역 페이지든 기타 무슨 페이지든 상관없이 제목은 항상 h1 태그 안에 있으며 h1 태그는 페이지당 하나만 존재합니다.

- 이미 언급했듯 모든 바디 텍스트는 div#bodyContent 태그에 들어 있습니다. 하지만 더 명확하게 첫 번째 문단의 텍스트만 선택하려 한다면 div#mw-content-text → p로 첫 번째 문단 태그만 선택하는 편이 나을 수 있습니다. 이 방법은 콘텐츠 텍스트 섹션이 없는 파일 페이지(예를 들어 *https://en.wikipedia.org/wiki/File:Orbit_of_274301_Wikipedia.svg*)를 제외한 모든 콘텐츠 페이지에 적용됩니다.

- 편집 링크는 항목 페이지에만 존재합니다. 존재한다면 li#ca-edit → span → a로 찾을 수 있습니다.

기본 크롤링 코드를 수정해서 크롤러와 데이터 수집(최소한 출력은 가능한) 기능이 있는 프로그램을 만들 수 있습니다.

```python
from urllib.request import urlopen
from bs4 import BeautifulSoup
import re

pages = set()
def getLinks(pageUrl):
    global pages
    html = urlopen('http://en.wikipedia.org'+pageUrl)
    bs = BeautifulSoup(html, 'html.parser')
    try:
        print(bs.h1.get_text())
        print(bs.find(id = 'mw-content-text').findAll('p')[0])
        print(bs.find(id = 'ca-edit').find('span').find('a').attrs['href'])
    except AttributeError:
        print('This page is missing something! No worries though!')
    for link in bs.findAll('a', href = re.compile('^(/wiki/)')):
        if 'href' in link.attrs:
            if link.attrs['href'] not in pages:
                newPage = link.attrs['href']
                print('----------------\n'+newPage)
                pages.add(newPage)
                getLinks(newPage)
getLinks('')
```

이 프로그램의 for 루프는 이전의 크롤링 프로그램과 거의 같습니다. 출력되는 콘텐츠를 더 명확히 구분하기 위해 대시를 추가했습니다.

원하는 데이터가 모두 페이지에 있다고 확신할 수는 없으므로, 각 print 문은 페이지에 존재할 확률이 높은 순서대로 정렬했습니다. <h1> 타이틀 태그는 모든 페이지에 존재하므로 이 데이터를 가장 먼저 가져옵니다. 파일 페이지를 제외하면, 대부분의 페이지에 텍스트 콘텐츠가 존재하므로 이것이 두 번째로 가져올 데이터입니다. 편집 버튼은 제목과 텍스트 콘텐츠가 모두 존재하는 페이지에만 있지만 그렇다고 해도 100%는 아닙니다.

> **CAUTION_ 패턴에 따라 필요한 작업이 다릅니다**
> 예외 핸들러 안에 여러 행을 넣는 것은 위험합니다. 우선 어떤 행에서 예외가 일어날지 모릅니다. 또한, 어떤 이유로든 페이지에 편집 버튼만 있고 제목이 없다면 편집 버튼도 가져오지 않게 됩니다. 하지만 원하는 데이터가 사이트에 있을 확률에 순서가 있고, 일부 데이터를 잃어도 되거나 자세한 로그를 유지할 필요가 없는 경우(자주 있습니다)에는 별다른 문제가 없습니다.

여태까지는 데이터를 출력하기만 했을 뿐 '수집'하지는 않았습니다. 물론 터미널 화면에 있는 데이터는 가공하기 어렵습니다. 데이터를 저장하고 데이터베이스를 만드는 것은 6장에서 알아보겠습니다.

3.3 인터넷 크롤링

필자가 웹 스크레이핑에 대해 이야기할 때마다 누군가는 항상 이렇게 묻습니다. "구글 같은 기업은 어떻게 만들어지나요?" 필자의 대답은 항상 같습니다. "첫째, 수십억 달러를 모아 세계에서 가장 훌륭한 데이터센터를 만들고 세계 곳곳에 배치합니다. 둘째, 웹 크롤러를 만듭니다."

구글이 1994년에 처음 시작되었을 때는 단 두 명의 스탠퍼드 대학원생뿐이었고, 그들이 가진 건 낡은 서버와 파이썬 웹 크롤러뿐이었습니다. 이제 당신도 이 사실을 알았으니, 다음 IT 억만장자가 될 수단을 갖춘 겁니다!

진지하게 말해서, 웹 크롤러는 여러 가지 최신 웹 기술의 핵심에 있고, 웹 크롤러를 사용하기 위해 반드시 거대한 데이터센터가 필요하지는 않습니다. 도메인 간 데이터 분석을 위해서는 인터넷의 무수히 많은 페이지에서 데이터를 가져오고 해석할 수 있는 크롤러가 필요합니다.

이전 예제와 마찬가지로 지금부터 만들 웹 크롤러도 링크를 따라 페이지와 페이지를 이동합니다. 하지만 이번에는 외부 링크를 무시하지 않고 따라갈 겁니다. 한 가지 도전이 추가됩니다. 이번에는 각 페이지에 관한 정보를 기록할 수 있는지 알아볼 겁니다. 여태까지 했던 것처럼 도메인 하나만 다루는 것보다는 어려울 겁니다. 웹사이트마다 레이아웃이 완전히 다르니까요. 따라서 어떤 정보를 찾을지, 어떻게 찾을지 매우 유연한 사고방식을 가져야 합니다.

> **CAUTION_ 지금부터 일어날 일은 아무도 모릅니다**
>
> 다음 섹션에서 사용할 코드는 인터넷 **어디든지** 갈 수 있음을 염두에 두십시오. '위키백과의 여섯 다리'를 이해했다면 http://www.sesamestreet.org/에서 단 몇 번의 이동으로도 이상한 사이트에 도달할 수 있다는 것도 이해할 겁니다.
>
> 미성년자라면 이 코드를 실행하기 전에 먼저 부모님과 상의하십시오. 법 규정이나 종교적인 이유로 성적인 사이트의 텍스트를 읽는 것을 금지한다면, 이후의 코드 예제를 읽는 건 상관없어도 실제 실행할 때는 주의를 기울이십시오.

단순히 외부 링크를 닥치는 대로 따라가는 크롤러를 만들기 전에 먼저 자신에게 다음과 같은 질문을 해보십시오.

- 내가 수집하려 하는 데이터는 어떤 것일까? 정해진 사이트 몇 개만 수집하면 되는 것일까?(이런 경우, 거의 틀림없이 더 쉬운 방법이 있습니다) 아니면 그런 사이트가 있는지조차 몰랐던 사이트에도 방문하는 크롤러가 필요할까?

- 크롤러가 특정 웹사이트에 도달하면, 즉시 새 웹사이트를 가리키는 링크를 따라가야 할까? 아니면 한동안 현재 웹사이트에 머물면서 파고들어야 할까?

- 특정 사이트를 스크랩에서 제외할 필요는 없을까? 비영어권 콘텐츠도 수집해야 할까?

- 만약 크롤러가 방문한 사이트의 웹마스터가 크롤러의 방문을 알아차렸다면 나 자신을 법적으로 보호할 수 있을까? (이 주제에 관해서는 18장을 읽어보십시오)

파이썬 함수를 결합하면 다양한 웹 스크레이핑을 실행하는 코드를 쉽게 만들 수 있고, 이는 60줄도 안 되는 코드로도 충분히 가능합니다.

```python
from urllib.request import urlopen
from bs4 import BeautifulSoup
import re
import datetime
import random

pages = set()
random.seed(datetime.datetime.now())

# 페이지에서 발견된 내부 링크를 모두 목록으로 만듭니다.
def getInternalLinks(bs, includeUrl):
    includeUrl = '{}://{}'.format(urlparse(includeUrl).scheme,
        urlparse(includeUrl).netloc)
    internalLinks = []
    # /로 시작하는 링크를 모두 찾습니다.
    for link in bs.findAll('a', href = re.compile('^(/|.*' + includeUrl + ')')):
        if link.attrs['href'] is not None:
            if link.attrs['href'] not in internalLinks:
                if(link.attrs['href'].startswith('/')):
                    internalLinks.append(includeUrl+link.attrs['href'])
                else:
                    internalLinks.append(link.attrs['href'])
    return internalLinks

# 페이지에서 발견된 외부 링크를 모두 목록으로 만듭니다.
def getExternalLinks(bs, excludeUrl):
    externalLinks = []
    # 현재 URL을 포함하지 않으면서 http나 www로 시작하는 링크를 모두 찾습니다.
    for link in bs.findAll('a',
        href = re.compile('^(http|www)((?!' + excludeUrl + ').)*$')):
        if link.attrs['href'] is not None:
            if link.attrs['href'] not in externalLinks:
                externalLinks.append(link.attrs['href'])
    return externalLinks

def getRandomExternalLink(startingPage):
    html = urlopen(startingPage)
    bs = BeautifulSoup(html, 'html.parser')
    externalLinks = getExternalLinks(bs, urlparse(startingPage).netloc)
    if len(externalLinks) == 0:
        print('No external links, looking around the site for one')
        domain = '{}://{}'.format(urlparse(startingPage).scheme,
            urlparse(startingPage).netloc)
        internalLinks = getInternalLinks(bs, domain)
```

```
        return getRandomExternalLink(internalLinks[random.randint(0,
                              len(internalLinks)-1)])
    else:
        return externalLinks[random.randint(0, len(externalLinks)-1)]

def followExternalOnly(startingSite):
    externalLink = getRandomExternalLink(startingSite)
    print('Random external link is: {}'.format(externalLink))
    followExternalOnly(externalLink)


followExternalOnly('http://oreilly.com')
```

위 프로그램은 *http://oreilly.com*에서 시작해 외부 링크에서 외부 링크로 무작위로 이동합니다. 다음은 위 프로그램의 출력 결과 예제입니다.

```
Random external link is: http://igniteshow.com/
Random external link is: http://feeds.feedburner.com/oreilly/news
Random external link is: http://hire.jobvite.com/CompanyJobs/Careers.aspx?c=q319
Random external link is: http://makerfaire.com/
...
```

웹사이트의 첫 번째 페이지에 항상 외부 링크가 있다는 보장은 없습니다. 여기서는 외부 링크를 찾기 위해 이전 크롤링 예제와 비슷한 방법, 즉 외부 링크를 찾을 때까지 웹사이트를 재귀적으로 파고드는 방법을 썼습니다.

[그림 3-1]은 이러한 작업 내용을 시각화한 순서도입니다.

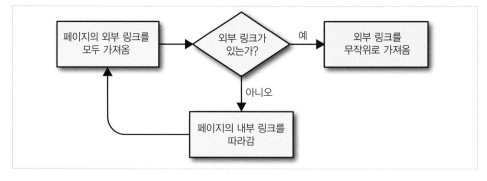

그림 3-1 인터넷 사이트를 탐색하는 스크립트 순서도

작업을 '이 페이지에 있는 모든 외부 링크를 찾는다' 같은 단순한 함수로 나누면, 나중에 코드를 다른 크롤링 작업에 쓸 수 있도록 리팩토링하기 쉽습니다. 예를 들어 사이트 전체에서 외부 링크를 검색하고 각 링크마다 메모를 남기고 싶다면 다음과 같은 함수를 추가하면 됩니다.

```python
# 사이트에서 찾은 외부 URL을 모두 리스트로 수집합니다.
allExtLinks = set()
allIntLinks = set()

def getAllExternalLinks(siteUrl):
    html = urlopen(siteUrl)
    domain = '{}://{}'.format(urlparse(siteUrl).scheme,
        urlparse(siteUrl).netloc)
    bs = BeautifulSoup(html, 'html.parser')
    internalLinks = getInternalLinks(bs, domain)
    externalLinks = getExternalLinks(bs, domain)

    for link in externalLinks:
        if link not in allExtLinks:
            allExtLinks.add(link)
            print(link)
    for link in internalLinks:
        if link not in allIntLinks:
            allIntLinks.add(link)
            getAllExternalLinks(link)

allIntLinks.add('http://oreilly.com')
getAllExternalLinks('http://oreilly.com')
```

이 코드는 크게 루프 두 개로 생각할 수 있습니다. 하나는 내부 링크를 수집하고, 다른 하나는 외부 링크를 수집하면서 서로 연관되게 동작합니다. 순서도로 나타낸다면 [그림 3-2]와 비슷할 것입니다.

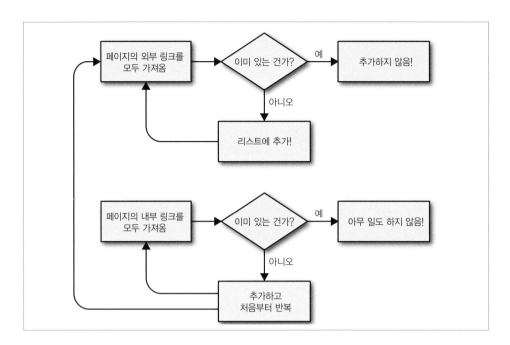

그림 3-2 웹사이트의 외부 링크를 모두 수집하는 크롤러의 순서도

실제 코드를 작성하기 전에 그 코드가 무슨 일을 하는지 다이어그램을 그려보거나 메모해보는 습관을 갖도록 합시다. 크롤러가 복잡해지면 이런 습관이 시간을 매우 많이 절약해주고, 좌절하는 일도 훨씬 줄어들 겁니다.

## CHAPTER 4

웹 크롤링 모델

데이터와 입력을 제어할 수 있더라도 깨끗하고 확장 가능한 코드를 작성하기는 쉽지 않습니다. 하물며, 프로그래머가 전혀 제어할 수 없는 웹사이트 여러 곳에서 다양한 데이터를 스크랩해 저장하는 웹 크롤러를 작성하다 보면, 일반적인 원칙을 적용할 수 없는 문제가 종종 발생하기 마련입니다.

서로 다른 템플릿과 레이아웃을 가진 다양한 웹사이트에서 뉴스 기사나 블로그 게시물을 수집해야 한다고 가정해봅시다. 어떤 사이트에는 h1 태그에 기사 제목이 들어 있지만, 다른 사이트에는 h1 태그에 웹사이트 전체의 제목이 들어 있고 기사 제목은 <span id="title">에 들어 있을 수 있습니다.

어떤 사이트를 어떻게 스크랩할지 유연하게 바꿀 수 있어야 하고, 새로운 사이트를 스크랩 목록에 추가하거나 기존 목록을 수정해야 한다면 코드를 여러 줄 쓰는 일 없이 가능한 빨리 할 수 있어야 합니다.

동일 제품의 가격을 비교하기 위해 여러 웹사이트에서 제품 가격을 스크랩해야 할 수도 있습니다. 상품 가격이 다양한 통화로 매겨져 있을 수 있고, 웹에서 수집하지 않은 다른 외부 데이터와 결합해야 할 수도 있습니다.

웹 크롤러의 응용 방향은 거의 끝이 없지만, 확장성이 뛰어난 크롤러는 일정한 패턴 중 하나에 속하는 경우가 많습니다. 이러한 패턴을 익히고 어떤 상황에 적용할 수 있는지 공부하면 웹 크롤러의 유지 관리성과 견고성을 크게 향상시킬 수 있습니다.

이 장은 다양한 웹사이트에서 식당 리뷰, 뉴스 기사, 회사 프로필 같은 한정된 '타입'의 데이터를 수집하고, 이 데이터 타입을 파이썬 객체에 저장해서 데이터베이스에 읽고 쓰는 웹 크롤러에 대해 중점적으로 설명합니다.

4.1 객체 계획 및 정의

웹 스크레이핑의 일반적인 함정 중 하나는 눈앞에 있는, 당장 사용할 수 있는 것만 보고 수집할 데이터를 정의하는 것입니다. 예를 들어 제품 데이터를 수집하려 할 때, 먼저 어떤 의류 쇼핑 사이트를 보고 각 제품에 다음과 같은 필드가 있다고 가정해봅시다.

- 제품 이름
- 가격
- 설명
- 사이즈
- 색깔
- 옷감 종류
- 고객 평가

그런데 다른 의류 쇼핑 사이트를 봤더니 페이지에 SKU(품목 추적 및 주문에 사용되는 재고 관리 단위)가 있음을 알게 됐습니다. 첫 번째 사이트에는 SKU가 없었지만, SKU 역시 수집할 만한 데이터입니다. 이 필드를 추가합니다.

- 품목 SKU

의류 데이터 수집만 해도 좋은 출발점이 될 수 있지만, 이 크롤러를 다른 유형의 제품으로 확장할 수 있는지 확인해보고 싶어졌습니다. 다른 웹사이트의 제품 섹션을 주의 깊게 살펴보고 다음 정보도 수집해야겠다고 결정했습니다.

- 양장본/페이퍼백
- 무광택/광택 인쇄
- 고객 리뷰 숫자
- 제조사 웹 페이지 링크

그러나 이런 식으로 계속 해나갈 수 있을까요? 당연히 불가능합니다. 웹사이트에서 새로운 정보를 볼 때마다 제품 유형에 속성을 추가만 한다면 추적해야 할 데이터가 너무 많아집니다. 뿐만 아니라, 다른 웹사이트를 스크랩할 때마다 웹사이트에 있는 데이터와 지금까지 수집한 데이터를 자세히 분석해야 하며, 결과에 따라서는 새로운 필드를 추가해야할 수도 있습니다(파이썬 객체와 데이터베이스 구조를 수정해야 되겠죠). 이로 인해 지저분하고 읽기 어려운 데이터 세트가 생겨 문제가 발생할 수 있습니다.

때로는 수집할 데이터를 결정할 때 웹사이트를 통째로 무시하는 것이 최선일 때도 있습니다. 확장성 있는 프로젝트를 시작하려면, 사이트 단 하나만 보고 '여기에 어떤 데이터가 있나?'로 출발해서는 안 됩니다. '내게 필요한 데이터가 무엇이지?'로 출발하고, 필요한 데이터를 어떻게 얻을지 생각하십시오.

정말로 하고 싶은 것은 여러 매장의 제품 가격을 비교하고, 시간에 따라 해당 제품 가격이 어떻게 변하는지 추적하는 것이라고 가정해봅시다. 그렇다면 필요한 정보는 다음과 같이 제품을 고유하게 식별할 수 있는 정보일 것입니다.

- 품명
- 제조사
- 제품 ID (사용할 수 있다면)

이런 정보는 사이트마다 달라서는 안 됩니다. 반면 제품 리뷰, 평가, 가격 및 설명 같은 정보는 사이트마다 다를 수 있고, 별도로 저장할 수도 있습니다.

색깔이나 옷감 같은 정보는 제품마다 다르지만 모든 제품에 일괄적으로 적용할 수 있는 카테고리는 아닙니다. 한걸음 물러나서 고려해야 할 각 항목에 대해 체크리스트를 작성하고 스스로에게 다음과 같은 질문을 하는 것이 중요합니다.

- 이 정보가 프로젝트 목표에 도움이 되는가? 이 정보가 없다면 프로젝트 진행이 어려운가? 아니면 단지 있으면 좋은 정도이고 없어도 별 영향은 없는가?

- 나중에 도움이 될 것 같지만 확신할 수는 없다면, 나중에 다시 이 정보를 수집하는 건 얼마나 어려울까?

- 이미 수집한 데이터와 중복은 아닌가?

- 이 데이터를 이 객체에 저장하는 것은 논리적으로 앞뒤가 맞는가? (앞서 언급했듯, 제품

에 설명을 저장하면 사이트마다 설명이 다를 경우 이해할 수 없게 됩니다.)

데이터를 수집해야 한다고 결정했다면 저장하고 처리하는 방법을 결정하기 전 몇 가지를 더 생각해봐야 합니다.

- 계속 나타나는 데이터인가? 아니면 간혹 나타나는 데이터인가? 앞으로도 모든 사이트에 관련성이 있고 계속 등장할 것인가? 아니면 소수에 불과한가?
- 데이터가 얼마나 큰가?
- 데이터가 크다면 분석할 때마다 주기적으로 가져와야 할까? 아니면 가끔씩만 가져와도 될까?
- 이 데이터는 얼마나 가변적인가? 옷감 패턴처럼 주기적으로 새 속성을 추가하거나, 유형을 수정해야 할까? 아니면 신발 크기처럼 고정적일까?

제품 속성 및 가격에 대한 메타 분석을 계획하고 있다고 가정해봅시다. 여기에는 책의 페이지 수나 옷감 유형 같은 정보가 들어갈테고, 나중에 가격과 관련있는 다른 속성이 추가될 수도 있습니다. 위에 나열한 질문을 생각해보고 데이터가 희소하다. 즉 이 특성을 적용할 수 있는 제품이 상대적으로 적으며 빈번히 특성을 추가하거나 제거해야 할 것 같다는 생각이 들었습니다. 그렇다면 제품 유형을 다음과 같이 만드는 것이 좋습니다.

- 제품 이름
- 제조사
- 제품 ID (사용할 수 있다면)
- 속성 (별도의 리스트나 딕셔너리를 사용)

그리고 속성 유형은 다음과 같이 만들어야 할 겁니다.

- 속성 이름
- 속성값

이렇게 계획해두면 데이터 스키마를 재설계하거나 코드를 재작성하지 않아도 새로운 제품 특성을 유연하게 추가할 수 있습니다. 이 속성을 데이터베이스에 저장할 때는 attribute 필드에 JSON을 작성하거나, 각 속성을 제품 ID와 함께 별도의 테이블에 저장할 수 있습니다. 이러한 유형의 데이터베이스 모델 구현에 대해서는 6장에서 다시 알아봅니다.

저장해야 하는 다른 정보에도 위의 질문을 적용할 수 있습니다. 각 제품의 가격을 추적하려면 다음이 필요할 것입니다.

- 제품 ID
- 상점 ID
- 가격
- 날짜와 시간

그런데 제품의 속성이 제품 가격과 직접적인 연관 관계에 있다면 어떻게 해야 할까요? 예를 들어, 특대형 셔츠는 주문을 받아야만 제작하므로 일반적인 셔츠보다 비쌀 수 있습니다. 이런 경우에는 각 셔츠 가격을 개별적으로 책정할 수 있도록 각 셔츠 제품을 크기마다 별도로 분할하거나, 세부 항목을 저장할 수 있도록 다음 필드가 포함된 새 항목을 만드는 것이 좋습니다.

- 제품 ID
- 세부 항목 타입 (여기서는 셔츠 크기가 되겠죠)

그러면 각 가격은 다음과 같은 형태가 될 겁니다.

- 제품 세부 ID
- 상점 ID
- 가격
- 날짜와 시간

'제품과 가격'이라는 주제가 지나치게 세분화된 것처럼 보일 수도 있지만, 파이썬 객체를 설계할 때 검토해야 할 체크리스트와 생각하는 방법은 거의 모든 상황에 적용됩니다.

뉴스 기사를 스크랩하는 경우 다음과 같은 기본 정보가 필요할 수 있습니다.

- 제목
- 작성자
- 날짜
- 내용

그런데 일부 기사에는 변경일자, 관련 기사, SNS 공유 숫자 같은 정보가 들어 있을 수 있습니다. 이런 정보가 필요할까요? 이런 정보가 프로젝트와 관련이 있을까요? 모든 뉴스 사이트가 모든 SNS를 사용하는 것도 아니고, SNS 이용자 수가 시간이 지남에 따라 늘어나거나 줄어드는 상황에서도 SNS 공유 숫자를 효율적이고 유연하게 저장할 수 있을까요?

새로운 프로젝트를 시작할 때 충분히 생각하지 않고 바로 파이썬 코드를 작성해서 웹사이트 스크랩을 즉시 시작하자는 충동이 생길 수 있습니다. '나중에 더 깊이 생각해보자' 하고 넘어간 데이터 모델은 스크랩한 첫 번째 사이트의 데이터 가용성 및 형식에 크게 영향을 받기 마련입니다.

그러나 데이터 모델은 모든 코드의 기초가 됩니다. 모델을 잘못 결정하면 코드를 작성하고 유지 관리하기 어려워지거나, 결과 데이터를 추출하고 효율적으로 사용하기 어려워질 수 있습니다. 수집할 웹사이트가 다양할수록 무엇을 수집하고 어떻게 저장할지 진지하게 생각하고 정확하게 계획하는 것이 중요합니다.

4.2 다양한 웹사이트 레이아웃 다루기

구글 같은 검색엔진의 가장 인상적인 업적 중 하나는 그 구조에 대한 지식도 없이 다양한 웹사이트에서 관련성 있고 유용한 데이터를 추출하는 것입니다. 사람은 페이지의 제목과 주요 내용을 즉시 구별할 수 있지만(정말 형편없이 디자인되지만 않았다면), 같은 일을 봇이 하도록 만드는 건 훨씬 어렵습니다.

다행스러운 점은, 본 적도 들어본 적도 없는 사이트에서 데이터를 수집하는 경우는 별로 없고 사람이 미리 선택한 웹사이트 몇 개 또는 몇십 개에서 수집하는 경우가 대부분이라는 겁니다. 즉, 복잡한 알고리즘이나 머신러닝을 통해 페이지의 어느 텍스트가 제목처럼 보이는지, 아니면 주요 내용인지 감지할 필요는 없습니다. 각 요소가 어떤 구실을 하는지 눈으로 직접 보고 판단할 수 있습니다.

가장 확실한 방법은 각 웹사이트에 대해 별도의 웹 크롤러 또는 페이지 구문 분석기를 만드는 것입니다. 각각은 URL, 문자열 또는 BeautifulSoup 객체를 받아, 스크랩한 내용을 파이썬 객체로 반환할 수 있습니다.

다음은 뉴스 기사 같은 웹사이트 콘텐츠에 대응하는 Content 클래스와, BeautifulSoup 객체를 받아 Content 인스턴스를 반환하는 스크레이퍼 함수 두 개로 구성된 예제입니다.

```
import requests
from bs4 import BeautifulSoup
```

```
class Content:
    def __init__(self, url, title, body):
        self.url = url
        self.title = title
        self.body = body

def getPage(url):
    req = requests.get(url)
    return BeautifulSoup(req.text, 'html.parser')

def scrapeNYTimes(url):
    bs = getPage(url)
    title = bs.find('h1').text
    lines = bs.select('div.StoryBodyCompanionColumn div p')
    body = '\n'.join([line.text for line in lines])
    return Content(url, title, body)

def scrapeBrookings(url):
    bs = getPage(url)
    title = bs.find('h1').text
    body = bs.find('div', {'class', 'post-body'}).text
    return Content(url, title, body)

url = '''
https://www.brookings.edu/blog/future-development/2018/01/26/
delivering-inclusive-urban-access-3-uncomfortable-truths/
'''

content = scrapeBrookings(url)
print('Title: {}'.format(content.title))
print('URL: {}\n'.format(content.url))
print(content.body)

url = '''
https://www.nytimes.com/2018/01/25/
opinion/sunday/silicon-valley-immortality.html
'''
content = scrapeNYTimes(url)
print('Title: {}'.format(content.title))
print('URL: {}\n'.format(content.url))
print(content.body)
```

뉴스 사이트 스크레이퍼 기능을 추가하기 시작하면서, 어떤 패턴이 형성됨을 느꼈을 겁니다.

모든 사이트의 구문 분석 기능은 기본적으로 동일한 작업을 수행합니다.

- 제목 요소를 선택하고 제목 텍스트를 추출합니다.
- 기사의 주요 콘텐츠를 선택합니다.
- 필요하다면 다른 콘텐츠 항목도 선택합니다.
- 앞에서 찾은 문자열로 인스턴스화된 Content 객체를 반환합니다.

여기서 사용한 변수들 중 사이트에 따라 달라지는 변수는 각 정보를 얻는 데 사용한 CSS 선택자뿐입니다. BeautifulSoup의 find, find_all 함수는 매개변수로 태그 문자열과 키/값 속성으로 이루어진 딕셔너리를 받습니다. 즉, 사이트 구조와 데이터 위치를 정의하는 매개변수를 넘기면 됩니다.

수집할 정보에 대응하는 CSS 선택자를 각각 문자열 하나로 만들고, 이들을 딕셔너리 객체에 모아서 BeautifulSoup select 함수와 함께 사용하면 더욱 편리합니다.

```python
class Content:
    """
    글/페이지 전체에 사용할 기반 클래스
    """

    def __init__(self, url, title, body):
        self.url = url
        self.title = title
        self.body = body

    def print(self):
        """
        출력 결과를 원하는 대로 바꿀 수 있는 함수
        """
        print("URL: {}".format(self.url))
        print("TITLE: {}".format(self.title))
        print("BODY:\n{}".format(self.body))


class Website:
    """
    웹사이트 구조에 관한 정보를 저장할 클래스
    """

    def __init__(self, name, url, titleTag, bodyTag):
```

```
        self.name = name
        self.url = url
        self.titleTag = titleTag
        self.bodyTag = bodyTag
```

Website 클래스는 각 페이지에서 수집한 정보를 저장하는 것이 아니라, 해당 데이터를 수집하는 **방법**에 대한 지침을 저장합니다. 즉, 제목 텍스트를 저장하는 것이 아니라 제목을 찾을 수 있는 위치를 나타내는 문자열 태그 h1을 저장합니다. 클래스 이름을 Website로 정한 것도 이 정보가 웹사이트 전체에 적용된다는 사실을 나타낸 것입니다. Content는 개별 페이지에 관한 정보만 저장합니다.

이 Content와 Website 클래스를 사용하면 주어진 웹 페이지에 존재하는 URL의 제목과 내용을 모두 스크랩할 Crawler를 작성할 수 있습니다.

```
import requests
from bs4 import BeautifulSoup

class Crawler:

    def getPage(self, url):
        try:
            req = requests.get(url)
        except requests.exceptions.RequestException:
            return None
        return BeautifulSoup(req.text, 'html.parser')

    def safeGet(self, pageObj, selector):
        """
        BeautifulSoup 객체와 선택자를 받아 콘텐츠 문자열을 추출하는 함수
        주어진 선택자로 검색된 결과가 없다면 빈 문자열을 반환합니다.
        """

        selectedElems = pageObj.select(selector)
        if selectedElems is not None and len(selectedElems) > 0:
            return '\n'.join(
            [elem.get_text() for elem in selectedElems])
        return ''

    def parse(self, site, url):
        """
        URL을 받아 콘텐츠를 추출합니다
```

```
    """

    bs = self.getPage(url)
    if bs is not None:
        title = self.safeGet(bs, site.titleTag)
        body = self.safeGet(bs, site.bodyTag)
        if title != '' and body != '':
            content = Content(url, title, body)
            content.print()
```

다음은 웹사이트 객체를 정의하고 프로세스를 시작하는 코드입니다.[1]

```
crawler = Crawler()

siteData = [
    ['O\'Reilly Media', 'http://oreilly.com',
        'h1', 'section#product-description'],
    ['Reuters', 'http://reuters.com',
        'h1', 'div.StandardArticleBody_body_1gnLA'],
    ['Brookings', 'http://www.brookings.edu',
        'h1', 'div.post-body']
]
websites = []
urls = [
    'http://shop.oreilly.com/product/0636920028154.do',
    'http://www.reuters.com/article/us-usa-epa-pruitt-idUSKBN19W2D0',
    'https://www.brookings.edu/blog/techtank/2016/03/01/idea-to-retire-old-methods-of-
policy-education/'
]
for row in siteData:
    websites.append(Website(row[0], row[1], row[2], row[3]))

crawler.parse(websites[0], urls[0])
crawler.parse(websites[1], urls[1])
crawler.parse(websites[2], urls[2])
```

얼핏 보기엔 사이트마다 파이썬 함수를 만드는 편이 더 단순해 보일 수 있지만, 사이트 서너 개를 수집하는 프로젝트가 20, 200개의 사이트를 수집하도록 확장됐다고 상상해보십시오.

---

1 역자주_ 이번 절과 다음 절의 코드는 번역 시점에서 *www.reuters.com*의 결과가 나오지 않을 것입니다. 원서 깃허브에는 클래스 등 코드를 업데이트한 버전이 있습니다.

각 문자열 목록은 비교적 쓰기 쉽고 공간도 적게 차지하며 데이터베이스나 CSV 파일에서 불러올 수 있습니다. 원격 소스에서 가져올 수도 있고 프론트엔드 경험이 있는(html 구조를 아는) 사람에게 맡겨서 새로운 웹사이트를 작성하고 추가할 수도 있습니다. 이 사람은 코드를 한 줄도 볼 필요가 없으니 프로그래머가 아니어도 됩니다.

물론, 유연성을 어느 정도 포기해야 한다는 단점도 있습니다. 첫 번째 예제에서는 각 웹사이트에서 필요에 따라 HTML을 선택하고 구문 분석을 할 수 있는 전용 함수를 써서 최종 결과를 얻습니다. 두 번째 예제에서는 각 웹사이트에 대상 필드가 반드시 존재해야 하고, 데이터를 필드에서 깨끗하게 추출할 수 있어야 하며 각 대상 필드에 고유하고 신뢰할 수 있는 CSS 선택자가 있어야 한다는 제약이 있습니다.

하지만 필자는 이 접근법의 힘과 상대적 유연성이 단점보다 크다고 믿습니다. 다음 절에서는 이러한 기본을 확장하고 응용해서 필요한 필드가 없을 때 대응하는 방법, 다양한 타입의 데이터를 수집하는 방법, 웹사이트의 일부분만 스크랩하는 방법, 페이지에 관해 더 자세한 정보를 저장하는 방법 등을 배웁니다.

4.3 크롤러 구성

웹사이트 레이아웃이 유연하고 수정하기 편하다 해도 스크랩할 링크를 직접 찾아야 한다면 별로 도움이 되지 않습니다. 이전 장에서는 웹사이트를 크롤링하고 새 페이지를 자동으로 찾는 방법을 여러 가지 알아봤습니다.

이 절에서는 자동으로 링크를 수집하고 데이터를 검색할 수 있는, 잘 구성되고 확장성 있는 웹사이트 크롤러에 이전 장에서 알아본 방법들을 어떻게 통합할지 알아봅니다. 여기서는 기본 웹 크롤러 구조를 세 가지 제시합니다. 실무에서 사이트를 크롤링할 때 필요할 만한 상황 대부분에 적용 가능하다고 생각하지만, 경우에 따라 여기 저기 조금씩 수정할 필요는 있을 겁니다. 실무에서 의외의 상황에 부딪히더라도 여기서 설명하는 기본적인 구조를 바탕으로 우아하고 견고한 크롤러를 설계할 수 있을 거라 믿습니다.

4.3.1 검색을 통한 사이트 크롤링

웹사이트를 크롤링하는 가장 쉬운 방법 중 하나는 우리가 직접 수집하는 것과 마찬가지로 검색 창을 사용하는 것입니다. 웹사이트에서 키워드나 주제를 검색하고 검색 결과 목록을 수집하는 프로세스가 사이트마다 크게 다를 거라고 생각할 수 있지만, 몇 가지 중요한 요점을 파악하면 별 차이가 없다는 사실에 놀랄 겁니다.

- 대부분의 사이트에서 *http://example.com?search=myTopic*처럼 URL에 검색어를 삽입 해 검색 결과를 얻을 수 있습니다. 이 URL의 첫 번째 부분은 Website 객체의 속성으로 저 장할 수 있으며, 그 뒤에 검색어를 연결하는 일은 아주 간단합니다.

- 검색 결과 페이지는 쉽게 식별할 수 있는 링크 목록 형태로 제공되는 경우가 대부분이며 보통 `<span class="result">` 같은 써먹기 편리한 태그로 둘러싸여 있습니다. 이런 태그 형식도 Website 객체의 속성으로 저장할 수 있습니다.

- 결과 링크는 */articles/page.html* 같은 상대 URL이거나 *http://example.com/ articles/page.html* 같은 절대 URL입니다. 절대 URL이 필요한지 상대 URL이 필요한 지 역시 Website 객체의 속성으로 저장할 수 있습니다.

- 검색 페이지의 URL을 찾고 표준화했다면 이제 문제는 앞 섹션의 예제, 웹사이트 형태를 알고 있는 상황에서 페이지에서 데이터를 추출하는 것으로 좁혀집니다.

코드에서 이 알고리즘의 구현을 살펴봅시다. Content 클래스는 이전 예제와 거의 같습니다. URL 속성을 추가하여 콘텐츠의 위치를 추적합니다.

```python
class Content:
    """
    글/페이지 전체에 사용할 기반 클래스
    """

    def __init__(self, topic, url, title, body):
        self.topic = topic
        self.title = title
        self.body = body
        self.url = url

    def print(self):
        """
        출력 결과를 원하는 대로 바꿀 수 있는 함수
```

```
    """
    print('New article found for topic: {}'.format(self.topic))
    print('URL: {}'.format(self.url))
    print('TITLE: {}'.format(self.title))
    print('BODY:\n{}'.format(self.body))
```

Website 클래스에 몇 가지 속성을 새로 추가했습니다. searchUrl은 URL에 검색어를 추가한 경우 검색 결과를 어디에서 얻는지 정의합니다. resultListing은 각 결과에 관한 정보를 담고 있는 '박스'이고, resultUrl은 결과에서 정확한 URL을 추출할 때 사용할 태그 정보입니다. absoluteUrl 속성은 검색 결과가 절대 URL인지 상대 URL인지를 알려주는 불리언 값입니다.

```
class Website:
    """
    웹사이트 구조에 관한 정보를 저장할 클래스
    """

    def __init__(self, name, url, searchUrl, resultListing,
        resultUrl, absoluteUrl, titleTag, bodyTag):
        self.name = name
        self.url = url
        self.searchUrl = searchUrl
        self.resultListing = resultListing
        self.resultUrl = resultUrl
        self.absoluteUrl=absoluteUrl
        self.titleTag = titleTag
        self.bodyTag = bodyTag
```

Crawler 클래스를 약간 확장해서 Website 데이터, 검색어 목록, 웹사이트 전체에 대해 검색어 전체를 검색하는 이중 루프를 추가했습니다. 특정 웹사이트 및 주제에 대한 검색 페이지로 이동하여 해당 페이지에 나열된 결과 URL을 모두 추출하는 search 함수도 들어 있습니다.

```
import requests
from bs4 import BeautifulSoup

class Crawler:

    def getPage(self, url):
        try:
            req = requests.get(url)
        except requests.exceptions.RequestException:
```

```python
                return None
            return BeautifulSoup(req.text, 'html.parser')

    def safeGet(self, pageObj, selector):
        childObj = pageObj.select(selector)
        if childObj is not None and len(childObj) > 0:
            return childObj[0].get_text()
        return ''

    def search(self, topic, site):
        """
        주어진 검색어로 주어진 웹사이트를 검색해 결과 페이지를 모두 기록합니다.
        """
        bs = self.getPage(site.searchUrl + topic)
        searchResults = bs.select(site.resultListing)
        for result in searchResults:
            url = result.select(site.resultUrl)[0].attrs['href']
            # 상대 URL인지 절대 URL인지 확인합니다
            if(site.absoluteUrl):
                bs = self.getPage(url)
            else:
                bs = self.getPage(site.url + url)
            if bs is None:
                print('Something was wrong with that page or URL. Skipping!')
                return
            title = self.safeGet(bs, site.titleTag)
            body = self.safeGet(bs, site.bodyTag)
            if title != '' and body != '':
                content = Content(topic, url, title, body)
                content.print()


crawler = Crawler()

siteData = [
    ['O\'Reilly Media',                     # Website.name
        'http://oreilly.com',               # Website.url
        'https://ssearch.oreilly.com/?q=',  # Website.searchUrl
        'article.product-result',           # Website.resultListing
        'p.title a',                        # Website.resultUrl
        True,                               # Website.absoluteUrl
        'h1',                               # Website.titleTag
        'section#product-description' ],    # Website.bodyTag
    ['Reuters', 'http://reuters.com',
```

```
                    'http://www.reuters.com/search/news?blob=',
                    'div.search-result-content',
                    'h3.search-result-title a',
                    False,
                    'h1',
                    'div.StandardArticleBody_body_1gnLA' ],
            ['Brookings', 'http://www.brookings.edu',
                    'https://www.brookings.edu/search/?s=',
                    'div.list-content article',
                    'h4.title a',
                    True,
                    'h1',
                    'div.post-body' ]
        ]
    sites = []
    for row in siteData:
        sites.append(Website(row[0], row[1], row[2],
                             row[3], row[4], row[5], row[6], row[7]))

    topics = ['python', 'data science']
    for topic in topics:
        print('GETTING INFO ABOUT: ' + topic)
        for targetSite in sites:
            crawler.search(topic, targetSite)
```

이 스크립트는 **topics** 리스트의 항목을 모두 반복하되, 각 스크랩을 시작하기 전에 다음과 같이 어떤 주제에 대해 스크랩하는지 알립니다.

```
GETTING INFO ABOUT python
```

그런 다음 **sites** 리스트의 사이트를 모두 반복하여, 외부 루프에서 지정한 검색어로 각 사이트를 스크랩합니다. 페이지에 대한 정보를 성공적으로 스크랩할 때마다 다음과 같이 콘솔에 정보를 인쇄합니다.

```
New article found for topic: python
URL: http://example.com/examplepage.html
TITLE: Page Title Here
BODY: Body content is here
```

이 예제에서는 먼저 검색어를 정하고 해당 검색어에 대해 모든 사이트를 반복하는 형태를 취했습니다. 사이트를 먼저 정하고 그 사이트에 대해 모든 검색어를 검색한 다음, 그다음 웹사이트로 넘어가는 형태를 취하지 않은 이유는 무엇일까요? 이 예제에서 택한 방법을 쓰면 각 서버에 대한 부하를 좀 더 균등하게 분배할 수 있습니다. 검색어 목록이 사이트 목록보다 훨씬 큰 경우, 예를 들어 사이트 목록은 수십 개 정도인데 검색어 목록은 수백 개씩 되는 경우라면 이렇게 서버 부하를 균등하게 분배하는 것이 아주 중요합니다. 이 예제에서 택한 방법을 쓰면 대상 사이트에 한 번에 수만 개씩 요청을 보내는 일이 없습니다. 사이트의 입장에서 보면 요청 십여 개가 들어오고, 몇 분간 요청이 없다가, 다시 십여 개의 요청이 들어오는 식으로 반복됩니다.

결과적으로 보내는 요청 수는 똑같지만, 한 번에 집중되지 않고 시간에 따라 분배하는 편이 전반적으로 더 좋습니다. 루프를 구성할 때 이런 목표를 염두에 두면 그리 어렵지 않습니다.

4.3.2 링크를 통한 사이트 크롤링

이전 장에서는 웹 페이지의 내부 및 외부 링크를 찾아낸 다음 해당 링크를 사용하여 사이트 전체를 크롤링하는 몇 가지 방법에 대해 설명했습니다. 이 절에서는 이전 장에서 배운 방법을 조합해, 특정 URL 패턴과 일치하는 링크를 모두 따라갈 수 있는, 보다 유연한 크롤러를 만드는 법을 배웁니다.

이런 크롤러는 특정 검색 결과나 페이지 목록에 국한되지 않고 사이트 전체에서 데이터를 수집해야 하는 프로젝트에도 활용할 수 있습니다. 사이트의 페이지가 적절히 구조화되지 않았거나 광범위하게 분산된 경우에도 효과적입니다.

이런 타입의 크롤러는 앞 절에서 설명한 검색 페이지를 크롤링하는 크롤러와 달리, 링크 위치를 확인하는 구조화된 방법이 필요하지 않으므로, Website 객체에 검색 페이지에 관한 속성을 둘 필요가 없습니다. 그러나 크롤러가 찾아야 할 링크의 위치에 대한 구체적인 지침이 없으므로 어떤 종류의 페이지를 선택할지 지정하는 규칙이 필요합니다. 여기서는 대상 URL에 대한 정규 표현식인 targetPattern과 불리언 변수 absoluteUrl을 사용합니다.

```
class Website:
    def __init__(self, name, url, targetPattern, absoluteUrl,
        titleTag, bodyTag):
        self.name = name
```

```
            self.url = url
            self.targetPattern = targetPattern
            self.absoluteUrl=absoluteUrl
            self.titleTag = titleTag
            self.bodyTag = bodyTag

    class Content:
        def __init__(self, url, title, body):
            self.url = url
            self.title = title
            self.body = body

        def print(self):
            print('URL: {}'.format(self.url))
            print('TITLE: {}'.format(self.title))
            print('BODY:\n{}'.format(self.body))
```

Content 클래스는 첫 번째 크롤러 예제와 동일한 클래스입니다.

Crawler 클래스는 각 사이트의 홈 페이지에서 시작하여 내부 링크를 찾고 발견된 각 내부 링크의 내용을 구문 분석하도록 만듭니다.

```
import re

class Crawler:
    def __init__(self, site):
        self.site = site
        self.visited = []

    def getPage(self, url):
        try:
            req = requests.get(url)
        except requests.exceptions.RequestException:
            return None
        return BeautifulSoup(req.text, 'html.parser')

    def safeGet(self, pageObj, selector):
        selectedElems = pageObj.select(selector)
        if selectedElems is not None and len(selectedElems) > 0:
            return '\n'.join([elem.get_text() for elem in selectedElems])
        return ''
```

```
def parse(self, url):
    bs = self.getPage(url)
    if bs is not None:
        title = self.safeGet(bs, self.site.titleTag)
        body = self.safeGet(bs, self.site.bodyTag)
        if title != '' and body != '':
            content = Content(url, title, body)
            content.print()

def crawl(self):
    """
    사이트 홈페이지에서 페이지를 가져옵니다.
    """
    bs = self.getPage(self.site.url)
    targetPages = bs.findAll('a', href=re.compile(self.site.targetPattern))
    for targetPage in targetPages:
        targetPage = targetPage.attrs['href']
        if targetPage not in self.visited:
            self.visited.append(targetPage)
            if not self.site.absoluteUrl:
                targetPage = '{}{}'.format(self.site.url, targetPage)
            self.parse(targetPage)

reuters = Website('Reuters',                       # Website.name
                  'https://www.reuters.com',       # Website.url
                  '^(/article/)',                  # Website.targetPattern
                  False,                           # Website.absoluteUrl
                  'h1',                            # Website.titleTag
                  'div.StandardArticleBody_body')  # Website.bodyTag

crawler = Crawler(reuters)
crawler.crawl()
```

이전 예제에서 바뀐 점이 더 있습니다. Website 객체(여기서는 reuters 변수)는 Crawler 객체 자체입니다. 이 방법은 방문한 페이지 목록(visited)을 크롤러에 저장하는 데는 문제가 없지만, 크롤러 하나가 웹사이트 리스트를 순회할 수는 없고 각 웹사이트마다 새 크롤러를 인스턴스화해야 합니다.

크롤러에 웹사이트 정보를 저장할지의 여부는 설계 단계에서 결정할 사항으로, 프로젝트에 무엇이 필요한지에 따라 스스로 결정해야 합니다. 두 방법 모두 일반적으로 잘 동작합니다.

한 가지 더 염두에 둘 점은 이 크롤러가 홈페이지에서 페이지를 가져오지만, 그 페이지들을 모두 방문한 후에는 크롤링을 계속하지 않는다는 것입니다. 3장의 패턴 중 하나를 포함하는 크롤러를 작성하고 방문하는 각 페이지에서 더 많은 대상을 찾도록 할 수 있습니다. 각 페이지에서 모든 URL, 즉 대상 패턴과 일치하지 않는 URL도 따라가면서 대상 패턴이 포함된 URL을 찾을 수도 있습니다.

4.3.3 여러 페이지 유형 크롤링

미리 정의된 페이지 집합을 크롤링하는 것과 달리, 웹사이트의 내부 링크를 모두 크롤링하면 무엇을 얻게 될지 정확히 알 수 없다는 문제가 있습니다. 다행히 페이지 유형을 식별하는 몇 가지 기본적인 방법이 있습니다.

URL에 따라

블로그 게시물이라면 특정 URL 패턴, 예를 들어 *http://example.com/blog/title-of-post* 같은 패턴을 포함할 수 있습니다.

특정 필드가 존재하는지의 여부에 따라

페이지에 날짜는 있지만 작성자 이름이 없다면 보도 자료로 분류할 법합니다. 제목, 주 이미지, 가격은 있지만 주요 콘텐츠가 없다면 제품 페이지일 수 있습니다.

페이지를 식별할 수 있는 특정 태그의 여부에 따라

태그 내에서 데이터를 수집하지 않아도 태그를 활용할 수 있습니다. 예를 들어 크롤러에서 관련 제품 정보를 수집하지 않더라도, 페이지에 `<div id="relatedproducts">` 같은 요소가 있다면 제품 페이지라고 판단하고 이런 요소가 있는 페이지를 수집할 수 있습니다.

여러 가지 페이지 유형을 추적하려면 여러 유형의 페이지 객체를 파이썬으로 만들어야 합니다. 이 작업은 두 가지 방법으로 수행할 수 있습니다.

페이지가 모두 비슷하다면(모두 기본적으로 같은 유형의 콘텐츠가 있다면) 기존 Website 객체에 pageType 속성을 추가할 수 있습니다.

```
class Website:
    """Common base class for all articles/pages"""

    def __init__(self, type, name, url, searchUrl, resultListing,
        resultUrl, absoluteUrl, titleTag, bodyTag):
        self.name = name
        self.url = url
        self.titleTag = titleTag
        self.bodyTag = bodyTag
        self.pageType = pageType
```

이런 페이지를 SQL 같은 데이터베이스에 저장한다면, 이런 패턴 유형을 보고 이 모든 페이지가 동일한 테이블에 저장되고 **pageType** 열이 추가된다는 것을 알 수 있습니다.

스크랩하는 페이지/콘텐츠가 서로 다르다면(서로 다른 유형의 필드가 포함되어 있다면) 각 페이지 유형에 대해 새 객체를 생성해야 할 수 있습니다. 물론 URL과 이름 또는 페이지 제목처럼 모든 페이지에 공통인 것도 있습니다. 하위 클래스를 사용하면 딱 들어맞는 상황입니다.

```
class Webpage:
    """Common base class for all articles/pages"""

    def __init__(self, name, url, titleTag):
        self.name = name
        self.url = url
        self.titleTag = titleTag
```

이는 크롤러가 직접 사용할 객체가 아니라 페이지 유형에서 참조할 객체입니다.

```
class Product(Website):
    """제품 페이지 스크랩에 필요한 정보를 저장하는 클래스"""
    def __init__(self, name, url, titleTag, productNumber, price):
        Website.__init__(self, name, url, TitleTag)
        self.productNumberTag = productNumberTag
        self.priceTag = priceTag

class Article(Website):
    """기사 페이지 스크랩에 필요한 정보를 저장하는 클래스"""
    def __init__(self, name, url, titleTag, bodyTag, dateTag):
        Website.__init__(self, name, url, titleTag)
        self.bodyTag = bodyTag
        self.dateTag = dateTag
```

Product 클래스는 Website 클래스를 확장해서 제품에만 적용되는 productNumber, price 속성을 추가합니다. Article 클래스는 제품에 적용되지 않는 body와 date 속성을 추가합니다.

이 두 클래스를 사용하면 웹사이트에 제품 정보 외에 블로그 포스트나 보도 자료가 있다 해도 문제없이 스크랩할 수 있습니다.

4.4 웹 크롤러 모델에 대한 생각

인터넷에서 정보를 수집하는 것은 소화전에서 쏟아져 나오는 물을 마시는 것과 같을 수 있습니다. 인터넷에는 너무나 많은 것들이 있고, 당신에게 그것이 필요한지 어떻게 얻을지 항상 명확히 알기는 어렵습니다. 대형 웹 스크레이핑 프로젝트를 진행한다면(작은 프로젝트라도 그중 어느 정도는) 첫 번째 단계에서 이러한 질문에 답해야 합니다.

여러 도메인, 또는 여러 소스에서 유사한 데이터를 수집할 때는 항상 일반화를 시도해야 합니다. 예외는 거의 없습니다. 데이터 필드가 모두 일치하고 서로 비교할 수 있게 일반화할 수 있다면 원래 소스의 형식에 완전히 의존하는 데이터를 다루기보다 훨씬 쉽습니다.

스크레이퍼를 만들 때는 추후 더 많은 데이터 소스가 추가될 것이라 가정하고, 새 소스를 추가하는 데 필요한 프로그래밍 노력을 최소화하는 방향으로 설계해야 합니다. 얼핏 보면 웹사이트가 모델에 맞지 않는 것처럼 보이더라도 생각하는 방향을 바꾸면 모델에 잘 맞게 하는 방법이 있을 수 있습니다. 이러한 기본 패턴을 볼 수 있게 되면 결국 시간과 돈, 두통거리를 많이 줄일 수 있습니다.

데이터 조각 간의 연결도 무시해서는 안 됩니다. '유형', '크기', '주제' 같은 속성이 데이터 원본에 걸쳐 존재하는 정보를 찾고 있습니까? 이러한 속성을 어떻게 저장, 검색, 개념화해야 할까요?

소프트웨어 아키텍처는 마스터하기 위해 평생을 바쳐야 할 수도 있는 광범위하고 중요한 주제입니다. 다행스럽게도 웹 스크레이핑에 관련된 소프트웨어 아키텍처는 상대적으로 쉽게 익힐 수 있는, 훨씬 좁고 관리하기 쉬운 기술 집합입니다. 데이터를 계속 스크랩하다 보면 똑같은 기본 패턴이 반복적으로 발생하는 것을 찾을 수 있을 겁니다. 잘 구조화된 웹 스크레이퍼를 만들기 위해 비밀스러운 지식을 잔뜩 공부해야만 하는 건 아닙니다. 오히려 한 발짝 물러나서 프로젝트 자체에 대해 생각하는 시간이 더 큰 도움이 될 수 있습니다.

## CHAPTER 5

스크레이피

이전 장에서는 크고 확장성이 좋으며 (가장 중요한) 유지 관리가 쉬운 웹 크롤러를 구축하는 데 필요한 테크닉과 패턴을 몇 가지 제시했습니다. 이전 장에서 배운 패턴들은 손으로 직접 해도 어려울 것 없지만, 이런 작업을 대신해 주거나 최소한 간단하게는 만들어주는 라이브러리나 프레임워크가 많이 있고, 심지어 GUI 기반 툴도 있습니다.

이 장에서는 크롤러 개발에 최고의 프레임워크 중 하나인 스크레이피Scrapy를 소개합니다.[1] 이 책의 초판을 쓰는 동안 스크레이피는 파이썬 3를 지원하지 않았으므로 초판에서 스크레이피에 관해 쓸 내용은 섹션 하나에 불과했습니다. 시간이 지나서 스크레이피도 파이썬 3.3 버전 이상을 지원할 수 있게 됐고 새로운 기능도 추가됐습니다. 필자는 스크레이피에 관한 섹션을 한 장으로 늘릴 수 있게 되어 기쁩니다.

웹 크롤러 작성의 어려움 중 하나는 동일한 작업을 반복해서 수행한다는 것입니다. 페이지의 모든 링크를 찾고, 내부 링크와 외부 링크의 차이를 알아내고, 새 페이지로 이동하는 일을 계속 반복합니다. 이러한 기본 패턴은 물론 알아둬야 하고 아무것도 없는 상태에서 스스로 만들 수도 있어야 하지만, 스크레이피를 사용하면 수고를 상당히 덜 수 있습니다.

물론 스크레이피가 독심술을 익힌 건 아닙니다. 페이지 템플릿을 만들고, 스크레이핑을 시작할 위치를 지정하고, 찾으려는 페이지의 URL 패턴을 정의하는 일은 스스로 해야 합니다. 나머지 작업에 스크레이피를 활용하면 코드를 관리하기가 훨씬 쉬워집니다.

---

1 역자주_ 초판에서는 '스크래피'로 표기했으나 위키백과에 따라 '스크레이피'로 바로잡습니다.

5.1 스크레이피 설치

스크레이피 웹사이트에서는 다운로드 도구(*http://scrapy.org/download/*)와 함께 pip와 같은 설치 관리자로 설치하는 방법도 설명합니다.

스크레이피는 비교적 크기가 크고 복잡하므로 다음과 같은 명령어로 손쉽게 설치할 수는 없습니다.

```
$ pip install Scrapy
```

'손쉽게'라고 쓴 이유는, 어쨌든 설치할 수는 있지만 의존성 문제나 버전 충돌, 해결하기 어려운 버그에 빠지는 경우를 많이 겪었기 때문입니다.

pip에서 스크레이피를 설치하기로 결정했다면 가상 환경을 사용하길 강력히 권합니다(가상 환경에 대한 자세한 내용은 1장의 가상 환경 내용을 참조하십시오).

필자가 선호하는 설치 방법은 아나콘다^Anaconda 패키지 관리자(*https://docs.continuum.io/anaconda/*)를 사용하는 것입니다. 아나콘다는 널리 쓰이는 파이썬 데이터 과학 패키지를 찾고 설치할 때 마찰을 줄일 수 있도록 설계된, 컨티뉴엄^Continuum 회사의 소프트웨어입니다. 이후 장에서 사용할 넘파이^NumPy나 NLTK 같은 패키지도 아나콘다를 이용합니다.

아나콘다를 설치한 다음, 다음 명령으로 스크레이피를 설치할 수 있습니다.

```
conda install -c conda-forge scrapy
```

문제가 발생하거나 최신 정보가 필요하면 스크레이피 설치 가이드(*https://doc.scrapy.org/en/latest/intro/install.html*)를 참조하십시오.

5.1.1 새 스파이더 초기화

스크레이피를 설치한 후에는 각 스파이더를 조금씩 설정해야 합니다. 스크레이피에서는 각 프로젝트를 하나의 스파이더^spider라고 부릅니다. web(거미줄)을 크롤링한다는 뜻으로 이런 이름을 붙였습니다. 이 장에서 '스파이더'라고 하면 스크레이피 프로젝트를 말하는 것이고, '크롤러'라고 하면 스크레이피를 쓰든 쓰지 않든 웹을 크롤링하는 프로그램을 가리키는 것입니다.

명령행에서 다음을 실행하여 현재 디렉터리에 새로운 스파이더를 만드십시오.

```
$ scrapy startproject wikiSpider
```

이렇게 하면 프로젝트 디렉터리에 **wikiSpider**라는 서브디렉터리가 생성됩니다. 이 디렉터리의 파일 구조는 다음과 같습니다.

- scrapy.cfg
- wikiSpider
  - spiders
    - __init.py__
  - items.py
  - middlewares.py
  - pipelines.py
  - settings.py
  - __init.py__

이 파이썬 파일은 스텁[stub] 코드로 초기화되므로 새로운 스파이더 프로젝트를 빨리 만들 수 있습니다. 이 장의 각 절은 이 **wikiSpider** 프로젝트에서 작동합니다.

5.2 간단한 스크레이퍼 작성하기

wikiSpider/wikiSpider/article.py 파일을 새로 만들어 크롤러를 시작해봅시다. 새로 만든 article.py의 내용은 다음과 같습니다.

```
import scrapy

class ArticleSpider(scrapy.Spider):
    name='article'

    def start_requests(self):
        urls = [
            'http://en.wikipedia.org/wiki/Python_'
            '%28programming_language%29',
            'https://en.wikipedia.org/wiki/Functional_programming',
```

```
               'https://en.wikipedia.org/wiki/Monty_Python']
          return [scrapy.Request(url=url, callback=self.parse)
               for url in urls]

     def parse(self, response):
          url = response.url
          title = response.css('h1::text').extract_first()
          print('URL is: {}'.format(url))
          print('Title is: {}'.format(title))
```

이 클래스 이름을 디렉터리 이름인 wikiSpider와 다르게 ArticleSpider로 정한 이유는, 이 클래스가 특히 문서[article] 페이지 크롤링을 담당한다는 뜻입니다. 더 넓은 범주인 wikiSpider는 나중에 다른 페이지 유형을 검색하는 데 사용할 수 있습니다.

다양한 유형의 콘텐츠가 있는 대규모 사이트를 스크랩할 때, 블로그 게시물, 보도 자료, 문서 등의 각 유형에 따라 스파이더를 따로 두면서 이들 전체는 하나의 스크레이퍼 프로젝트에서 실행할 수 있습니다. 단, 각 스파이더 이름은 프로젝트 내에서 고유해야 합니다.

이 스파이더의 핵심은 start_requests와 parse 함수입니다.

start_requests는 스크레이피가 웹사이트를 크롤링할 때 사용하는 Request 객체를 생성하는 프로그램에 대해 스크레이피가 정의하는 진입점입니다.

parse는 사용자가 정의한 콜백 함수이며 callback=self.parse를 사용하여 Request 객체로 전달됩니다. 나중에 이 함수로 더 다양한 일을 하는 법을 알아보겠지만, 지금은 일단 페이지 제목을 출력하기만 합니다.

wikiSpider/wikiSpider 디렉터리에서 다음 명령으로 article 스파이더를 실행할 수 있습니다.

```
$ scrapy runspider article.py
```

스크레이피의 기본 출력은 매우 장황합니다. 다음과 같이 디버깅 정보를 포함해 아주 많은 항목을 출력합니다.

```
2018-01-21 23:28:57 [scrapy.core.engine] DEBUG: Crawled (200)
<GET https://en.wikipedia.org/robots.txt> (referer: None)
```

```
2018-01-21 23:28:57 [scrapy.downloadermiddlewares.redirect]
DEBUG: Redirecting (301) to <GET https://en.wikipedia.org/wiki/
Python_%28programming_language%29> from <GET http://en.wikipedia.org/
wiki/Python_%28programming_language%29>
2018-01-21 23:28:57 [scrapy.core.engine] DEBUG: Crawled (200)
<GET https://en.wikipedia.org/wiki/Functional_programming>
(referer: None)
URL is: https://en.wikipedia.org/wiki/Functional_programming
Title is: Functional programming
2018-01-21 23:28:57 [scrapy.core.engine] DEBUG: Crawled (200)
<GET https://en.wikipedia.org/wiki/Monty_Python> (referer: None)
URL is: https://en.wikipedia.org/wiki/Monty_Python
Title is: Monty Python
```

스크레이퍼는 start_urls에 나열된 세 페이지로 이동하여 정보를 수집한 다음 종료합니다.[2]

5.3 규칙에 의한 스파이더링

이전 섹션의 스파이더는 제공되는 URL 목록만 스크랩하는 것으로, 크롤러라 부르기에는 너무 간단합니다. 새로운 페이지를 독자적으로 찾을 수 있는 능력도 없습니다. 크롤러 기능을 완전히 사용하려면 스크레이피에서 제공하는 CrawlSpider 클래스를 사용해야 합니다.

> **NOTE_ 깃허브 저장소 내의 코드 구성**
> 안타깝게도 스크레이피 프레임워크는 주피터Jupyter 노트북에서 쉽게 실행할 수 없으므로 코드를 발전시켜 나가는 과정을 보여드리기가 쉽지 않습니다. 책에 수록한 코드 샘플을 모두 저장하기 위해, 이전 섹션의 스크레이퍼는 article.py 파일에 저장했습니다. 여러 페이지를 탐색하는 스크레이피 스파이더를 만드는 코드는 articles.py에 저장했습니다.

....

2 역자주_ 스크레이피가 크롤링 중일 때 Ctrl+C를 누르면 이전과 달리 즉시 종료되지 않지만, 스크레이피의 버그나 예제 코드에 문제가 있어서 그런 것은 아닙니다.

```
^C2018-09-13 12:56:23 [scrapy.crawler] INFO: Received SIGINT, shutting down gracefully.
Send again to force
2018-09-13 12:56:23 [scrapy.core.engine] INFO: Closing spider (shutdown)
^C2018-09-13 12:56:23 [scrapy.crawler] INFO: Received SIGINT twice, forcing unclean shutdown
```

위 디버그 메시지에 강제로 종료하려면 Ctrl+C를 한 번 더 누르라는 메시지가 있는 것으로 보아 의도된 설계로 보입니다.

이 클래스는 깃허브 저장소의 articles.py에 있습니다.

```python
from scrapy.contrib.linkextractors import LinkExtractor
from scrapy.contrib.spiders import CrawlSpider, Rule

class ArticleSpider(CrawlSpider):
    name = 'articles'
    allowed_domains = ['wikipedia.org']
    start_urls = ['https://en.wikipedia.org/wiki/'
        'Benevolent_dictator_for_life']
    rules = [Rule(LinkExtractor(allow=r'.*'), callback='parse_items',
        follow=True)]

    def parse_items(self, response):
        url = response.url
        title = response.css('h1::text').extract_first()
        text = response.xpath('//div[@id="mw-content-text"]//text()').extract()
        lastUpdated = response.css('li#footer-info-lastmod::text').extract_first()
        lastUpdated = lastUpdated.replace(
            'This page was last edited on ', '')
        print('URL is: {}'.format(url))
        print('title is: {} '.format(title))
        print('text is: {}'.format(text))
        print('Last updated: {}'.format(lastUpdated))

    def parse_items(self, response):
        url = response.url
        title = response.css('h1::text').extract_first()

        text_rule = '//div[@id="mw-content-text"]//text()'
        text = response.xpath(text_rule).extract()

        update_rule = 'li#footer-info-lastmod::text'
        update_delete = 'This page was last edited on '
        lastUpdated = response.css(update_rule).extract_first()
        lastUpdated = lastUpdated.replace(update_delete, '')

        print('URL is: {}'.format(url))
```

```
print('title is: {} '.format(title))
print('text is: {}'.format(text))
print('Last updated: {}'.format(lastUpdated))
```

이 새로운 ArticleSpider 클래스는 CrawlSpider 클래스를 확장합니다. start_requests 함수를 제공하는 대신 start_urls와 allowed_domains 리스트를 제공합니다. 이 리스트는 어디에서 크롤링을 시작할지, 링크를 따르거나 무시해야 하는지 도메인을 기반으로 알려줍니다.

규칙 리스트도 제공됩니다. 이 리스트는 따라하거나 무시할 링크에 대한 자세한 지침입니다. 여기서는 정규 표현식 .*을 썼으므로 모든 URL을 허용합니다.

각 페이지에서 제목과 URL을 추출하는 것 외에도 몇 가지 새로운 항목이 추가되었습니다. 각 페이지의 텍스트 콘텐츠는 XPath 선택기를 사용하여 추출합니다. XPath는 텍스트 블록 안의 <a></a> 태그 같은 하위 태그의 텍스트를 포함해 텍스트 콘텐츠를 검색할 때 자주 사용됩니다. CSS 선택자를 사용하면 하위 태그 내의 텍스트는 모두 무시됩니다.

마지막 업데이트 날짜 문자열은 페이지 푸터에서 파싱하며 lastUpdated 변수에 저장됩니다.

이 예제는 wikiSpider/wikiSpider 디렉터리에서 다음 명령으로 실행할 수 있습니다.

```
$ scrapy runspider articles.py
```

CAUTION_ 이 예제는 무한 루프입니다!
이 스파이더는 이전과 같은 방법으로 명령줄에서 실행하지만, Ctrl+C를 사용하여 실행을 중단하거나 터미널을 종료할 때까지 계속 실행됩니다(적어도 매우 오랫동안 종료되지 않습니다). 위키백과의 서버 부하를 감안해서 너무 오래 실행하지 마십시오.

이 스파이더를 실행하면 wikipedia.org 도메인의 모든 링크를 따라 페이지 제목을 인쇄하고 외부 링크는 모두 무시하며 wikipedia.org를 탐색합니다.

```
2018-01-21 01:30:36 [scrapy.spidermiddlewares.offsite]
DEBUG: Filtered offsite request to 'www.chicagomag.com':
<GET http://www.chicagomag.com/Chicago-Magazine/June-2009/
Street-Wise/>
```

```
2018-01-21 01:30:36 [scrapy.downloadermiddlewares.robotstxt]
DEBUG: Forbidden by robots.txt: <GET https://en.wikipedia.org/w/
index.php?title=Adrian_Holovaty&action=edit&section=3>
title is: Ruby on Rails
URL is: https://en.wikipedia.org/wiki/Ruby_on_Rails
text is: ['Not to be confused with ', 'Ruby (programming language)',
 '.', '\n', '\n', 'Ruby on Rails', ... ]
Last updated:  9 January 2018, at 10:32.
```

지금도 쓸 만한 크롤러이지만 몇 가지 제약조건을 추가해서 개선할 수 있습니다. 위키백과의 문서 페이지만 방문하는 대신 다음과 같은 비문서 페이지도 스크랩할 수 있습니다.

```
title is: Wikipedia:General disclaimer
```

Rule과 LinkExtractor를 사용하는 행을 자세히 살펴봅시다.

```
rules = [Rule(LinkExtractor(allow=r'.*'), callback='parse_items',
    follow=True)]
```

이 행에서 정의하는 리스트는 찾은 링크를 모두 검사하는 Rule 객체 리스트입니다. 여러 규칙이 적용되면 각 링크는 규칙 순서대로 검사됩니다. 일치하는 첫 번째 규칙으로 링크 처리 방법을 결정합니다. 링크가 어떤 규칙과도 일치하지 않으면 무시합니다.

Rule에는 6개의 매개변수를 넘길 수 있습니다.

link_extractor
필수 매개변수인 LinkExtractor 객체입니다. 필수 매개변수는 이 객체뿐입니다.

callback
페이지 내용을 구문 분석하는 함수입니다.

cb_kwargs
콜백 함수에 전달할 매개변수 딕셔너리입니다. 이 딕셔너리는 {arg_name1: arg_value1, arg_name2: arg_value2} 형식으로 되어 있으며, 약간 다른 작업에 동일한 파서 함수를 재사용하기 편리합니다.

follow

현재 페이지의 링크를 향후 크롤링에 포함할지 여부를 나타냅니다. 콜백 함수가 제공되지 않으면 기본값은 True입니다(현재 페이지에서 아무것도 하지 않았다면 최소한 크롤링을 계속하긴 해야 하니까요). 콜백 함수가 제공되면 기본값은 False입니다.

LinkExtractor는 제공된 규칙에 따라 HTML 콘텐츠 페이지의 링크를 인식하고 반환하도록 설계된 간단한 클래스입니다. 여러 가지 매개변수를 통해 CSS 및 XPath 선택기, 태그(<a></a> 태그 이외의 링크를 찾을 수도 있습니다!), 도메인 등을 기반으로 링크를 수락하거나 거부할 수 있습니다.

LinkExtractor 클래스도 확장할 수 있으며 사용자 정의 매개변수도 만들 수 있습니다. 자세한 내용은 링크 추출기에 대한 스크레이피 문서 (*https://doc.scrapy.org/en/latest/topics/linkextractors.html*)를 참조하십시오.

LinkExtractor 클래스의 기능은 아주 다양하지만, 가장 일반적으로 사용하는 매개변수는 다음과 같습니다.

allow

제공된 정규 표현식과 일치하는 링크를 모두 허용합니다.

deny

제공된 정규 표현식과 일치하는 링크를 모두 거부합니다.

파서 함수 하나와 Rule, LinkExtractor 클래스를 사용하면 위키백과를 크롤링해서 문서 페이지를 모두 출력하고 나머지 페이지에는 표식만 남기는 스파이더를 만들 수 있습니다.

```
from scrapy.contrib.linkextractors import LinkExtractor
from scrapy.contrib.spiders import CrawlSpider, Rule

class ArticleSpider(CrawlSpider):
```

```
name = 'articles'
allowed_domains = ['wikipedia.org']
start_urls = ['https://en.wikipedia.org/wiki/'
    'Benevolent_dictator_for_life']
rules = [
    Rule(LinkExtractor(allow='en.wikipedia.org/wiki/((?!:).)*$'),
        callback='parse_items', follow=True,
        cb_kwargs={'is_article': True}),
    Rule(LinkExtractor(allow='.*'), callback='parse_items',
        cb_kwargs={'is_article': False})
]

def parse_items(self, response, is_article):
    print(response.url)
    title = response.css('h1::text').extract_first()
    if is_article:
        url = response.url
        text = response.xpath('//div[@id="mw-content-text"]'
            '//text()').extract()
        lastUpdated = response.css('li#footer-info-lastmod'
            '::text').extract_first()
        lastUpdated = lastUpdated.replace('This page was '
            'last edited on ', '')
        print('Title is: {} '.format(title))
        print('last updated: {} '.format(lastUpdated))
        print('text is: {}'.format(text))
    else:
        print('This is not an article: {}'.format(title))

def parse_items(self, response, is_article):
    print(response.url)
    title = response.css('h1::text').extract_first()
    if is_article:
        url = response.url

        text_rule = '//div[@id="mw-content-text"]//text()'
        text = response.xpath(text_rule).extract()

        update_rule = 'li#footer-info-lastmod::text'
        update_delete = 'This page was last edited on '
        lastUpdated = response.css(update_rule).extract_first()
        lastUpdated = lastUpdated.replace(update_delete, '')

        print('Title is: {} '.format(title))
```

```
        print('last updated: {} '.format(lastUpdated))
        print('text is: {}'.format(text))
    else:
        print('This is not an article: {}'.format(title))
```

규칙은 리스트 순서 그대로 각 링크에 적용된다는 사실을 상기해보십시오. 문서 페이지(/wiki/로 시작하고 콜론을 포함하지 않는 페이지)를 먼저 기본 매개변수 is_article=True와 함께 parse_items에 보냅니다. 그러면 나머지는 모두 비문서 페이지이므로 is_article=False 매개변수와 함께 parse_items 함수에 보냅니다.

물론 문서 페이지만 수집하고 다른 페이지는 모두 무시하려 한다면 이 방법은 실용적이지 않습니다. 문서 URL 패턴과 일치하지 않는 페이지를 무시하고 두 번째 규칙과 is_article 변수를 없애는 편이 훨씬 쉽습니다. 하지만 URL이나 크롤링 도중에 얻은 정보가 페이지 분석 방법에 영향을 주는 드문 케이스에는 이런 접근법을 활용할 수 있을 겁니다.

5.4 항목 만들기

지금까지 스크레이피를 사용하여 웹사이트를 찾고 파싱하고 크롤링하는 여러 가지 방법을 살펴 보았지만, 스크레이피는 수집된 항목을 사용자 지정 개체에 저장하는 유용한 도구도 제공합니다.

수집하는 모든 정보를 정리하려면 Article 객체를 만들어야 합니다. items.py 파일 안에 Article이라는 새 항목을 만듭시다.

items.py 파일의 내용은 기본적으로 다음과 같습니다.

```
# -*- coding: utf-8 -*-

# Define here the models for your scraped items
#
# See documentation in:
# http://doc.scrapy.org/en/latest/topics/items.html

import scrapy
```

```
class WikispiderItem(scrapy.Item):
    # define the fields for your item here like:
    # name = scrapy.Field()
    pass
```

scrapy.Item을 확장하는 Article 클래스를 새로 만들어 기본 제공된 WikispiderItem을 대체
합니다.

```
import scrapy

class Article(scrapy.Item):
    url = scrapy.Field()
    title = scrapy.Field()
    text = scrapy.Field()
    lastUpdated = scrapy.Field()
```

각 페이지에서 수집할 제목, URL, 최종 수정일 세 가지 필드를 만들었습니다.

여러 가지 페이지에서 데이터를 수집한다면 items.py에 각 유형마다 클래스를 만들어야 합니
다. 항목이 크거나, 파싱 기능을 각 항목 객체로 옮겨야 한다고 판단했다면 각 항목을 별도의 파
일에 저장하는 편이 좋을 수도 있습니다. 하지만 이 예제에서는 items.py 하나로 충분합니다.

새로운 Article 클래스를 만들려면 ArticleSpider 클래스도 그에 맞게 수정해야 합니다. 그
런 내용을 반영하는 articleItems.py 파일을 만들었습니다.

```
from scrapy.contrib.linkextractors import LinkExtractor
from scrapy.contrib.spiders import CrawlSpider, Rule
from wikiSpider.items import Article

class ArticleSpider(CrawlSpider):
    name = 'articleItems'
    allowed_domains = ['wikipedia.org']
    start_urls = ['https://en.wikipedia.org/wiki/Benevolent'
        '_dictator_for_life']
    rules = [
        Rule(LinkExtractor(allow='en.wikipedia.org/wiki/((?!:).)*$'),
            callback='parse_items', follow=True),
    ]
```

```
def parse_items(self, response):
    article = Article()
    article['url'] = response.url
    article['title'] = response.css('h1::text').extract_first()
    article['text'] = response.xpath('//div[@id='
        '"mw-content-text"]//text()').extract()
    lastUpdated = response.css('li#footer-info-lastmod::text')
        .extract_first()
    article['lastUpdated'] = lastUpdated.replace('This page was '
        'last edited on ', '')
    return article
```

다음 명령으로 이 파일을 실행하면 일반적인 스크레이피 디버깅 데이터와 함께 각 문서 항목이 파이썬 딕셔너리 형태로 출력됩니다.

```
$ scrapy runspider articleItems.py
2018-01-21 22:52:38 [scrapy.spidermiddlewares.offsite] DEBUG:
Filtered offsite request to 'wikimediafoundation.org':
<GET https://wikimediafoundation.org/wiki/Terms_of_Use>
2018-01-21 22:52:38 [scrapy.core.engine] DEBUG: Crawled (200)
<GET https://en.wikipedia.org/wiki/Benevolent_dictator_for_life
#mw-head> (referer: https://en.wikipedia.org/wiki/Benevolent_
dictator_for_life)
2018-01-21 22:52:38 [scrapy.core.scraper] DEBUG: Scraped from
<200 https://en.wikipedia.org/wiki/Benevolent_dictator_for_life>
{'lastUpdated': ' 13 December 2017, at 09:26.',
'text': ['For the political term, see ',
        'Benevolent dictatorship',
        '.',
        ...
```

Item을 사용하면 코드 구성이 깔끔해지고 읽기 쉽게 바꿀 수 있지만, 단순히 그런 장점만 있는 건 아닙니다. Item은 데이터 출력 및 처리에 활용할 수 있는 다양한 도구를 제공합니다. 다음 절부터 이런 도구에 대해 알아보겠습니다.

5.5 항목 출력하기

스크레이피는 Item 객체를 보고 방문한 페이지에서 어떤 정보를 저장해야 하는지 판단합니다. 이 정보는 다음 명령을 사용하여 CSV, JSON 또는 XML 파일 등 다양한 형식으로 저장할 수 있습니다.

```
$ scrapy runspider articleItems.py -o articles.csv -t csv
$ scrapy runspider articleItems.py -o articles.json -t json
$ scrapy runspider articleItems.py -o articles.xml -t xml
```

각 명령은 articleItems 스파이더를 실행하고 지정된 형식의 출력을 지정된 파일에 씁니다. 지정한 파일이 존재하지 않으면 새로 만듭니다.

이전 예제를 실행해봤다면 본문 텍스트가 단일 문자열이 아니라 문자열 리스트 형태로 출력되는걸 느꼈을 겁니다. 텍스트를 수집하는 대상인 <div id="mwcontent-text">는 수많은 자식 요소들을 포함하고 있는데, 이 리스트의 각 문자열은 <div id="mwcontent-text">의 자식 요소들에 들어 있는 텍스트입니다.

Scrapy는 이렇게 복잡한 값도 잘 처리합니다. 예를 들어 CSV 형식에서는 리스트를 문자열로 변환하고 쉼표를 모두 이스케이프하여 텍스트 리스트가 CSV 셀 하나에 표시되도록 합니다.

XML 형식에서는 리스트의 각 요소를 하위 값 태그에 보관합니다.

```
<items>
<item>
    <url>https://en.wikipedia.org/wiki/Benevolent_dictator_for_life</url>
    <title>Benevolent dictator for life</title>
    <text>
        <value>For the political term, see </value>
        <value>Benevolent dictatorship</value>
        ...
    </text>
    <lastupdated> 13 December 2017, at 09:26.</lastupdated>
</item>
....
</items>
```

JSON 형식에서는 리스트가 리스트로 유지됩니다.

물론 크롤러의 파싱 함수에 적절한 코드를 추가하기만 하면 Item 객체를 직접 사용할 수 있으며 원하는 방식으로 파일이나 데이터베이스에 쓸 수 있습니다.

5.6 파이프라인

스크레이피는 단일 스레드 애플리케이션이지만 많은 요청을 비동기적으로 만들어 처리할 수 있습니다. 이런 특징 덕분에 스크레이피를 사용하면 이 책에서 지금껏 만든 스크레이퍼보다 더 빠른 스크레이퍼를 만들 수 있습니다. 그렇지만 필자는 웹 스크레이핑의 영역에서 더 빠른 것이 항상 더 나은 것은 아니라는 확고한 신념을 가지고 있습니다.

스크레이퍼가 빠르다는 얘기는, 바꿔 말해 스크랩하려는 사이트의 웹 서버가 각 요청을 바쁘게 처리해야 한다는 말과 같은 의미입니다. 양심적인 사람이라면 웹 서버에 과도한 부하를 강요하는 것이 합당한 것인지 생각해봐야 합니다. 사실 대부분의 사이트에서 악의적인 스크레이핑은 차단하려 하므로, 서버에 과도한 부하를 지우는 행위는 스스로에게도 좋은 결과가 없을 겁니다. 18장에서 웹 스크레이핑의 윤리, 스크레이퍼를 적절하게 조절하는 것이 얼마나 중요한지 알아봅니다.

스크레이핑 윤리와 속도 조절에 대해서는 다시 알아보기로 하고, 스크레이피의 파이프라인을 사용하면 이전 요청의 데이터 처리가 완료되는 것을 기다리는 것이 아니라 응답을 기다리는 동안 데이터를 처리할 수 있으므로 스크레이퍼 속도를 더 빠르게 할 수 있습니다. 이러한 유형의 최적화는 데이터 처리에 많은 시간이 필요하거나 프로세서가 많이 필요한 계산을 수행해야 하는 경우 필요할 수 있습니다.

이 장 시작 부분에서 만들어진 settings.py 파일을 살펴봅시다. 다음과 같은 주석 행이 있을 겁니다.[3]

```
# Configure item pipelines
# See http://scrapy.readthedocs.org/en/latest/topics/item-pipeline.html
```

---

[3] 역자주_ 이 책을 번역하는 시점에서 역자가 설치한 버전은 1.5.1입니다. 이 버전에는 65행에 해당 내용이 있습니다.

```
#ITEM_PIPELINES = {
#    'wikiSpider.pipelines.WikispiderPipeline': 300,
#}
```

마지막 세 줄의 주석 처리를 제거하여 다음과 같이 바꾸십시오.

```
ITEM_PIPELINES = {
    'wikiSpider.pipelines.WikispiderPipeline': 300,
}
```

이 행의 주석을 해제하면 데이터를 처리할 때 wikiSpider.pipelines.WikispiderPipeline 클래스를 사용합니다. 데이터를 처리하는 클래스가 여럿 존재할 때 이 클래스의 우선순위를 지정합니다. 우선순위에는 정수는 무엇이든 쓸 수 있지만 보통 0-1000을 사용합니다.

이제 파이프라인 클래스를 추가하고, 스파이더는 데이터 수집만 담당하고, 데이터 처리는 파이프라인에서 담당하도록 기존 스파이더를 수정해야 합니다. 그럼 다음과 비슷하게 parse_items를 수정해서 스파이더가 응답을 반환하고 파이프라인에서 Article 객체를 만드는 방법이 떠오를 겁니다.

```
def parse_items(self, response):
    return response
```

하지만 스크레이피에서는 이런 방법을 허용하지 않으며, Item(Item을 상속하는 Article 같은) 객체를 반환해야 합니다. 따라서 parse_items의 리팩터링 목표는 원시 데이터를 추출해서 파이프 라인에 전달하되, 데이터 처리는 최소한으로 줄이는 겁니다.[4]

```
from scrapy.contrib.linkextractors import LinkExtractor
from scrapy.contrib.spiders import CrawlSpider, Rule
from wikiSpider.items import Article

class ArticleSpider(CrawlSpider):
    name = 'articlePipelines'
    allowed_domains = ['wikipedia.org']
```

----

4 역자주_ parse_items 함수 안에 print(response.url)을 추가하고, 다음 절에서 다룰 스크레이피 로깅에 따라 로그를 외부 파일에 저장하면 터미널에는 해당 행 내용만 출력됩니다.

```
    start_urls = ['https://en.wikipedia.org/wiki/Benevolent_dictator_for_life']
    rules = [
        Rule(LinkExtractor(allow='en.wikipedia.org/wiki/((?!:).)*$'),
            callback='parse_items', follow=True),
    ]

    def parse_items(self, response):
        article = Article()
        article['url'] = response.url
        article['title'] = response.css('h1::text').extract_first()
        article['text'] = response.xpath('//div[@id='
            '"mw-content-text"]//text()').extract()
        article['lastUpdated'] = response.css('li#'
            'footer-info-lastmod::text').extract_first()
        return article
```

이 파일은 깃허브 저장소에 **articlePipelines.py**로 저장했습니다.

이제는 파이프라인을 추가해서 **settings.py** 파일과 수정한 스파이더를 묶어야 합니다. 스크레이피 프로젝트를 처음 초기화할 때 생성된 **wikiSpider/wikiSpider/pipelines.py** 파일의 내용은 다음과 같습니다.

```
# -*- coding: utf-8 -*-

# Define your item pipelines here
#
# Don't forget to add your pipeline to the ITEM_PIPELINES setting
# See: http://doc.scrapy.org/en/latest/topics/item-pipeline.html


class WikispiderPipeline(object):
    def process_item(self, item, spider):
        return item
```

이 스텁 클래스를 새 파이프라인 코드로 바꿔야 합니다. 이전 예제에서 수집한 **lastUpdated**와 **text**를 파이프라인에서 처리해봅시다. **lastUpdated**는 날짜를 나타내는 문자열 객체인데 문자열 형식이 썩 좋지 않고, **text**는 이미 언급했듯 난잡하게 파편화된 문자열 조각들입니다.

wikiSpider/wikiSpider/pipelines.py를 다음과 같이 수정합니다.

```python
from datetime import datetime
from wikiSpider.items import Article
from string import whitespace

class WikispiderPipeline(object):
    def process_item(self, article, spider):
        dateStr = article['lastUpdated']
        dateStr = dateStr.replace('This page was last edited on', '')
        dateStr = dateStr.strip()
        dateStr = datetime.strptime(dateStr, '%d %B %Y, at %H:%M')
        dateStr = dateStr.strftime('%Y-%m-%d %H:%M:%S')
        article['lastUpdated'] = dateStr

        texts = article['text'][0:50]
        texts = [line for line in texts if line not in whitespace]
        article['text'] = ''.join(texts)
        return article
```

WikispiderPipeline 클래스의 process_item은 Article 객체를 가져와서 lastUpdated 문자열을 ISO 표준 문자열로 변환하고, text를 문자열 리스트에서 문자열 하나로 결합합니다.

process_item은 모든 파이프라인 클래스에 필수 메서드입니다. 스크레이피는 이 메서드를 사용하여 스파이더가 수집한 Items를 비동기적으로 전달합니다. 여기서 반환하는 파싱된 Article 객체는 로그에 기록되거나, 이전 예제에서 했던 것처럼 JSON이나 CSV로 저장을 선택했다면 해당 형식으로 저장됩니다.

이제 데이터를 처리할 곳이 스파이더의 parse_items 메서드, 파이프라인의 process_items 메서드 두 가지로 늘었습니다.

settings.py 파일에서 여러 작업이 포함된 파이프라인을 여러 개 선언할 수 있습니다. 스크레이피는 항목 유형에 관계없이 모든 항목을 각 파이프라인에 순서대로 전달하므로, 항목별로 고유한 데이터가 있다면 파이프라인에 보내기 전에 스파이더에서 처리하는 편이 나을 수 있습니다. 그러나 구문 분석에 시간이 오래 걸린다면 비동기적으로 처리할 수 있는 파이프라인으로 이동하고 다음과 같이 항목 유형에 대한 검사를 추가하는 것이 좋습니다.

```python
def process_item(self, item, spider):
    if isinstance(item, Article):
        # 항목별로 고유한 데이터를 처리합니다.
```

대규모 스크레이피 프로젝트를 진행한다면 데이터를 어떻게, 어디에서 처리할지 신중히 고려해야 합니다.

5.7 스크레이피 로깅

스크레이피가 생성하는 디버그 정보는 유용한 것도 있지만, 너무 장황하다고 느꼈을 겁니다. settings.py 파일에 줄을 추가하여 로그 수준을 쉽게 조정할 수 있습니다.

```
LOG_LEVEL = 'ERROR'
```

스크레이피는 다음과 같이 표준적인 로그 수준을 사용합니다.

- CRITICAL
- ERROR
- WARNING
- DEBUG
- INFO

로그 수준을 ERROR로 설정하면 CRITICAL과 ERROR 로그만 표시되고, 로그 수준을 INFO로 설정하면 모든 로그가 표시되는 식입니다.

settings.py 파일을 통한 로그 제어 외에도 명령줄에서 로그 저장 위치를 지정할 수 있습니다. 로그를 터미널에 출력하지 않고 별도의 로그 파일에 저장하려면 명령줄에서 실행할 때 로그 파일을 지정하십시오.

```
$ scrapy crawl articles -s LOG_FILE=wiki.log
```

이렇게 하면 현재 디렉터리에 새로운 로그 파일이 생성되고 그 파일에 로그를 모두 저장하므로 터미널에는 사용자가 직접 추가한 파이썬 print 명령만 표시됩니다.

5.8 더 읽을 거리

스크레이피는 웹 크롤링과 관련된 많은 문제를 처리하는 강력한 도구입니다. 자동으로 모든 URL을 수집하여 미리 정의된 규칙과 비교하고, 모든 URL이 고유한지 확인하고, 필요하다면 상대 URL을 표준화하고, 다른 페이지로 더 깊이 이동합니다.

이 장에서 스크레이피의 능력을 간단히 훑어보긴 했지만, *https://doc.scrapy.org/en/ latest/news.html*에서 스크레이피 문서를 읽어보길 권합니다. 또 드미트리오스 코우지스 루카스가 쓴 『Learning Scrapy』(O'Reilly)도 권합니다.

스크레이피는 다양한 기능을 갖춘, 방대하면서도 계속 발전하는 라이브러리입니다. 어떤 스타일을 강요하지 않고 사용자의 스타일에 맞출 수 있도록 같은 기능을 다양한 방식으로 구현해놓았으면서도 그 기능들이 서로 잘 어울립니다. 필자가 언급하지 않았더라도, 스크레이피로 하고 싶은 일이 있다면 아마 방법이 (여러 가지) 있을 겁니다.

## CHAPTER 6

데이터 저장

터미널에 출력하는 것도 흥미롭긴 하지만, 데이터 수집과 분석이라는 관점에서는 크게 유용하지는 않습니다. 웹 스크레이퍼를 유용하게 활용하려면 스크랩한 정보를 저장할 수 있어야 합니다.

이 장에서는 세 가지 데이터 관리 방법을 알아볼 겁니다. 상상할 수 있는 모든 애플리케이션에서 이 세 가지면 충분합니다. 스크랩한 데이터를 웹사이트에 사용하거나, 직접 API를 만들 생각인가요? 데이터베이스가 필요합니다. 인터넷에서 문서를 수집해 하드디스크에 저장할 쉽고 빠른 방법을 찾고 있나요? 파일 스트림이 해결책입니다. 주기적 알림을 받거나, 하루에 한 번 데이터를 집계하려 하나요? 스스로에게 이메일을 보내세요.

꼭 웹 스크레이핑이 아니더라도, 최신 애플리케이션에는 대량의 데이터를 저장하고 조작하는 능력이 반드시 필요합니다. 사실 이 장에서 설명하는 내용은 이후 이 책에서 사용하는 예제 대부분에 필요합니다. 자동화된 데이터 스토리지에 익숙지 않다면 이 장을 최소한 훑어보기라도 할 것을 강력히 권합니다.

6.1 미디어 파일

미디어 파일을 저장하는 방법은 크게 두 가지입니다. 하나는 참조를 저장하는 것이고, 다른 하나는 파일 자체를 내려받는 겁니다. 파일 참조 저장은 간단합니다. 파일이 위치한 URL을 저장하기만 하면 됩니다. 이 방법에는 여러 가지 장점이 있습니다.

- 스크레이퍼가 파일을 내려받을 필요가 없으므로 훨씬 빨리 동작하고, 대역폭도 적게 요구합니다.
- URL만 저장하므로 컴퓨터의 공간도 아낍니다.
- URL만 저장하고 파일을 내려받지 않는 코드는 만들기 쉽습니다.
- 큰 파일을 내려받지 않으므로 호스트 서버의 부하도 적습니다.

물론 단점도 있습니다.

- 이들 URL을 당신의 웹사이트나 애플리케이션에 포함시키는 것을 **핫링크**라 부르는데, 말썽이 생길 소지가 많습니다.

- 당신의 애플리케이션에 사용할 미디어 파일을 다른 사람의 서버에 맡기고 싶지 않을 수 있습니다.

- 외부에 있는 파일은 바뀔 수 있습니다. 공개된 블로그 같은 곳에 핫링크 이미지를 쓰면 난처한 일이 생길 수 있습니다. 파일을 더 연구할 목적으로 나중에 저장하려고 했는데, 막상 그 나중이 되니 파일이 사라졌거나 완전히 다른 것으로 바뀌었을 수도 있습니다.

- 실제 웹 브라우저는 페이지의 HTML만 요청하지 않고, 거기 포함된 파일도 내려받습니다. 스크레이퍼에서 파일을 내려받으면 실제 사람이 사이트를 보는 것처럼 보일 수 있고, 이것이 장점이 될 때가 있습니다.

파일을 저장할지 아니면 URL만 저장할지 결정해야 한다면, 그 파일을 한두 번 이상 실제로 보거나 읽을지, 아니면 데이터베이스를 유지하면서 수집만 할지 생각해봐야 합니다. 답이 후자라면 그냥 URL만 저장해도 충분할 겁니다. 전자라면, 이 장을 읽으세요!

웹 페이지 콘텐츠를 가져올 때 사용한 `urllib` 라이브러리는 파일 콘텐츠도 가져올 수 있습니다. 그다음 프로그램은 `urllib.request.urlretrieve`을 사용해 원격 URL의 파일을 내려받습니다.

```python
from urllib.request import urlretrieve
from urllib.request import urlopen
from bs4 import BeautifulSoup

html = urlopen('http://www.pythonscraping.com')
bs = BeautifulSoup(html, 'html.parser')
imageLocation = bs.find('a', {'id': 'logo'}).find('img')['src']
urlretrieve (imageLocation, 'logo.jpg')
```

이 코드는 *http://pythonscraping.com*에서 로고를 내려받아, 스크립트를 실행한 디렉터리에 logo.jpg라는 이름으로 저장합니다.

이 코드는 내려받을 파일이 하나뿐이고, 파일 이름과 확장자를 어떻게 정할지 알고 있다면 잘 동작합니다. 하지만 파일 하나만 내려받고 일을 끝내는 스크레이퍼는 거의 없습니다. 다음 코드를 실행하여 *http://pythonscraping.com* 홈페이지에서 src 속성이 있는 태그에 연결된 내부 파일을 모두 내려받습니다.

```python
import os
from urllib.request import urlretrieve
from urllib.request import urlopen
from bs4 import BeautifulSoup

downloadDirectory = 'downloaded'
baseUrl = 'http://pythonscraping.com'

def getAbsoluteURL(baseUrl, source):
    if source.startswith('http://www.'):
        url = 'http://{}'.format(source[11:])
    elif source.startswith('http://'):
        url = source
    elif source.startswith('www.'):
        url = source[4:]
        url = 'http://{}'.format(source)
    else:
        url = '{}/{}'.format(baseUrl, source)
    if baseUrl not in url:
        return None
    return url

def getDownloadPath(baseUrl, absoluteUrl, downloadDirectory):
    path = absoluteUrl.replace('www.', '')
    path = path.replace(baseUrl, '')
    path = downloadDirectory+path
    directory = os.path.dirname(path)

    if not os.path.exists(directory):
        os.makedirs(directory)

    return path
```

```
html = urlopen('http://www.pythonscraping.com')
bs = BeautifulSoup(html, 'html.parser')
downloadList = bs.findAll(src=True)

for download in downloadList:
    fileUrl = getAbsoluteURL(baseUrl, download['src'])
    if fileUrl is not None:
        print(fileUrl)

urlretrieve(fileUrl, getDownloadPath(baseUrl, fileUrl, downloadDirectory))
```

CAUTION_ 실행 전에 주의하십시오

인터넷에서 불확실한 파일을 내려받는 것이 위험하다는 경고는 충분히 들어서 알 것입니다. 이 스크립트는 만나는 모든 것을 컴퓨터의 하드디스크에 내려받습니다. 여기에는 무작위 배시 스크립트, .exe 파일, 기타 잠재적 맬웨어가 포함됩니다.

그렇다면 다운로드 폴더에 들어 있는 것을 실제 실행하지 않는다면 안전할까요? 특히, 이 프로그램을 관리자 권한으로 실행한다면 골칫거리 만드는 일을 자초하는 겁니다. 웹사이트에서 발견한 파일이 그 자신을 ../../../../usr/bin/python으로 이동하는 파일이라면 어떨까요? 다음에 명령줄에서 파이썬 스크립트를 실행하는 순간, 컴퓨터에 맬웨어를 초청하는 것이나 마찬가지입니다!

이 프로그램은 오직 묘사 목적으로만 만든 겁니다. 더 광범위하게 파일 이름을 체크하는 코드 없이 무작위로 배포해서는 안 되며, 권한이 제한된 계정에서만 실행해야 합니다. 항상 그렇지만, 파일을 백업하고, 예민한 정보는 하드디스크에 저장하지 않는다는 상식을 따르면 안전할 수 있습니다.

이 스크립트는 2장에서 소개한 람다 함수를 써서 첫 페이지의 **src** 속성이 있는 태그를 모두 선택한 후, URL을 손질하고 절대 경로로 바꿔 내려받을 준비를 합니다(이렇게 하면 외부 링크는 내려받지 않습니다). 그리고 각 파일을 컴퓨터의 **downloaded** 폴더 안에 경로를 유지하면서 내려받습니다.

파이썬 os 모듈은 각 파일이 저장될 디렉터리가 있는지 확인하고 없으면 만들기 위해 사용했습니다. os 모듈은 파이썬과 운영체제 사이의 인터페이스 구실을 합니다. 파일 경로를 조작하고, 디렉터리를 만들고, 실행 중인 프로세스와 환경변수에 관한 정보를 얻고, 그 외에도 여러 가지 유용한 일을 할 수 있습니다.

6.2 데이터를 CSV로 저장

CSV^Comma-separated values는 '쉼표로 구분된 값'의 약자이며, 스프레드시트 데이터를 저장할 때 가장 널리 쓰이는 파일 형식입니다. 이 파일은 매우 단순하므로 마이크로소프트 엑셀을 비롯해 여러 애플리케이션에서 지원합니다. 다음은 유효한 CSV 파일 예제입니다.

```
fruit,cost
apple,1.00
banana,0.30
pear,1.25
```

파이썬과 마찬가지로 CSV에서도 공백이 중요합니다. 각 행은 줄바꿈 문자로 구분하고, 각 열은 (이름대로) 쉼표로 구분합니다. 탭이나 기타 문자로 행을 구분하는 CSV 파일도 있지만, 이런 형식은 널리 쓰이지 않고 지원하는 프로그램도 많지 않습니다.

웹에서 CSV 파일을 내려받아, 파싱하거나 수정하지 않고 그대로 저장하기만 할 거라면 이 섹션은 읽지 않아도 됩니다. 이전 섹션에서 설명한 방법 그대로, 다른 파일과 마찬가지로 내려받아 CSV 파일로 저장하면 됩니다.

파이썬의 **csv** 라이브러리를 사용하면 CSV 파일을 아주 쉽게 수정하거나 만들 수 있습니다.

```
import csv

csvFile = open('test.csv', 'w+')
try:
    writer = csv.writer(csvFile)
    writer.writerow(('number', 'number plus 2', 'number times 2'))
    for i in range(10):
        writer.writerow( (i, i+2, i*2))
finally:
    csvFile.close()
```

먼저 염두에 두고 조심할 것이 있습니다. 파이썬은 파일을 만들 때 에러를 거의 일으키지 않습니다. test.csv가 존재하지 않으면 파이썬이 파일을 자동으로 만듭니다(디렉터리는 자동으로 만들지 않습니다). 파일이 이미 존재하면 파이썬은 test.csv를 경고 없이 새 데이터로 덮어씁니다.

코드를 실행하면 다음과 같은 CSV 파일이 생깁니다.

```
number,number plus 2,number times 2
0,2,0
1,3,2
2,4,4
...
```

웹 스크레이핑에서 자주 하는 일 중 하나가 HTML 테이블을 가져와서 CSV 파일을 만드는 겁니다. 위키백과의 텍스트 에디터 비교(*https://en.wikipedia.org/wiki/Comparison_of_text_editors*) 항목에는 매우 복잡한 HTML 테이블이 있습니다. 이 테이블에는 색깔도 들어 있고, 링크와 정렬 기능, 기타 HTML 코드들이 있는데 CSV 파일로 만들기 전에 이것들을 제거해야 합니다. BeautifulSoup와 get_text() 함수를 써서 20줄도 안 되는 코드로 그 일을 할 수 있습니다.

```python
import csv
from urllib.request import urlopen
from bs4 import BeautifulSoup

html = urlopen('http://en.wikipedia.org/wiki/Comparison_of_text_editors')
bs = BeautifulSoup(html, 'html.parser')
# 비교 테이블은 현재 페이지의 첫 번째 테이블입니다.
table = bs.findAll('table', {'class': 'wikitable'})[0]
rows = table.findAll('tr')

csvFile = open('editors.csv', 'wt+')
writer = csv.writer(csvFile)
try:
    for row in rows:
        csvRow = []
        for cell in row.findAll(['td', 'th']):
            csvRow.append(cell.get_text())
            writer.writerow(csvRow)
finally:
    csvFile.close()
```

코드를 실행하면 잘 정리된 CSV 파일 `editors.csv`가 만들어집니다. MySQL에 익숙하지 않은 사람들과 공유하기는 완벽합니다!

6.3 MySQL

MySQL(공식 발음은 마이에스큐엘이지만 마이시퀄이라고 읽는 사람이 많습니다)은 현재 가장 널리 쓰이는 오픈 소스 관계형 데이터베이스 관리 시스템입니다. MySQL은 두 경쟁자인 마이크로소프트 SQL 서버, 오라클 DBMS와 앞서거니 뒤서거니 하며 발전해왔는데, 강력한 경쟁자를 두고 있는 오픈 소스 프로젝트치고는 흔치 않은 일입니다.

물론 MySQL의 인기에는 그만한 이유가 있습니다. 대부분의 애플리케이션은 MySQL로 충분합니다. MySQL은 매우 확장성이 높고 견고하며 다양한 기능을 갖춘 DBMS입니다. 유튜브,[1] 트위터,[2] 페이스북,[3] 그 외에도 여러 주요 웹사이트에서 MySQL을 사용하고 있습니다.

MySQL은 어디서든 쓰이고, 무료인 데다가, 사용하기 쉽기까지 하므로 웹 스크레이핑 프로젝트에서 데이터베이스로 쓰기 안성맞춤입니다. 이 책에서는 계속 MySQL을 쓸 겁니다.

'관계형' 데이터베이스?

관계형 데이터란 관계가 있는 데이터입니다. 참 쉽죠?

농담입니다! 컴퓨터 과학에서 관계형 데이터란 데이터가 따로 떨어져 존재하지 않고 다른 데이터

---

1 Joab Jackson, "YouTube Scales MySQL with Go Code," PCWorld, December 15, 2012 (*http://bit.ly/1LWVmc8*).

2 Jeremy Cole and Davi Arnaut, "MySQL at Twitter," The Twitter Engineering Blog, April 9, 2012 (*http://bit.ly/1KHDKns*).

3 "MySQL and Database Engineering: Mark Callaghan," March 4, 2012 (*http://on.fb.me/1RFMqvw*).

와 접점이 되는 부분이 있다는 뜻입니다. 예를 들어 '사용자 A가 B 대학에 간다'고 할 때 사용자 A는 데이터베이스의 users 테이블에 있고 B 대학은 데이터베이스의 institutions 테이블에 있을 수 있습니다.

이 장 후반에서 다양한 관계를 모델링하고 데이터를 MySQL(또는 다른 관계형 데이터베이스)에 효과적으로 저장하는 방법을 살펴봅니다.

6.3.1 MySQL 설치

MySQL이 처음이라면 데이터베이스 설치라는 말이 좀 부담스러울지도 모릅니다(익숙하다면 이 절은 넘어가도 좋습니다). 사실은 다른 소프트웨어 설치와 다를 것 하나 없습니다. MySQL의 핵심은 데이터베이스에 저장된 정보를 모두 담고 있는 데이터 파일 세트입니다. MySQL 소프트웨어는 그 위에서 명령줄 인터페이스를 통해 데이터를 간편하게 조작하는 방법을 제공합니다. 예를 들어 다음 명령어는 데이터 파일을 검색해서 이름이 Ryan인 모든 사용자 목록을 반환합니다.

```
SELECT * FROM users WHERE firstname = "Ryan"
```

데비안 리눅스, 또는 apt-get을 지원하는 리눅스 버전을 사용 중이라면 설치는 정말 쉽습니다.

```
$sudo apt-get install mysql-server
```

설치 과정을 보고 있다가 메모리 요구사항을 확인하고, 루트 사용자 비밀번호를 요청할 때 입력하면 됩니다.

맥 OS X와 윈도우에서는 할 일이 조금 더 있습니다. 아직 오라클 계정이 없다면 패키지를 내려받기 전에 계정을 만들어야 합니다.[4]

맥 OS X를 사용 중이라면 먼저 인스톨 패키지(*http://dev.mysql.com/downloads/mysql/*)를 받아야 합니다.

....
4 역자주_ 페이지 하단의 "No thanks, just start my download."를 누르면 계정을 생성하지 않아도 받을 수 있습니다.

.dmg 패키지를 선택하고 오라클 계정으로 로그인해 파일을 내려받습니다. 실행하면 매우 단순한 설치 가이드가 나타납니다(그림 6-1을 보십시오).

그림 6-1 맥 OS X MySQL 설치 관리자

기본 설치만으로 충분하고, 이 책은 MySQL을 기본 설정대로 설치했다고 가정합니다.

설치 관리자를 내려받고 실행하기 지루하다고 느낀다면 패키지 관리자 홈브류(*http://brew.sh/*)를 설치하십시오. 홈브류가 설치되어 있으면 MySQL 역시 간단하게 설치할 수 있습니다.

```
$ brew install mysql
```

홈브류는 대단히 훌륭한 오픈 소스 프로젝트이며 파이썬 패키지와 매우 잘 어울립니다. 사실 이 책에서 사용한 타사 파이썬 모듈은 대부분 홈브류로 매우 쉽게 설치할 수 있습니다. 아직 홈브류를 설치하지 않았다면 한 번 알아보길 권합니다.

맥 OS X에 MySQL을 설치했으면 다음 명령으로 서버를 시작할 수 있습니다.

```
$ cd /usr/local/mysql
$ sudo ./bin/mysqld_safe
```

윈도우에서는 MySQL 설치와 실행이 조금 더 복잡하지만, 다행히 간편한 설치 관리자가 있습니다(*http://dev.mysql.com/downloads/windows/installer/*) 설치 관리자를 실행하면 [그림 6-2]처럼 가이드가 나타납니다.

그림 6-2 윈도우용 MySQL 설치 관리자

기본 설정대로 MySQL을 설치하면 되는데, 예외가 하나 있습니다. 'Setup Type' 페이지에서 'Server Only'를 선택해서 마이크로소프트 소프트웨어와 라이브러리가 잔뜩 설치되는 걸 막으십시오.

그다음부터는 기본 설정대로 따라 하면 MySQL 서버가 시작됩니다.

6.3.2 기본 명령어

MySQL 서버가 시작되면 여러 가지 방법으로 데이터베이스를 조작할 수 있습니다. MySQL 명령어를 직접 사용하지 않거나, 최소한 줄여주기라도 하는 인터페이스 소프트웨어가 아주 많이 있습니다. phpMyAdmin과 MySQL 워크벤치 같은 도구를 쓰면 쉽고 빠르게 데이터를 보고, 정렬하고, 삽입할 수 있습니다. 그렇지만 명령행에서 사용하는 방법은 알고 있어야 합니다.

변수 이름을 제외하면, MySQL은 대소문자를 구분하지 않습니다. 예를 들어 **SELECT**는 **sELEcT**와 마찬가지입니다. MySQL 문을 쓸 때는 키워드를 모두 대문자로 쓰고 테이블과 데이터베이스 이름에는 소문자를 쓰는 표기법이 널리 쓰입니다.

MySQL에 처음 로그인하면 데이터를 추가할 데이터베이스가 없습니다. 만듭시다.

```
> CREATE DATABASE scraping;
```

MySQL 서버 인스턴스 하나에 데이터베이스가 여러 개 있을 수 있으므로, 먼저 어떤 데이터베이스를 조작하려 하는지 명시해야 합니다.

```
> USE scraping;
```

여기서부터(최소한 MySQL 연결을 끊거나 다른 데이터베이스로 전환하기 전에는) 입력하는 모든 명령어는 **scraping** 데이터베이스를 대상으로 실행됩니다.

아주 쉬워 보이네요. 데이터베이스에 테이블을 만드는 것도 마찬가지로 쉬울 게 틀림없습니다. 스크랩한 웹 페이지들을 저장할 테이블을 만듭시다.

```
> CREATE TABLE pages;
```

이번에는 에러가 났습니다.

```
ERROR 1113 (42000): A table must have at least 1 column
```

데이터베이스는 테이블이 없어도 존재할 수 있지만, 테이블은 열이 없이 존재할 수 없습니다. MySQL에서 열을 정의하려면 **CREATE TABLE <tablename>** 문 다음에 괄호를 쓰고 그 안에 쉼표로 구분된 목록을 씁니다.

```
> CREATE TABLE pages (
    id BIGINT(7) NOT NULL AUTO_INCREMENT,
    title VARCHAR(200),
    content VARCHAR(10000),
    created TIMESTAMP DEFAULT CURRENT_TIMESTAMP, PRIMARY KEY(id)
);
```

각 열의 정의는 세 부분으로 나뉩니다.

- 이름(id, title, created 등)
- 변수 타입(BIGINT(7), VARCHAR, TIMESTAMP)
- 옵션으로, 추가 속성(NOT NULL, AUTO_INCREMENT)

열 목록 마지막에는 반드시 테이블의 키를 정의해야 합니다. MySQL은 키를 사용해서 테이블 콘텐츠를 빨리 검색할 수 있도록 준비합니다. 이 장 후반에서 이들 키를 활용해 데이터베이스를 더 빠르게 이용하는 방법을 설명하겠지만, 지금은 테이블의 id 열을 키로 사용하는 게 일반적으로 가장 좋은 방법입니다.

쿼리를 실행하고 나면 언제든 **DESCRIBE** 명령으로 테이블 구조를 확인할 수 있습니다.

```
>DESCRIBE pages;
+---------+---------------+------+-----+-------------------+----------------+
| Field   | Type          | Null | Key | Default           | Extra          |
+---------+---------------+------+-----+-------------------+----------------+
| id      | bigint(7)     | NO   | PRI | NULL              | auto_increment |
| title   | varchar(200)  | YES  |     | NULL              |                |
| content | varchar(10000)| YES  |     | NULL              |                |
| created | timestamp     | NO   |     | CURRENT_TIMESTAMP |                |
+---------+---------------+------+-----+-------------------+----------------+
4 rows in set (0.01 sec)
```

물론 여전히 빈 테이블입니다. 다음 명령으로 **pages** 테이블에 테스트 데이터를 삽입해봅시다.

```
> INSERT INTO pages (title, content)
 VALUES (
    "Test page title",
```

```
    "This is some test page content. It can be up to 10,000 characters long."
);
```

테이블에는 열이 네 개(id, title, content, created)가 있지만, title과 content 두 열만 지정해도 데이터를 삽입할 수 있습니다. id 열은 자동 증가(AUTO_INCREMENT) 열이므로 새 행을 삽입할 때마다 MySQL에서 자동으로 1씩 늘리며, 일반적으로 더 신경 쓸 필요가 없습니다. 또한 timestamp 열에는 기본값으로 현재 시간이 들어갑니다.

물론 이들 기본값을 오버라이드**할 수도** 있습니다.

```
INSERT INTO pages (id, title, content, created)
VALUES (
    3,
    "Test page title",
    "This is some test page content. It can be up to 10,000 characters long.",
    "2014-09-21 10:25:32"
);
```

id 열에 데이터베이스에 존재하지 않는 정수를 입력하기만 하면 이 문은 잘 동작합니다. 하지만 일반적으로 좋은 방법이 아닙니다. 반드시 그래야만 하는 이유가 있지 않다면, id와 timestamp 열은 MySQL이 처리하도록 하는 게 가장 좋습니다.

이제 테이블에 데이터가 좀 생겼으니 이 데이터를 다양한 방법으로 선택할 수 있습니다. 다음은 몇 가지 SELECT 문 예제입니다.

```
> SELECT * FROM pages WHERE id = 2;
```

이 문은 "pages에서 id가 2인 것을 모두 선택하라"는 의미입니다. 아스테리스크(*)는 와일드카드이며 where 절을 충족하는(id가 2인) 행을 모두 반환합니다. 따라서 이 명령은 테이블의 두 번째 행을 반환하거나, id가 2인 행이 없으면 아무것도 반환하지 않습니다. 다음 쿼리는 title 필드에 test가 들어 있는 모든 행을 반환합니다(% 기호는 MySQL 문자열의 와일드카드입니다)

```
> SELECT * FROM pages WHERE title LIKE "%test%";
```

테이블에 열이 여러 개 있고 그중 일부만 보려면 어떻게 해야 할까요? 와일드카드를 쓰지 않고 열 이름을 명시적으로 쓰면 됩니다.

```
> SELECT id, title FROM pages WHERE content LIKE "%page content%";
```

이 쿼리는 content에 'page content'가 들어 있는 열에서 id와 title만 반환합니다.

DELETE 문도 SELECT 문과 비슷한 문법을 씁니다.

```
> DELETE FROM pages WHERE id = 1;
```

두 문의 문법이 비슷하므로, DELETE 문을 쓰기 전에 SELECT 문을 먼저 써서(여기서는, SELECT * FROM pages WHERE id = 1) 삭제하려는 데이터만 반환되는지 확인한 다음, SELECT *를 DELETE로 바꿔서 다시 명령하는 것이 좋습니다. 특히, 쉽게 복구할 수 없는 중요한 테이블이라면 반드시 이렇게 해야 합니다. 많은 프로그래머들이 DELETE 문을 잘못 코딩하거나, 심지어 바쁠 때 그걸 알아차리지도 못해서 고객의 데이터를 잃어버린 악몽 같은 경험을 갖고 있습니다. 그런 일이 당신에게 일어나서는 안 되겠죠!

UPDATE 문을 쓸 때도 비슷하게 조심해야 합니다.

```
> UPDATE pages SET title="A new title", content="Some new content" WHERE id=2;
```

이 책에서는 단순한 MySQL 문만 사용해서 기본적인 선택과 삽입, 업데이트만 할 겁니다. 이 강력한 데이터베이스에 대해 더 배우고 싶다면 폴 뒤부아[Paul DuBois]의 『MySQL Cookbook』(O'Reilly, 2014)을 추천합니다.

6.3.3 파이썬과 통합

불행히도 파이썬은 MySQL 지원을 내장하고 있지 않습니다. 하지만 파이썬 2.x과 파이썬 3.x 모두 MySQL에 쓸 수 있는 오픈 소스 라이브러리가 많이 있습니다. PyMySQL(*https://pypi.python.org/pypi/PyMySQL*)은 널리 쓰이는 MySQL 라이브러리 중 하나입니다.

이 글을 쓰는 시점에서 PyMySQL 버전은 0.6.7입니다. 다음 명령어로 이 버전을 내려받아 설치할 수 있습니다.

```
$ pip install PyMySQL
```

특정 버전을 설치해야 한다면 다음과 같이 소스를 직접 내려받아 설치할 수도 있습니다.

```
$ curl -L https://github.com/PyMySQL/PyMySQL/tarball/pymysql-0.6.7 | tar xz
$ cd PyMySQL-PyMySQL-f953785/
$ python setup.py install
```

설치하고 나면 자동으로 PyMySQL 패키지에 접근할 수 있습니다. 그리고 로컬에서 MySQL 서버가 실행되는 동안에는 다음 스크립트가 성공적으로 실행되어야 합니다(루트 비밀번호 부분을 설정한 비밀번호로 바꾸십시오).

```
import pymysql
conn = pymysql.connect(host='127.0.0.1',
                       user='root', passwd='None', db='mysql')
cur = conn.cursor()
cur.execute("USE scraping")
cur.execute("SELECT * FROM pages WHERE id=1")
print(cur.fetchone())
cur.close()
conn.close()
```

이 예제에는 새로운 객체 타입이 두 개 있습니다. 하나는 연결 객체(conn)이고, 다른 하나는 커서 객체(cur)입니다.

데이터베이스에 대해 잘 모른다면 처음부터 둘을 구분하기가 조금 어려울 수 있지만, 연결/커서 모델은 데이터베이스 프로그래밍에 널리 쓰이는 개념입니다. 연결 객체는 물론 데이터베이스 연결에 관여하지만, 그 외에도 데이터베이스에 정보를 보내고, 롤백(쿼리를 취소하고 데이터베이스를 이전 상태로 되돌리는 것)을 처리하고 새 커서 객체를 만드는 역할도 합니다.

연결 하나에 커서 여러 개가 있을 수 있습니다. 커서는 어떤 데이터베이스를 사용 중인지 같은 **상태** 정보를 추적합니다. 데이터베이스가 여럿 있고 이들 전체에 정보를 저장해야 한다면 커서도 여러 개 필요합니다. 커서는 또 마지막에 실행한 쿼리 결과도 가지고 있습니다. cur.

fetchone( )처럼 커서에서 함수를 호출하여 이 정보에 접근할 수 있습니다.

커서와 연결 사용을 마치면 이들을 닫아야 합니다. 이들을 닫는 걸 게을리하면 **연결 누수**connection leak 현상이 발생할 수 있습니다. 연결 누수란, 더는 사용하지 않는 연결인데도 소프트웨어 입장에서는 닫아도 된다는 확신이 없어서 닫히지 않은 연결이 쌓이는 현상입니다. 필자 역시 연결 누수 버그를 만들었다가 해결한 일이 여러 번 있습니다. 연결 누수가 심해지면 데이터베이스가 다운될 수 있으니 항상 연결을 닫도록 명심하십시오.

아마 지금 가장 먼저 해보고 싶은 일은 스크레이핑 결과를 데이터베이스에 저장하는 일일 겁니다. 이전 예제인 위키백과 스크레이퍼를 가지고 어떻게 하는지 알아봅시다.

웹 스크레이핑을 하면서 유니코드 텍스트를 다루는 일이 좀 어려울 수 있습니다. MySQL은 기본적으로 유니코드를 처리하지 않습니다. 다행히 이 기능을 켤 수는 있습니다(데이터베이스 크기가 조금 커지는 부작용은 있습니다). 위키백과를 돌아다니다 보면 여러 가지 문자를 만날 테니, 이제 데이터베이스에 유니코드에 대비하라고 알려줄 때입니다.

```
ALTER DATABASE scraping CHARACTER SET = utf8mb4 COLLATE = utf8mb4_unicode_ci;
USE scraping;

ALTER TABLE pages CONVERT TO CHARACTER SET utf8mb4 COLLATE utf8mb4_unicode_ci;
ALTER TABLE pages CHANGE title title VARCHAR(200) CHARACTER SET utf8mb4
COLLATEutf8mb4_unicode_ci;
ALTER TABLE pages CHANGE content content VARCHAR(10000) CHARACTER SET utf8mb4 COLLATE
utf8mb4_unicode_ci;
```

위 네 행은 데이터베이스와 테이블, 두 열의 기본 문자셋을 **utf8mb4**(일단 유니코드긴 하지만 지원이 형편없기로 악명 높습니다)에서 **utf8mb4_unicode_ci**로 바꿉니다.

움라우트나 한자를 **title**과 **content** 필드에 삽입해도 에러가 없다면 위 명령은 제대로 실행된 겁니다.

이제 데이터베이스는 위키백과에서 쏟아낼 다양한 것들을 받을 준비가 됐으니 다음 코드를 실행해도 됩니다.

```
from urllib.request import urlopen
from bs4 import BeautifulSoup
import datetime
```

```
import random
import pymysql
import re

conn = pymysql.connect(host='127.0.0.1',
                       user='root', passwd='', db='mysql', charset='utf8')
cur = conn.cursor()
cur.execute("USE scraping")

random.seed(datetime.datetime.now())

def store(title, content):
    cur.execute(
        'INSERT INTO pages (title, content) VALUES ("%s", "%s")',
        (title, content)
    )
    cur.connection.commit()

def getLinks(articleUrl):
    html = urlopen('http://en.wikipedia.org'+articleUrl)
    bs = BeautifulSoup(html, 'html.parser')
    title = bs.find('h1').get_text()
    content = bs.find('div', {'id':'mw-content-text'}).find('p').get_text()
    store(title, content)
    return bs.find('div', {'id':'bodyContent'}).findAll('a',
                       href=re.compile('^(/wiki/)((?!:).)*$'))

links = getLinks('/wiki/Kevin_Bacon')
try:
    while len(links) > 0:
        newArticle = links[random.randint(0, len(links)-1)].attrs['href']
        print(newArticle)
        links = getLinks(newArticle)
finally:
    cur.close()
    conn.close()
```

몇 가지 살펴볼 게 있습니다. 먼저 데이터베이스 연결 문자열에 "charset='utf8'"이 추가됐습니다. 이 부분은 연결에서 데이터베이스에 정보를 보낼 때 모두 UTF-8로 보내야 한다는 뜻입니다.

두 번째로, store 함수가 추가됐습니다. 이 함수는 문자열 변수 title과 content를 받고, 이

변수를 INSERT 문에 추가합니다. 커서는 INSERT 문을 실행하고, 자신의 연결을 통해 데이터베이스에 보냅니다. 이 함수는 커서와 연결이 어떻게 구분되는지 잘 보여줍니다. 커서는 데이터베이스와 자신의 컨텍스트에 관한 정보를 갖고 있지만, 정보를 데이터베이스에 보내고 삽입하려면 연결을 통해야 합니다.

마지막으로, 코드 마지막 부분에서 `finally` 문을 프로그램의 메인 루프에 추가했습니다. `finally` 문은 프로그램이 어떻게든 방해를 받거나, 실행 중 예외가 발생하더라도(물론, 웹은 엉망진창이므로 항상 예외가 발생합니다) 프로그램을 종료하기 전에 반드시 커서와 연결을 닫기 위해 사용했습니다. 데이터베이스 연결을 열어둔 채 웹 스크레이핑을 할 때는 항상 `try...finally` 문을 쓰는 게 좋습니다.

PyMySQL은 그리 큰 패키지는 아니지만, 유용한 함수가 너무 많아 이 책에서 설명할 엄두가 나지 않습니다. PyMySQL 사이트의 문서(*https://pymysql.readthedocs.io/en/latest/*)를 참고하십시오.

6.3.4 데이터베이스 테크닉과 모범 사례

데이터베이스를 공부하고, 튜닝하고, 개발하는 데 자신의 커리어 전체를 바치는 사람들이 있습니다. 필자는 그런 사람이 아니고, 이 책도 그런 책이 아닙니다. 하지만 컴퓨터 과학의 다른 분야 중 상당수가 그렇듯, 데이터베이스에도 빨리 배워서 대부분의 애플리케이션을 감당할 수 있고 또 충분히 빨리 동작하게 하는 요령이 있습니다.

먼저, 일부 예외를 제외하면, 테이블에는 항상 `id` 열을 추가하십시오. MySQL의 테이블에는 반드시 정렬 기준이 되는 프라이머리 키가 최소한 하나 있어야 하는데, 무엇을 키로 정할지 프로그램에서 판단하기는 어렵습니다. 인위적으로 만든 `id` 열이 프라이머리 키로 쓰기에 더 좋은지, 아니면 `username` 같은 고유한 열이 더 좋은지는 데이터 과학자와 소프트웨어 엔지니어들이 몇 년째 토론하고 있는 문제입니다. 필자 개인적으로는 `id` 열을 더 선호하는 편이며, 무엇을 수집하는지 미리 정확히 알 수 없는 웹 스크레이핑에서는 특히 `id` 열을 쓰는 편이 좋습니다. 데이터에서 무엇이 고유하고 무엇이 고유하지 않을지 미리 알 수 없으며, 필자는 수집된 데이터를 보고 놀란 일이 여러 번 있습니다.

`id` 열을 자동 증가 옵션으로 만들고 모든 테이블에서 프라이머리 키로 쓰십시오.

둘째, 인덱스를 잘 관리하십시오. 사전은 알파벳 순으로 나열한 단어 목록입니다. 단어 순서가 정해져 있으니, 철자만 알고 있다면 단어를 빠르게 찾을 수 있습니다. 그런데, 어떤 사전이 단어의 철자가 아니라 그 정의의 철자 순으로 만들어졌다고 상상해봅시다. 이런 사전은 단어의 정의를 듣고 어떤 단어인지 맞히는 게임을 하지 않는 한 별 쓸모가 없을 겁니다. 하지만 데이터베이스 검색의 세계에서는 이런 상황이 발생합니다. 예를 들어 데이터베이스에 쿼리 대상으로 자주 사용하는 필드가 있다고 합시다.

```
>SELECT * FROM dictionary WHERE definition="A small furry animal that says meow";
+------+-------+------------------------------------+
| id   | word  | definition                         |
+------+-------+------------------------------------+
|  200 | cat   | A small furry animal that says meow |
+------+-------+------------------------------------+
1 row in set (0.00 sec)
```

아마 id 열이 이미 있겠지만, definition 열에 인덱스를 추가해서 definition 열의 검색을 빠르게 하면 좋겠다는 생각이 들 겁니다. 하지만 인덱스를 추가하면 그만큼 공간을 더 차지하고, 새 행을 삽입할 때마다 처리 시간이 조금씩 더 소요됩니다. 테이블에서 다룰 데이터가 크면 클수록 인덱스를 추가하면서 얻을 손익을 잘 생각해봐야 합니다. MySQL이 이 열의 처음 몇 글자만 인덱스로 만들게 하면 그 문제가 완화됩니다. 다음 명령은 definition 필드의 처음 16글자에 인덱스를 만듭니다.

```
CREATE INDEX definition ON dictionary (id, definition(16));
```

이 인덱스는 definition 열 전체를 써서 검색할 때보다 훨씬 빨리 답을 찾고 공간도 적게 소모하며, 이후 테이블에 행을 삽입할 때 걸리는 시간도 별로 늘어나지 않습니다. definition 열의 첫 16글자에 중복이 적을수록 이렇게 열 일부를 인덱스로 써서 얻는 이익이 늘어납니다.

쿼리 시간 vs. 데이터베이스 크기 문제는 데이터베이스 공학에서 기본적인 균형 작업의 하나인데, 이와 관련해서 자주 저지르는 실수가 있습니다. 특히 웹 스크레이핑을 통해 자연어 텍스트를 많이 저장할 때 자주 일어나는데, 중복된 데이터를 아주 많이 저장하는 문제입니다. 예를 들어 여러 웹사이트에서 공통적으로 나타나는 구절이 있는지, 있다면 몇 회나 되는지 알아보고 싶다고 합시다. 이런 구절은 이미 만들어진 목록을 쓸 수도 있고, 일종의 텍스트 분석 알고리즘에서 자동으로 생성할 수도 있습니다. 아마 데이터를 다음과 같은 형식으로 저장하겠다는 생각이 들 겁니다.

```
+--------+--------------+------+-----+---------+----------------+
| Field  | Type         | Null | Key | Default | Extra          |
+--------+--------------+------+-----+---------+----------------+
| id     | int(11)      | NO   | PRI | NULL    | auto_increment |
| url    | varchar(200) | YES  |     | NULL    |                |
| phrase | varchar(200) | YES  |     | NULL    |                |
+--------+--------------+------+-----+---------+----------------+
```

이렇게 하면 사이트에서 구절을 찾을 때마다 그 구절과 URL로 데이터베이스에 한 행을 추가합니다. 하지만 데이터를 테이블 세 개로 분리하면 데이터 크기를 어마어마하게 줄일 수 있습니다.

```
>DESCRIBE phrases;
+--------+--------------+------+-----+---------+----------------+
| Field  | Type         | Null | Key | Default | Extra          |
+--------+--------------+------+-----+---------+----------------+
| id     | int(11)      | NO   | PRI | NULL    | auto_increment |
| phrase | varchar(200) | YES  |     | NULL    |                |
+--------+--------------+------+-----+---------+----------------+

>DESCRIBE urls;
+--------+--------------+------+-----+---------+----------------+
| Field  | Type         | Null | Key | Default | Extra          |
+--------+--------------+------+-----+---------+----------------+
| id     | int(11)      | NO   | PRI | NULL    | auto_increment |
| url    | varchar(200) | YES  |     | NULL    |                |
+--------+--------------+------+-----+---------+----------------+

>DESCRIBE foundInstances;
+-------------+---------+------+-----+---------+----------------+
| Field       | Type    | Null | Key | Default | Extra          |
+-------------+---------+------+-----+---------+----------------+
| id          | int(11) | NO   | PRI | NULL    | auto_increment |
| urlId       | int(11) | YES  |     | NULL    |                |
| phraseId    | int(11) | YES  |     | NULL    |                |
| occurrences | int(11) | YES  |     | NULL    |                |
+-------------+---------+------+-----+---------+----------------+
```

테이블 정의가 더 커지긴 했지만, 열 대부분은 정수만 저장하는 id 필드입니다. 이런 필드는 공간을 적게 차지합니다. 또한 각 URL과 구절의 전체 텍스트는 정확히 한 번씩만 저장됩니다.

그런 용도의 패키지를 따로 설치하거나 로그를 꼼꼼하게 관리하지 않으면 데이터가 언제 추가됐고, 언제 업데이트됐고, 언제 제거됐는지 알 수 없습니다. 데이터에 쓸 수 있는 공간, 변경 빈도, 그리고 변경이 언제 일어났는지 알아야 할 필요성 등을 고려해보고 'created', 'updated', 'deleted' 같은 타임스탬프를 만드는 것도 한 방법입니다.

6.3.5 여섯 다리와 MySQL

3장에서 위키백과 항목 두 개를 연결하는 링크 체인을 찾는, '위키백과의 여섯 다리' 문제를 소개했습니다. 이 문제를 해결하려면 사이트를 크롤링하는 봇을 만드는 것으로는 충분하지 않고 (이미 만들었죠), 나중에 데이터를 분석하기 쉬운 구조로 정보를 저장해야 합니다.

자동 증가하는 id 열, 타임스탬프, 다중 테이블 등 이 장에서 설명한 것들이 모두 여기에 사용됩니다. 이 정보를 저장하는 가장 좋은 방법을 생각해내려면 추상적으로 생각해야 합니다. 링크는 페이지 A를 페이지 B로 연결하는 어떤 것입니다. 페이지 B를 페이지 A로 연결하기도 쉽지만, 그러려면 다른 링크가 필요합니다. '페이지 A에는 페이지 B로 연결되는 링크가 있다'고 말하면 어떤 링크를 유일하게 식별할 수 있습니다. 즉, INSERT INTO links (fromPageId, toPageId) VALUES (A, B); 명령이면 됩니다(여기서 A와 B는 각 페이지의 고유 ID입니다).

테이블 두 개를 사용해서 페이지와 링크, 생성 날짜와 고유한 ID를 저장하는 시스템을 다음과 같이 만들 수 있습니다.

```sql
CREATE DATABASE wikipedia;
USE wikipedia;

CREATE TABLE `pages` (
  `id` INT NOT NULL AUTO_INCREMENT,
  `url` VARCHAR(255) NOT NULL,
  `created` TIMESTAMP NOT NULL DEFAULT CURRENT_TIMESTAMP,
  PRIMARY KEY (`id`));

CREATE TABLE `links` (
  `id` INT NOT NULL AUTO_INCREMENT,
```

```
    `fromPageId` INT NULL,
    `toPageId` INT NULL,
    `created` TIMESTAMP NOT NULL DEFAULT CURRENT_TIMESTAMP,
    PRIMARY KEY (`id`));
```

이번에는 페이지 타이틀을 출력하던 이전 크롤러와 달리, 페이지 타이틀을 테이블에 저장하지도 않고 있습니다. 왜 그럴까요? 페이지 타이틀을 기록하려면 실제로 그 페이지에 방문해야 합니다. 이 테이블들을 효율적으로 채워나가는 웹 크롤러를 만들기 위해서는 페이지에 방문하지 않고도 그 페이지와 페이지를 가리키는 링크를 저장할 수 있어야 합니다.

물론 이런 방식을 모든 사이트에 적용할 수는 없습니다. 위키백과 링크와 페이지 타이틀은 간단한 조작을 통해 서로 변환할 수 있으므로 이런 방식이 가능합니다. 예를 들어 링크 주소(*http://en.wikipedia.org/wiki/Monty_Python*)만 봐도 그 페이지 타이틀이 '몬티 파이튼' 임을 알 수 있습니다.

다음 코드는 '베이컨 넘버'(케빈 베이컨까지의 링크 숫자)가 6 이하인 페이지 위키백과 페이지를 모두 저장합니다.

```python
from urllib.request import urlopen
from bs4 import BeautifulSoup
import re
import pymysql
from random import shuffle

conn = pymysql.connect(host='127.0.0.1',
                       user='root', passwd='', db='mysql', charset='utf8')
cur = conn.cursor()
cur.execute('USE wikipedia')

def insertPageIfNotExists(url):
    cur.execute('SELECT * FROM pages WHERE url = %s', (url))
    if cur.rowcount == 0:
        cur.execute('INSERT INTO pages (url) VALUES (%s)', (url))
        conn.commit()
        return cur.lastrowid
    else:
        return cur.fetchone()[0]

def loadPages():
```

```python
    cur.execute('SELECT * FROM pages')
    pages = [row[1] for row in cur.fetchall()]
    return pages

def insertLink(fromPageId, toPageId):
    cur.execute('SELECT * FROM links WHERE fromPageId = %s AND toPageId = %s',
                (int(fromPageId), int(toPageId)))
    if cur.rowcount == 0:
        cur.execute('INSERT INTO links (fromPageId, toPageId) VALUES (%s, %s)',
                    (int(fromPageId), int(toPageId)))
        conn.commit()

def pageHasLinks(pageId):
    cur.execute('SELECT * FROM links WHERE fromPageId = %s', (int(pageId)))
    rowcount = cur.rowcount
    if rowcount == 0:
        return False
    return True

def getLinks(pageUrl, recursionLevel, pages):
    if recursionLevel > 4:
        return

    pageId = insertPageIfNotExists(pageUrl)
    html = urlopen('http://en.wikipedia.org{}'.format(pageUrl))
    bs = BeautifulSoup(html, 'html.parser')
    links = bs.findAll('a', href=re.compile('^(/wiki/)((?!:).)*$'))
    links = [link.attrs['href'] for link in links]

    for link in links:
        linkId = insertPageIfNotExists(link)
        insertLink(pageId, linkId)
        if not pageHasLinks(linkId):
            # 새 페이지를 만났으니 추가하고 링크를 검색합니다.
            print("PAGE HAS NO LINKS: {}".format(link))
            pages.append(link)
            getLinks(link, recursionLevel+1, pages)

getLinks('/wiki/Kevin_Bacon', 0, loadPages())
cur.close()
conn.close()
```

이 예제에서 사용한 세 함수는 PyMySQ을 통해 데이터베이스와 통신합니다.

insertPageIfNotExists

이름을 보면 짐작할 수 있겠지만, 이 함수는 새 페이지를 발견할 때마다 저장합니다. pages 테이블에 그동안 수집한 페이지를 모두 저장하고 있으므로, 이 함수를 사용하면 페이지를 중복으로 저장하는 일이 생기지 않습니다. 이 함수는 새 링크를 생성할 때 사용할 pageId를 검색하는 역할도 수행합니다.

insertLink

이 함수는 데이터베이스에 링크를 기록하며, 이미 존재하는 링크를 다시 만들지는 않습니다. 페이지에 똑같은 링크가 둘 이상 존재하더라도, 우리의 목적에 비춰보면 같은 연결고리를 나타내는 똑같은 링크이므로 하나로 봐야 합니다. 이 함수는 프로그램을 여러 번 실행하더라도 데이터베이스의 무결점을 보장합니다.

loadPages

이 함수는 새 페이지에 방문해야 하는지 결정할 수 있도록 데이터베이스에 저장된 페이지를 모두 리스트에 담아 반환합니다. 페이지 수집은 이 프로그램이 동작중일 때만 이루어지므로, 데이터베이스를 완전히 비워놓고 프로그램을 단 한번만 실행한다면 **이론적으로는** 이 함수가 필요 없을 수도 있습니다. 하지만 현실적으로는 문제가 생길 수 있죠. 네트워크가 끊긴다거나, 프로그램을 너무 오래 실행할 수 없어서 여러 번에 걸쳐 데이터를 수집하기로 결정한다거나 할 수 있으므로, 이런 상황에서도 크롤러가 정상 상태로 돌아가 정보를 놓치지 않도록 만드는 것이 중요합니다.

loadPages 함수와 이 함수가 반환하는 pages 리스트(방문 여부 결정을 위해 만드는)에 한 가지 잠재적인 문제가 있긴 합니다. 각 페이지를 불러오는 순간 해당 페이지의 링크는 모두 pages 테이블에 기록되는데, 발견하기만 하고 실제로 방문하지 않은 링크도 따로 구별하지 않고 저장한다는 겁니다. 크롤러를 중지했다가 재실행한다면, 이렇게 '발견했지만 방문하지는 않은' 링크에 다시 방문하지 않으므로, 이런 링크를 통해 방문할 수 있는 페이지들은 기록되지 않을 겁니다. visited 같은 불리언 변수를 하나 추가해서 페이지를 방문하고 외부 링크를 모두 기록해야만 True로 바꾸는 방식을 사용한다면 이 문제를 방지할 수 있습니다.

하지만 여섯 다리 문제를 푸는 정도는 현재 예제로도 충분합니다. 링크 전체를 다 수집해야만 하는 것이 아니라 실험하기에 충분한 정도의 데이터만 모으면 되므로, 그 정도 데이터를 수집할 수 있는 시간 정도만 이 크롤러를 실행하면 되니까요.

오랫동안 실행되는 코드에서 재귀를 사용할 때는 항상 주의해야 합니다. 여기서는 recursion Level 변수를 getLinks 함수에 넘겼습니다. 이 함수는 호출될 때마다 recursionLevel을 1씩 늘려서 몇 번째 재귀인지 셉니다. recursionLevel이 5가 되면 이 함수는 자동으로 검색을 멈춥니다. 이렇게 제한을 두면 스택 오버플로는 절대 생기지 않습니다.

이 문제의 결론은 9.2.1절의 방향성 그래프 문제를 풀면서 해결하겠습니다.

6.4 이메일

웹 페이지가 HTTP를 통해 전송되는 것과 마찬가지로, 이메일은 SMTP[Simple Mail Transfer Protocol]를 통해 전송됩니다. 그리고 웹 서버 프로그램이 웹 페이지를 HTTP를 통해 보내는 것과 마찬가지로, 센드메일[Sendmail], 포스트픽스[Postfix], 메일맨[Mailman] 등 이메일을 주고받는 프로그램이 많이 있습니다.

파이썬으로 이메일을 보내는 건 비교적 쉽긴 하지만, SMTP를 실행하는 서버에 접근할 수 있어야 합니다. SMTP 클라이언트를 직접 설치하는 건 어렵고 이 책의 범위를 벗어나기도 하지만, 이 작업을 도와주는 훌륭한 자료가 많이 있고, 특히 리눅스나 맥 OS X를 사용한다면 더 쉽게 찾을 수 있을 겁니다.

다음 예제는 SMTP 서버를 로컬에서 실행한다고 가정합니다. 이 코드를 원격 SMTP 서버에 접속할 때 사용한다면 localhost를 원격 서버 주소로 바꾸기만 하면 됩니다.

파이썬으로 이메일을 보내는 코드는 아홉 줄이면 충분합니다.[5]

```
import smtplib
```

---

5 역자주_ 구글에서 이메일을 보내려면 바로 따라 할 수 있는 쉬운 예제가 스택오버플로(*https://goo.gl/eSHJxu*)에 있습니다. David Okwii와 radtek 두 유저의 답변을 참고하면 간단한 메일을 보내는 데는 아무 문제가 없을 겁니다.

```
from email.mime.text import MIMEText

msg = MIMEText('The body of the email is here')

msg['Subject'] = 'An Email Alert'
msg['From'] = 'ryan@pythonscraping.com'
msg['To'] = 'webmaster@pythonscraping.com'

s = smtplib.SMTP('localhost')
s.send_message(msg)
s.quit()
```

파이썬에는 이메일과 관련된 중요한 패키지는 `smtplib`과 `email` 두 가지입니다.

파이썬의 이메일 모듈에는 이메일 패킷을 만들 때 유용한 함수가 들어 있습니다. 여기서 사용한 **MIMEText** 객체는 저수준 MIME^{Multipurpose Internet Mail Extensions} 프로토콜로 전송할 수 있는 빈 이메일 형식을 만듭니다. SMTP 연결은 마임 프로토콜 위에서 동작합니다. **MIMEText** 객체인 `msg`에는 수신/발신자의 이메일 주소와 본문, 헤더가 들어 있습니다. 파이썬은 이 객체를 정확한 형식의 이메일로 바꿉니다.

`smtplib` 패키지에는 서버로의 연결을 처리하는 정보가 들어 있습니다. MySQL 서버에 연결할 때와 마찬가지로 이 연결은 사용을 마칠 때마다 끊어서 서버 연결이 너무 늘어나지 않게 해야 합니다.

이 기본적인 이메일 기능을 함수에 넣어서 더 유용하게 확장할 수 있습니다.

```
import smtplib
from email.mime.text import MIMEText
from bs4 import BeautifulSoup
from urllib.request import urlopen
import time

def sendMail(subject, body):
    msg = MIMEText(body)
    msg['Subject'] = subject
    msg['From'] = 'christmas_alerts@pythonscraping.com'
    msg['To'] = "ryan@pythonscraping.com"

    s = smtplib.SMTP('localhost')
    s.send_message(msg)
```

```
        s.quit()

bs = BeautifulSoup(urlopen("https://isitchristmas.com/"))
while(bs.find("a", {"id":"answer"}).attrs['title'] == "NO"):
    print("It is not Christmas yet.")
    time.sleep(3600)
    bs = BeautifulSoup(urlopen("https://isitchristmas.com/"))

sendMail("It's Christmas!",
        "According to http://itischristmas.com, it is Christmas!")
```

이 스크립트는 한 시간에 한 번씩 *https://isitchristmas.com* 웹사이트(날짜에 따라 커다란 YES 또는 NO를 표시하는)를 체크합니다. NO 외에 다른 것이 보이면 크리스마스라는 이메일이 올 겁니다.

물론 이 프로그램은 당신의 집 벽에 걸려 있는 달력보다 별로 유용해 보이지 않지만, 조금만 수정해도 훨씬 쓸모가 있습니다. 예를 들어 사이트가 정전되거나, 테스트가 실패하거나, 심지어 아마존에서 기다리던 품절 상품이 재입고됐을 때도 이메일을 받을 수 있습니다. 어느 것 하나 달력으로는 할 수 없는 일이죠.

고급 스크레이핑

이제 웹 스크레이핑의 기초를 어느 정도 배웠으니 이제부터 재미있는 일을 해볼 수 있습니다. 지금까지 만든 웹 스크레이퍼는 비교적 단순했습니다. 즉시 알아볼 수 있는 형식을 서버에서 제공하지 않으면 정보를 가져올 수 없습니다. 모든 정보를 보이는 그대로 가져오고, 분석은 전혀 하지 않은 채 단순히 저장하기만 했습니다. 폼이나 웹사이트의 상호작용 기능, 심지어 자바스크립트에 의해서도 방해를 받았습니다. 간단히 말해, 나를 수집해달라고 간절히 외치는 정보를 가져오는 것 외에는 쓸모가 없는 것이죠.

2부에서는 원형 그대로의 데이터를 분석해서 그 뒤에 숨은 이야기, 웹사이트에서 종종 자바스크립트 계층이나 로그인 폼, 기타 스크랩을 방해하는 것들 뒤에 숨겨진 이야기를 알아봅니다.

웹 스크레이퍼를 사용해 사이트를 테스트하고, 작업을 자동화하고, 더 큰 규모로 인터넷을 사용하는 방법을 배울 겁니다. 2부가 끝날 때쯤에는 인터넷의 어디에서든, 어떤 형식이든, 어떤 타입의 데이터라도 가져올 수 있는 도구를 갖게 될 겁니다.

Part II
고급 스크레이핑

문서 읽기

인터넷은 주로 텍스트 기반 웹사이트의 집합이며, 웹 2.0이 튀어나오면서 멀티미디어 콘텐츠와 섞이긴 했지만 웹 스크레이핑이란 목적에서는 무시해도 좋다고 생각하면 마음이 편할 겁니다. 하지만 이런 생각은 인터넷이 원래 무엇이었는지 무시하는 생각입니다. 인터넷은 원래 콘텐츠를 따지지 않고 파일을 전송하는 수단으로 쓰였었습니다.

인터넷은 1960년대 후반부터 이런 저런 형태로 존재하고 있었지만, HTML은 1992년이 되어서야 등장했습니다. 그 때까지 인터넷은 주로 이메일과 파일 전송에만 쓰였고 현재 우리가 아는 웹 페이지란 개념은 존재하지도 않았습니다. 달리 말하면, 인터넷은 HTML 파일의 모음이 아닙니다. 인터넷은 정보의 집합이며 HTML 파일은 종종 그 프레임 구실을 할 뿐입니다. 텍스트와 PDF, 이미지, 비디오, 이메일, 그 외 수많은 문서 타입을 읽지 못한다면 데이터의 상당 부분을 놓치는 겁니다.

이 장에서는 문서를 다루는 법을 살펴봅니다. 로컬 폴더에 내려받거나 직접 읽고 데이터를 추출하는 것이나 모두 해당합니다. 다양한 텍스트 인코딩에 대해서도 배웁니다. 외국어로 된 HTML 페이지도 읽을 수 있게 될 겁니다.

7.1 문서 인코딩

문서 인코딩은 애플리케이션(컴퓨터의 운영체제이든, 직접 만든 파이썬 코드이든)이 그 문서를 읽는 방법을 지정합니다. 인코딩은 보통 파일 확장자에서 추론할 수 있지만, 파일 확장자가 꼭 인코딩에 따라 정해지는 건 아닙니다. 예를 들어 `myImage.jpg`를 `myImage.txt`로 저장해도 아무 문제도 없습니다. 최소한 텍스트 에디터로 그 파일을 열어보기 전에는 말이죠. 다행히 이런 상황은 드물고, 문서의 파일 확장자만 알아도 보통은 정확히 읽을 수 있습니다.

모든 문서는 근본적으로 0과 1로 인코드되어 있습니다. 인코딩 알고리즘은 그 위에서 글자 하나에 몇 비트인지, 이미지 파일이라면 각 픽셀에 몇 비트를 써서 색깔을 나타내는지 정의합니다. 그 위에 다시 PNG 파일처럼 압축이나 기타 공간을 절약하는 알고리즘이 있을 수 있습니다.

HTML이 아닌 파일을 다루는 것이 처음에는 좀 벅차 보일 수 있겠지만, 알맞은 라이브러리를 쓰기만 하면 파이썬은 어떤 형식의 정보라도 제대로 다룰 수 있으니 걱정할 필요 없습니다. 텍스트 파일과 비디오, 이미지 파일의 차이는 0과 1을 어떻게 해석하느냐일 뿐입니다. 이 장에서는 자주 마주치는 파일 타입인 텍스트, CSV, PDF, 워드 문서에 대해 다룹니다.

텍스트, CSV, PDF, 워드 문서는 모두 기본적으로 텍스트를 저장하는 파일 형식입니다. 이미지를 다루는 법을 빨리 알고 싶더라도, 일단 이 장을 읽어서 다양한 파일을 저장하고 다루는 법을 익힌 다음 13장에서 이미지 처리에 대해 배우길 권합니다.

7.2 텍스트

요즘에는 온라인에서 평범한 텍스트 파일을 만나는 일이 별로 많지 않지만, 서비스에 중점을 두지 않는 사이트나 오래된 형식을 따르는 사이트 중에는 아직 텍스트 파일을 대량으로 저장하고 있는 곳도 많습니다. 예를 들어 국제 인터넷 기술 위원회(IETF)는 발행한 문서를 모두 HTML, PDF, 텍스트 파일로 저장하고 있습니다(*https://www.ietf.org/rfc/rfc1149.txt* 처럼). 대부분의 브라우저는 이들 텍스트 파일을 잘 표시하며, 스크랩하는 데도 아무 문제가 없습니다.

대부분의 기본적인 텍스트 문서, *http://www.pythonscraping.com/pages/warandpeace/ chapter1.txt*의 연습용 파일 같은 경우에는 다음 방법을 쓰면 됩니다.

```
from urllib.request import urlopen

textPage = urlopen('http://www.pythonscraping.com/'
                   'pages/warandpeace/chapter1.txt')
print(textPage.read())
```

일반적으로 urlopen으로 페이지를 가져오면 BeautifulSoup 객체로 바꿔서 HTML로 파싱합
니다. 여기서는 페이지를 직접 읽을 수 있습니다. BeautifulSoup 객체로 바꾸는 건 당연히 가
능하지만, 파싱할 HTML이 없으므로 효율적이지 않고, 따라서 이 라이브러리는 여기서는 필
요 없습니다. 일단 텍스트 파일을 문자열로 읽으면 파이썬에서 다른 문자열을 다루듯 분석할
수 있습니다. 물론 여기에는 단서로 쓸 HTML 태그가 없으므로, 실제 필요한 텍스트와 쓸모없
는 텍스트를 구분하기가 쉽지 않습니다. 이런 점이 텍스트 파일에서 정보를 추출할 때 부딪히
는 어려운 문제입니다.

7.2.1 텍스트 인코딩과 인터넷

이 장 처음에서 파일 확장자만 알면 파일을 정확히 읽을 수 있다고 했었습니다. 아이러니지만,
그 선언은 모든 문서 중에서 가장 기본적인 .txt 파일에는 적용되지 않습니다.

열에 아홉은 위에서 소개한 코드를 써서 텍스트를 읽는 데 아무 문제도 없습니다. 하지만 인터
넷의 텍스트에는 함정이 있습니다.

다음 절에서는 영어와 외국어의 인코딩 기본인 ASCII와 유니코드, ISO에 대해 알아보고 그들
을 어떻게 다루는지도 살펴봅니다.

텍스트 인코딩의 역사

ASCII 인코딩은 1960년대에 처음 만들어졌습니다. 당시에는 저장공간 비용이 지금보다 훨씬
비쌌기 때문에 1비트가 소중했고, 알파벳과 몇 안 되는 구두점 외에는 아무것도 인코딩할 필요
가 없었으므로, 7비트만 사용해서 알파벳 대소문자와 구두점을 포함해 128개의 문자를 인코딩
했습니다. 창의성을 최대한 발휘했음에도 불구하고 33개의 문자는 결국 출력 불가능한 문자로
남았는데, 시간이 흐르고 상황이 바뀌면서 이들 문자 중에는 계속 사용된 문자도 있고, 다른 문
자로 대체된 문자도 있고, 폐기된 문자도 있습니다.

프로그래머라면 모두 알겠지만 7은 이상한 숫자입니다. 7은 2의 지수로 표현할 수 없지만 상당히 근접한 숫자죠. 1960년대의 컴퓨터 과학자들은 1비트를 추가해서 어림수$^{round\ number}$를 쓸지, 아니면 저장공간을 더 적게 쓰는 실용적인 7비트를 쓸지 논쟁했는데, 결국은 7비트가 승리했습니다. 하지만 최근에는 7비트 시퀀스의 맨 앞에 0을 덧대어 사용하므로[1] 당시의 격렬한 논쟁에서 나쁜 점만 취한 모양새가 됐습니다. 저장공간은 14% 더 쓰는데, 128개 문자밖에 사용하지 못하는 것이죠.

1990년대 초반 컴퓨터가 영어 이외에 다른 언어도 표시할 수 있으면 좋겠다고 생각하는 사람이 늘어나면서, 유니코드 컨소시엄이라는 비영리 단체에서 모든 언어의 모든 글자를 어떤 텍스트 문서에든 쓸 수 있는 텍스트 인코딩을 만들기 시작했습니다. 이 인코딩의 목표는 알파벳은 물론이고 кириллица 같은 키릴 문자, 象形 같은 중국 상형문자, ≥ 같은 논리 및 수학 기호, 이모티콘, 방사능 경고(☢), 평화 심벌(☮) 같은 다양한 기호까지 모두 포함하겠다는 것이었습니다.

결과로 만들어진 인코딩은 이미 알고 있겠지만 UTF-8입니다. 이 이름은 'Universal Character Set - Transformation Format 8 bit'의 약자인데, 여기 쓰인 8비트라는 표현은 글자가 표시되기 위해 필요한 최소한의 크기일 뿐 최댓값은 아닙니다. UTF-8의 크기는 1바이트에서 4바이트까지 가변적입니다. 각 문자의 실제 크기는 가능한 문자 전체 목록에서 어느 위치에 있는지에 따라 달라지는데, 자주 쓰이는 문자는 바이트를 적게 쓰고 자주 쓰이지 않는 문자는 바이트를 많이 사용합니다.

크기가 가변적이라니, 어떻게 이런 일이 가능했을까요? ASCII 인코딩에서 맨 앞에 덧대는 0은 잘못된 설계로 보였지만, UTF-8에는 큰 장점으로 작용할 수 있었습니다. ASCII는 워낙 널리 쓰이고 있었으므로 UTF-8을 설계한 사람들은 이 '패딩 비트'를 활용하기로 결정했습니다. 즉 0으로 시작하는 모든 바이트는 그 바이트 단 하나로 한 글자를 나타내게 만들어, ASCII과 UTF-8의 인코딩 스키마가 완전히 같게 한 겁니다. 따라서 다음 글자들은 UTF-8과 ASCII에서 모두 유효합니다.

```
01000001 - A
01000010 - B
01000011 - C
```

---

1 이 '패딩' 비트는 조금 뒤에 다룰 ISO 표준에서 다시 우리를 괴롭힐 겁니다.

그리고 다음 글자들은 UTF-8에서만 유효하며, 문서를 ASCII 문서로 해석할 때는 표현할 수 없습니다.

```
11000011 10000000 - À
11000011 10011111 - ß
11000011 10100111 - ç
```

UTF 표준에는 UTF-8 외에도 UTF-16, UTF-24, UTF-32 같은 표준이 있지만, 이들 형식으로 인코드된 문서는 이 책의 범위를 벗어나는 특정 상황이 아니면 거의 만나기 어렵습니다.

ASCII 인코딩의 '설계 미스'는 UTF-8을 설계할 때 큰 장점으로 작용하긴 했지만, 그 단점을 완전히 상쇄하지는 못했습니다. 각 문자의 첫 8비트는 여전히 256개 문자가 아니라 128개 문자만 인코드할 수 있습니다. 2바이트 이상을 사용하는 UTF-8 문자는 매 바이트마다 맨 앞에 패딩 비트가 있어야 하는데, 이 패딩 비트는 실제 인코딩에 사용되는 것이 아니라 문자가 깨지는 현상을 방지하기 위한 체크 비트로 사용됩니다. 예를 들어 4바이트를 사용하는 UTF-8 문자는 32비트를 쓸 수 있지만 패딩 비트 넷을 제외하면 실제 가용 비트는 21비트뿐이므로 총 2,097,152개의 문자를 인코드할 수 있고, 현재는 이 중에서 1,114,112개를 사용하고 있습니다.

모든 유니코드 표준에 공통인 문제는 ASCII 코드를 벗어나는 문자를 사용하는 문서가 필요 이상 커진다는 겁니다. 사용하는 언어가 100글자 내외만 사용한다 하더라도 각 글자를 나타내는 데 최소한 16비트가 필요합니다. 따라서 영어가 아닌 텍스트 문서는 영어로 된 텍스트 문서에 비해 거의 두 배 크기가 됩니다.

ISO는 각 언어에 특화된 인코딩을 만들어 이 문제를 해결하려 했습니다. ISO 인코딩은 ASCII와 같은 인코딩 방식을 택하면서, 모든 글자의 첫 비트를 '패딩 비트'로 만들어 해당 언어에 필요한 특수문자에 쓰려 했습니다. 이 방식은 라틴 알파벳(인코딩에서 0~127번)을 많이 사용하고 몇 가지 특수문자가 추가되는 유럽권 언어에는 잘 어울렸습니다. 이에 따라 라틴 알파벳을 위해 디자인된 ISO-8859-1은 분수(¾ 등)나 저작권 기호(©) 같은 특수문자를 쓸 수 있게 됐습니다.

다른 ISO 문자셋, 예를 들어 ISO-8859-9(터키어)나 ISO-8859-2(독일어 등), ISO-8859-15(프랑스어 등) 등도 어느 정도 널리 쓰입니다.

ISO 인코딩을 사용하는 문서는 최근 줄어들고 있지만, 웹사이트의 9퍼센트 정도는 여전히 ISO 인코딩을 사용하고 있습니다.[2] 따라서 이런 내용을 미리 알고, 사이트 스크랩을 시작하기 전에 미리 인코딩을 체크하는 것이 중요합니다.

인코딩 예제

이전 섹션에서는 urlopen의 기본 설정을 이용해서 텍스트 문서를 읽었습니다. 이 방법은 대부분의 영어 텍스트에서 잘 동작하지만, 러시아어나 아라비아어, 심지어 résumé 같은 단어를 만나는 순간 문제가 발생합니다.

예를 들어 다음 코드를 봅시다.

```
from urllib.request import urlopen
textPage = urlopen('http://www.pythonscraping.com/'
                   'pages/warandpeace/chapter1-ru.txt')
print(textPage.read())
```

이 코드는 러시아어와 프랑스어로 쓰인 『전쟁과 평화』 원문의 1장을 읽어 화면에 출력합니다. 다음은 출력 내용의 일부분입니다.

```
b"\xd0\xa7\xd0\x90\xd0\xa1\xd0\xa2\xd0\xac \xd0\x9f\xd0\x95\xd0\xa0\xd0\x92\xd0\
x90\xd0\xaf\n\nI\n\n\xe2\x80\x94 Eh bien, mon prince.
```

---

2 이 통계는 웹 크롤러를 통해 수집됐습니다. 출처는 다음과 같습니다. *http://w3techs.com/technologies/history_overview/ character_encoding.*

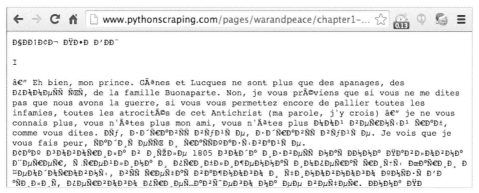

그림 7-1 여러 브라우저에서 기본 텍스트 문서 인코딩인 ISO–8859–1로 프랑스어와 키릴 텍스트를 본 모습

러시아어를 모국어로 사용하는 사람도 이걸 이해하긴 힘들 겁니다. 문제는 파이썬이 이 문서를 ASCII 문서로 읽으려 했고, 브라우저는 ISO–8859–1 문서로 읽으려 했다는 겁니다. 둘 중 어느 하나도 이것을 UTF–8 문서로 인식하지 못했습니다.

이 문자열이 UTF–8이라고 명시적으로 지정하면 정확히 키릴 문자로 출력할 수 있습니다.

```
from urllib.request import urlopen

textPage = urlopen('http://www.pythonscraping.com/pages/'
                    'warandpeace/chapter1-ru.txt')
print(str(textPage.read(), 'utf-8'))
```

이 개념을 BeautifulSoup와 파이썬 3.x에 적용한 코드는 다음과 같습니다.

```
html = urlopen('http://en.wikipedia.org/wiki/Python_(programming_language)')
bs = BeautifulSoup(html, 'html.parser')
content = bs.find('div', {'id':'mw-content-text'}).get_text()
content = bytes(content, 'UTF-8')
content = content.decode('UTF-8')
print(content)
```

파이썬 3은 기본적으로 모든 문자 인코딩에 UTF–8을 사용합니다. 앞으로 만드는 모든 웹 스크레이퍼에서 UTF–8 인코딩을 사용하고 싶다는 생각이 들 겁니다. UTF–8은 ASCII 글자도 문제없이 처리하니까요. 하지만 웹사이트의 9퍼센트가 ISO 버전 중 일부로 인코딩되어 있음

을 기억하십시오. 불행히도 텍스트 문서가 어떤 인코딩을 가졌는지 정확하게 판단하는 건 불가
능합니다. 'Ñ€Ð°ÑÑÐ°Ð·Ñ는 단어가 아닐 것이다' 같은 로직을 써서 문서를 검사하고 인
코딩을 짐작하는 라이브러리가 몇 가지 있지만 틀릴 때가 많습니다.

다행히 HTML 페이지의 인코딩은 보통 <head> 내부의 태그에 들어 있습니다. 대부분의 사이
트, 특히 영어로 된 사이트에는 다음과 같은 태그가 들어 있습니다.

```
<meta charset="utf-8">
```

ECMA 인터내셔널 웹사이트(*http://www.ecma-international.org/*)에는 이런 태그가 있습
니다.[3]

```
<meta http-equiv="Content-Type" content="text/html; charset=iso-8859-1">
```

웹 스크레이핑을 많이 할 계획이고, 특히 국제적 사이트에 관심이 있다면, 이 메타 태그를 찾아
보고 이 태그에서 지정한 인코딩 방법을 써서 페이지 콘텐츠를 읽는 게 좋습니다.

7.3 CSV

웹 스크레이핑을 하다 보면 CSV 파일을 만날 때도 많고, 이 형식을 선호하는 동료를 만날
때도 많습니다. 다행히 파이썬에는 CSV 파일을 완벽하게 읽고 쓸 수 있는 **csv** 라이브러리
(*https://docs.python.org/3.4/library/csv.html*)가 있습니다. 이 라이브러리는 CSV의
여러 가지 변형도 처리할 수 있지만, 이 섹션에서는 주로 표준 형식만 다루겠습니다. 변형된
CSV를 처리해야 할 일이 생기면 문서를 읽어보세요.

7.3.1 CSV 파일 읽기

파이썬의 **csv** 라이브러리는 주로 로컬 파일을 가정하고 만들어져 있습니다. 하지만 파일이 항

---

3 ECMA는 ISO 표준을 만드는 데 처음부터 관여했던 단체이므로 그 웹사이트가 ISO 표준을 선호하는 것은 당연합니다.

상 로컬에 있는 건 아니고, 특히 웹 스크레이핑을 하다 보면 그렇지 않을 때가 많습니다. 우회할 방법은 여러 가지가 있습니다.

- 원하는 파일을 직접 내려받은 후 파이썬에 그 파일의 위치를 알려주는 방법
- 파일을 내려받는 파이썬 스크립트를 작성해서 읽고, (원한다면) 삭제하는 방법
- 파일을 문자열 형식으로 읽은 후 StringIO 객체로 바꿔서 파일처럼 다루는 방법

첫 번째와 두 번째 방법도 가능하지만, 매우 쉽게 메모리에서 처리할 수 있는데 하드디스크에 파일을 저장하는 건 좋지 않은 습관입니다. 파일을 문자열로 읽고 객체로 바꿔서 파이썬이 파일처럼 다루게 하는 방법이 더 좋습니다. 다음 스크립트는 인터넷에서 CSV 파일(*http://pythonscraping.com/files/MontyPythonAlbums.csv*에 있는 몬티 파이튼 앨범 목록)을 가져와서 터미널에 행 단위로 출력합니다.

```
from urllib.request import urlopen
from io import StringIO
import csv

url = 'http://pythonscraping.com/files/MontyPythonAlbums.csv'
data = urlopen(url).read().decode('ascii', 'ignore')
dataFile = StringIO(data)
csvReader = csv.reader(dataFile)

for row in csvReader:
    print(row)
```

출력 결과는 책에 수록하기에는 너무 길지만, 다음과 비슷한 형태입니다.

```
['Name', 'Year']
["Monty Python's Flying Circus", '1970']
['Another Monty Python Record', '1971']
["Monty Python's Previous Record", '1972']
...
```

코드 샘플에서 **csv.reader**가 반환하는 **reader** 객체는 순환체[iterable]이며 파이썬 리스트 객체로 구성되어 있습니다. 따라서 **csvReader** 객체의 각 행은 다음 방법으로 접근할 수 있습니다.

```
for row in csvReader:
    print( 'The album "{}" was released in {}'.format(row[0], str(row[1])) )
```

출력 결과는 다음과 같습니다.

```
The album "Name" was released in Year
The album "Monty Python's Flying Circus" was released in 1970
The album "Another Monty Python Record" was released in 1971
The album "Monty Python's Previous Record" was released in 1972
...
```

첫 번째 행 The album 'Name' was released in Year를 보십시오. 예제 코드라면 이런 일이 왜 일어났는지 알고 있으므로 무시해도 되지만, 실무에서 데이터에 이런 것이 포함되면 안 됩니다. 경험이 적은 프로그래머라면 단순히 **csvReader** 객체의 첫 번째 행을 무시하거나 이런 줄을 처리할 코드를 삽입할 겁니다. 다행히 **csv.reader** 함수 대신 이 문제를 해결해줄 대안이 있습니다. **DictReader**를 사용하십시오.

```
from urllib.request import urlopen
from io import StringIO
import csv

url = 'http://pythonscraping.com/files/MontyPythonAlbums.csv'
data = urlopen(url).read().decode('ascii', 'ignore')
dataFile = StringIO(data)
dictReader = csv.DictReader(dataFile)

print(dictReader.fieldnames)

for row in dictReader:
    print(row)
```

csv.DictReader는 CSV 파일의 각 행을 리스트 객체가 아니라 딕셔너리 객체로 반환하며, 필드 이름은 변수 **dictReader.field**에 저장되고 각 딕셔너리 객체의 키로도 저장됩니다.[4]

---

4 역자주_ 파이썬 3.6부터 DictReader가 반환하는 각 행은 OrderedDict 타입으로 변경됐으므로 이 예제 실행 결과는 책과 형태가 다를 수 있습니다.

```
['Name', 'Year']
{'Name': "Monty Python's Flying Circus", 'Year': '1970'}
{'Name': 'Another Monty Python Record', 'Year': '1971'}
{'Name': "Monty Python's Previous Record", 'Year': '1972'}
```

물론 단점도 있습니다. DictReader는 csvReader에 비해 생성하고, 처리하고, 출력하는 데 조금 더 오래 걸립니다. 하지만 매우 간편하고 사용하기 쉬우므로 이 정도 성능 부담은 감수할 만합니다. 어차피 웹 스크레이핑에서는 웹사이트 데이터를 요청하고 받는 과정이 가장 오래 걸리고 이 시간은 줄일 수도 없으므로, 어떤 테크닉을 써서 총 실행 시간을 밀리초 단위로 줄일지 고민해도 별 도움은 되지 않을 때가 많습니다.

7.4 PDF

리눅스 사용자인 필자는 .docx 파일을 받을 때마다, 그리고 새로운 애플 미디어 형식이 나올 때마다 고통을 겪고 있습니다. 어도비가 1993년에 PDF 문서 형식을 만든 건, 어떤 의미로는 혁명적이라고 해도 좋을 겁니다. PDF는 사용자의 운영체제가 무엇이든 관계없이 이미지와 텍스트 문서를 완전히 똑같이 보여줍니다.

웹에서 PDF를 사용하는 건 좀 어울리지 않는 일이지만(HTML이 있는데 더 느리고 정적인 형식을 사용할 이유가 없죠), PDF은 아주 널리 쓰이고, 특히 공식 서식에 많이 쓰입니다.

2009년, 닉 이네스[Nick Innes]라는 영국인이 영국의 정보 공개법에 따라 이용할 수 있는 학생 시험 성적을 버킹엄셔 시의회에 요청했다가 뉴스거리가 된 일이 있습니다. 요청하고 거부당하길 몇 차례 반복하다가, 이네스는 결국 그가 찾던 정보를 PDF 문서 184개로 받을 수 있었습니다.

이네스는 항의했고 결국 더 제대로 된 데이터베이스를 받긴 했지만, 만약 그가 웹 스크레이핑의 전문가였다면 법정에서 수많은 시간을 낭비하지 않고 파이썬의 다양한 PDF 분석 모듈을 써서 그 PDF 문서를 그냥 사용할 수 있었을 겁니다.

불행히도 파이썬 2.x용으로 설계된 PDF 파싱 라이브러리들은 대부분 파이썬 3.x용으로 업그레이드 되지 않았습니다. 하지만 PDF는 비교적 단순한 오픈 소스 문서 형식이므로 파이썬 3.x에서 쓸 수 있는 라이브러리도 많이 나와 있습니다.

PDFMiner3K도 그런 비교적 쉬운 라이브러리 중 하나입니다. 이 라이브러리는 매우 유연해서 명령줄에서 사용할 수도 있고, 기존 코드에 통합할 수도 있습니다. 또 다양한 언어 인코딩을 처리할 수 있습니다. 다시 말하지만, 웹에는 이런 능력이 필요합니다.

늘 하던 대로 pip install pdfminer3k로 설치할 수도 있고, *https://pypi.python.org/pypi/pdfminer3k*에서 파일을 내려받아 압축을 풀고 다음 명령으로 설치할 수도 있습니다.

```
$ python setup.py install
```

문서는 압축을 푼 폴더 안의 /pdfminer3k-1.3.0/docs/index.html에 있습니다. 현재 문서는 파이썬 코드와의 통합보다는 명령줄 인터페이스에 더 중점을 두고 있습니다.

다음은 임의의 PDF를 로컬 파일 객체로 바꿔서 문자열로 읽는 기본적인 프로그램입니다.

```python
from urllib.request import urlopen
from pdfminer.pdfinterp import PDFResourceManager, process_pdf
from pdfminer.converter import TextConverter
from pdfminer.layout import LAParams
from io import StringIO
from io import open

def readPDF(pdfFile):
    rsrcmgr = PDFResourceManager()
    retstr = StringIO()
    laparams = LAParams()
    device = TextConverter(rsrcmgr, retstr, laparams=laparams)

    process_pdf(rsrcmgr, device, pdfFile)
    device.close()

    content = retstr.getvalue()
    retstr.close()
    return content

pdfFile = urlopen('http://pythonscraping.com/pages/warandpeace/chapter1.pdf')
outputString = readPDF(pdfFile)
print(outputString)
pdfFile.close()
```

위 예제를 실행하면 다음과 같이 평범한 텍스트가 출력됩니다.

```
CHAPTER I

"Well, Prince, so Genoa and Lucca are now just family estates of
the Buonapartes. But I warn you, if you don't tell me that this
means war, if you still try to defend the infamies and horrors
perpetrated by that Antichrist- I really believe he is Antichrist- I will
...
```

이 함수의 장점은, 로컬 파일을 읽을 때는 **urlopen**에서 파이썬 파일 객체를 반환받지 않고 다음 행으로 대체하기만 하면 된다는 겁니다.

```
pdfFile = open('chapter1.pdf', 'rb')
```

출력 결과가 완벽하다고 하긴 어렵습니다. 특히 이미지가 들어 있거나, 텍스트 형식이 이상하거나, 테이블이나 차트 안에 텍스트가 있는 PDF의 경우는 더 나쁩니다. 하지만 대부분의 텍스트 PDF에서는 텍스트 파일이었을 때와 다를 바 없는 출력 결과를 보입니다.

7.5 마이크로소프트 워드와 .docx

마이크로소프트에 근무하는 필자의 친구에게는 미안한 얘기지만, 필자는 마이크로소프트 워드를 좋아하지 않습니다. 워드 자체가 별로 좋지 않은 소프트웨어여서라기보다는, 사용자들이 워드를 잘못 쓰고 있기 때문입니다. 워드는 특정 재능 단순한 텍스트 문서나 PDF로 충분했을 것을 쓸데없이 크고, 느리고, 열기 어려운 데다 컴퓨터 사이를 이동하면서 종종 형태가 바뀌어버리는 애물단지로 만드는 특별한 재능을 가지고 있습니다. 게다가 원래 수정할 의도가 없었을 콘텐츠를 아무나 수정할 수 있게 하기까지 합니다.

워드 파일은 애초부터 이리저리 옮기면서 쓸 것을 염두에 두고 만들지 않았습니다. 그럼에도 불구하고, 일부 사이트에서는 중요한 문서, 정보, 차트와 멀티미디어, 간단히 말해 HTML로 만들어야 할 것들을 가리지 않고 워드 파일로 만들어놓고 있습니다.

2008년 무렵까지, 마이크로소프트 제품은 독자적인 .docfile 형식을 사용했습니다. 이 바이너리 파일 형식은 읽기 어려웠고 다른 워드 프로세서의 지원도 좋지 않았습니다. 시대에 적응하고 다른 여러 소프트웨어들이 사용하는 표준을 받아들이려는 노력으로, 마이크로소프트는 오픈 오피스 XML 기반 표준을 사용하기로 결정했습니다. 이 표준을 채택한 덕에 마이크로소프트 파일도 오픈 소스나 기타 소프트웨어와 호환되게 됐습니다.

불행히도 파이썬은 구글 독스와 오픈 오피스, 마이크로소프트 오피스에서 사용하는 이 파일 형식을 아직 잘 지원하지 못하고 있습니다. python-docx 라이브러리(*http://python-docx.readthedocs.org/en/latest/*)가 있지만, 이 라이브러리는 문서를 만들거나 파일 크기와 타이틀 같은 기본적인 파일 데이터를 읽을 뿐, 실제 콘텐츠를 읽지는 못합니다. 마이크로소프트 오피스 파일을 읽으려면 직접 해결책을 만들어야 합니다.

파일에서 XML을 읽는 첫 번째 단계는 다음과 같습니다.

```
from zipfile import ZipFile
from urllib.request import urlopen
from io import BytesIO

wordFile = urlopen('http://pythonscraping.com/pages/AWordDocument.docx').read()
wordFile = BytesIO(wordFile)
document = ZipFile(wordFile)
xml_content = document.read('word/document.xml')
print(xml_content.decode('utf-8'))
```

이 코드는 원격 워드 문서를 바이너리 파일 객체로 읽습니다(BytesIO는 이 장 초반에 사용한 StringIO와 비슷합니다). 그리고 파이썬의 zipfile 라이브러리로 압축을 풀고(.docx는 모두 압축되어 있습니다), 압축이 풀린 파일인 XML을 읽습니다.

[그림 7-2]는 *http://pythonscraping.com/pages/AWordDocument.docx*에 있는 워드 문서입니다.

그림 7-2 이 워드 문서에는 당신이 간절히 원하는 정보가 들어 있지만, HTML이 아니라 .docx 파일로 올려놓았기 때문에 접근하기 어렵습니다.

파이썬 스크립트의 출력 결과는 다음과 같습니다.

```
<!--?xml version="1.0" encoding="UTF-8" standalone="yes"?-->

<w:document mc:ignorable="w14 w15 wp14" xmlns:m="http://schemas.openxmlformats.
org/officeDocument/2006/math" xmlns:mc="http://schemas.openxmlformats.org/markup-
compatibility/2006" xmlns:o="urn:schemas-microsoft-com:office:office" xmlns:r="http://
schemas.openxmlformats.org/officeDocument/2006/relationships" xmlns:v="urn:schemas-
microsoft-com:vml" xmlns:w="http://schemas.openxmlformats.org/wordprocessingml/2006/main"
xmlns:w10="urn:schemas-microsoft-com:office:word" xmlns:w14="http://schemas.microsoft.
com/office/word/2010/wordml" xmlns:w15="http://schemas.microsoft.com/office/word/2012/
wordml" xmlns:wne="http://schemas.microsoft.com/office/word/2006/wordml" xmlns:wp="http://
schemas.openxmlformats.org/drawingml/2006/wordprocessingDrawing" xmlns:wp14="http://schemas.
microsoft.com/office/word/2010/wordprocessingDrawing" x="" mlns:wpc="http://schemas.
microsoft.com/office/word/2010/wordprocessingCanvas" xmlns:wpg="http://schemas.microsoft.
com/office/word/2010/wordprocessingGroup" xmlns:wpi="http://schemas.microsoft.com/office/
word/2010/wordprocessingInk" xmlns:wps="http://schemas.microsoft.com/office/word/2010/
wordprocessingShape"><w:body><w:p w:rsidp="00764658" w:r="" sidr="00764658" w:rsidrdefault="
00764658"><w:ppr><w:pstyle w:val="Title"></w:pstyle></w:ppr><w:r><w:t>A Word Document on a
Website</w:t><!--w:r--><w:bookmarkstart w:id="0" w:name="_GoBack"></w:bookmarkstart><w:b
ookmarkend="" w:id="0"></w:b></w:r></w:p><w:p w:rsidp="00764658" w:r="" sidr="00764658"
w:rsidrdefault="00764658"></w:p><w:p w:rsidp="00764658" w:rsidr="00764658" w:rsidrdefault="
00764658" w:rsidrpr="00764658"><w: r=""><w:t>This is a Word document, full of content
that you want very much. Unfortunately, it's difficult to access because I'm puttingit on
```

```
my website as a .</w:t><w:prooferr w:type="spellStart"><!--w:prooferr--><w:r><w:t>docx</
w:t></w:r><w:prooferr w:type="spellEnd"><!--w:prooferr--><w:r><w:t xml:space="preserve"
> file, rather than just publishing it as HTML</w:t></w:r></w:prooferr></w:prooferr></w:></
w:p><w:sectpr w:rsidr="00764658" w:rsidrpr="00764658"><w:pgszw:h="15840" w:w="12240"><w:pgm
ar="" w:bottom="1440" w:footer="720" w:gutter="0" w:header="720" w:left="1440" w:right="
1440" w:top="1440"><w:cols w:space="720"></w:cols&g; <w:docgrid w:linepitch="360"></
w:docgrid></w:cols></w:pgm></w:pgszw:h="15840"></w:sectpr></w:body></w:document>
```

여기에 메타데이터는 많이 있지만, 정작 필요한 텍스트 콘텐츠는 파묻혀 있습니다. 다행히 상단의 타이틀을 포함해 문서의 텍스트는 모두 `<w:t></w:t>` 태그 안에 들어 있으므로 추출하기는 쉽습니다.

```python
from zipfile import ZipFile
from urllib.request import urlopen
from io import BytesIO
from bs4 import BeautifulSoup

wordFile = urlopen("http://pythonscraping.com/pages/AWordDocument.docx").read()
wordFile = BytesIO(wordFile)
document = ZipFile(wordFile)
xml_content = document.read('word/document.xml')

wordObj = BeautifulSoup(xml_content.decode('utf-8'))
textStrings = wordObj.findAll("w:t")
for textElem in textStrings:
    print(textElem.text)
```

출력 결과가 완벽하진 않지만 점점 고지에 가까워지고 있습니다. 각 `<w:t></w:t>` 태그를 기준으로 줄을 바꾸면 워드가 텍스트를 어떻게 나누는지 알기 쉽습니다.

```
A Word Document on a Website
This is a Word document, full of content that you want very much. Unfortunately,
it's difficult to access because I'm putting it on my website as a .
docx
 file, rather than just publishing it as HTML
```

docx라는 단어 하나가 한 행입니다. XML에서는 이 단어가 `<w:prooferr w:type="spellStart"></w:prooferr>` 태그로 둘러싸여 있습니다. 이 태그는 워드가 docx라는 단어에

붉고 구불구불한 밑줄을 남겨서 철자가 틀린 것 같다고 지적하는 태그입니다(자신의 파일 형식이 철자가 틀렸다고 생각하는군요).

문서 타이틀은 스타일 서술자 태그인 <w:pstyle w:val="Title"></w:pstyle>로 둘러싸여 있습니다. 이것만으로 타이틀을(다른 스타일의 텍스트도) 아주 쉽게 구분할 수는 없지만 BeautifulSoup의 내비게이션 기능을 유용하게 쓸 수 있습니다.

```
textStrings = wordObj.findAll("w:t")
for textElem in textStrings:
    closeTag = ""
    try:
        style = textElem.parent.previousSibling.find("w:pstyle")
        if style is not None and style["w:val"] == "Title":
            print("<h1>")
            closeTag = "</h1>"
    except AttributeError:
    # 출력할 태그가 없습니다.
        pass
    print(textElem.text)
    print(closeTag)
```

이 코드는 다른 텍스트 스타일 주위의 태그를 출력하거나, 다른 방법으로 구분할 수 있도록 쉽게 확장할 수 있습니다.

지저분한 데이터 정리하기

이 책에서는 지금까지 어느 정도 정형화된 데이터 소스만 사용했고 정형화되지 않은 데이터에서 생길 수 있는 문제는 무시했습니다. 예상과 다른 데이터는 아예 버렸죠. 하지만 웹 스크레이핑에서는 그렇게 데이터를 수집할 곳을 정하거나, 수집할 데이터를 고를 수 없을 때가 많습니다.

잘못된 구두점, 일관성 없는 대문자 사용, 줄바꿈, 오타 등 지저분한 데이터는 웹의 큰 문제입니다. 이 장에서는 도구와 테크닉 코드 작성 방법을 바꿔서 데이터 소스에서 문제가 발생하지 않게 막는 방법, 일단 데이터베이스에 들어온 데이터를 정리하는 방법을 소개합니다.

8.1 코드에서 정리

예외를 처리하는 코드도 중요하지만, 예상 못한 상황에 대응하는 방어적인 코드도 중요합니다.

언어학에서 **n-그램**은 텍스트나 연설에서 연속으로 나타난 단어 n개를 말합니다. 자연어를 분석할 때는 공통적으로 나타나는 n-그램, 또는 자주 함께 쓰이는 단어 집합으로 나눠서 생각하는 게 편리할 때가 많습니다.

이 섹션에서는 n-그램을 분석하기 보다는 우선 정확한 형태를 갖춘 n-그램을 찾는 데 중점을 두겠습니다. 9장에서 2-그램과 3-그램을 써서 텍스트를 요약하고 분석하는 방법을 알아볼 겁니다.

다음 코드는 파이썬 프로그래밍 언어에 관한 위키백과 항목에서 찾은 2−그램 목록을 반환합니다.

```python
from urllib.request import urlopen
from bs4 import BeautifulSoup

def getNgrams(content, n):
    content = content.split(' ')
    output = []
    for i in range(len(content)-n+1):
        output.append(content[i:i+n])
    return output

html = urlopen('http://en.wikipedia.org/wiki/Python_(programming_language)')
bs = BeautifulSoup(html, 'html.parser')
content = bs.find('div', {'id':'mw-content-text'}).get_text()
ngrams = getNgrams(content, 2)
print(ngrams)
print('2-grams count is: ' + str(len(ngrams)))
```

ngrams 함수는 입력 문자열을 받고, 모든 단어가 공백으로 구분되었다고 가정하여 연속된 단어로 나눈 다음 n−그램 배열(여기서는 2−그램)을 만들어 반환합니다.

이 예제는 다음과 같이 흥미롭고 유용한 2−그램을 반환합니다.

```
['of', 'free'], ['free', 'and'], ['and', 'open-source'], ['open-source', 'software']
```

하지만 동시에 쓸모없는 것들도 잔뜩 반환합니다.

```
['software\nOutline\nSPDX\n\n\n\n\n\n\n\nOperating', 'system\nfamilies\n\n\n\nAROS\nBSD\
nDarwin\neCos\nFreeDOS\nGNU\nHaiku\nInferno\nLinux\nMach\nMINIX\nOpenSolaris\nPlan'],
['system\nfamilies\n\n\n\nAROS\nBSD\nDarwin\neCos\nFreeDOS\nGNU\nHaiku\nInferno\nLinux\
nMach\nMINIX\nOpenSolaris\nPlan', '9\nReactOS\nTUD:OS\n\n\n\n\n\n\n\nDevelopment\n\n\n\
nBasic'], ['9\nReactOS\nTUD:OS\n\n\n\n\n\n\n\nDevelopment\n\n\n\nBasic', 'For']
```

또한 마지막 단어를 제외하고 만나는 모든 단어에서 2−그램을 만들어 이 책의 집필 시점에서 7,411개의 2−그램이 만들어졌습니다. 감당하기 힘든 양이군요.

정규 표현식을 써서 \n 같은 이스케이프 문자를 제거하고 유니코드 문자도 제거하면 어느 정도
정리된 출력 결과를 얻을 수 있습니다.

```python
def getNgrams(content, n):
    content = re.sub('\n¦[[\d+\]]', ' ', content)
    content = bytes(content, 'UTF-8')
    content = content.decode('ascii', 'ignore')
    content = content.split(' ')
    content = [word for word in content if word != '']
    output = []
    for i in range(len(content)-n+1):
        output.append(content[i:i+n])
    return output
```

이 함수는 먼저 줄바꿈 문자를 모두 공백으로 바꾸고, [123] 같은 인용 표시를 없애고, 연속된
공백을 제거해서 빈 문자열을 없앱니다. 다음에는 콘텐츠 인코딩을 UTF-8로 바꿔서 이스케
이프 문자를 없앱니다.

이런 단계를 거치면 함수의 출력 결과가 크게 개선되지만, 여전히 몇 가지 문제가 남아 있습니다.

```
['years', 'ago('], ['ago(', '-'], ['-', '-'], ['-', ')'], [')', 'Stable']
```

단어 주위의 구두점을 모두 없애면 이 결과를 더 개선할 수 있습니다. 이렇게 바꾸면 단어 사이
의 하이픈 같은 것은 유지되면서 구두점 단 하나만 남은 문장 같은 것을 제거할 수 있습니다.

물론 구두점 자체에도 의미가 있고, 무차별적으로 구두점을 제거하다 보면 귀중한 정보를 놓칠
가능성이 있습니다. 예를 들어 마침표 뒤에 공백이 있다면 그 마침표는 문장 하나가 끝났다는
의미입니다. 이런 부분에 걸쳐서 존재하는 n-그램은 제외하고 문장 안에서 발생한 n-그램만
취하는 편이 좋습니다.

다음 텍스트를 보십시오.

```
Python features a dynamic type system and automatic memory management.
It supports multiple programming paradigms....
```

이 텍스트에서 ['memory', 'management']는 유효한 2그램이지만, ['management', 'It']은

아닙니다.

이제 '청소 작업' 목록이 좀 길어졌고, '문장'이라는 개념도 생각하기 시작했고, 프로그램도 조금씩 복잡해지고 있으니 네 개의 함수로 분리하는 편이 좋겠습니다.

```python
from urllib.request import urlopen
from bs4 import BeautifulSoup
import re
import string

def cleanSentence(sentence):
    sentence = sentence.split(' ')
    sentence = [word.strip(string.punctuation+string.whitespace)
        for word in sentence]
    sentence = [word for word in sentence if len(word) > 1
        or (word.lower() == 'a' or word.lower() == 'i')]
    return sentence

def cleanInput(content):
    content = content.upper()
    content = re.sub('\n|[[\d+\]]', ' ', content)
    content = bytes(content, "UTF-8")
    content = content.decode("ascii", "ignore")
    sentences = content.split('. ')
    return [cleanSentence(sentence) for sentence in sentences]

def getNgramsFromSentence(content, n):
    output = []
    for i in range(len(content)-n+1):
        output.append(content[i:i+n])
    return output

def getNgrams(content, n):
    content = cleanInput(content)
    ngrams = []
    for sentence in content:
        ngrams.extend(getNgramsFromSentence(sentence, n))
    return(ngrams)
```

getNgrams 함수는 이전 예제와 마찬가지로 기본적인 진입점 역할을 합니다. cleanInput은 줄바꿈 문자와 인용 기호를 제거하고, 마침표 뒤에 공백이 나타나는 것을 기준으로 텍스트를 '문장'으로 분할하는 기능을 추가했습니다. cleanSentence는 문장을 단어로 분할하고, 구두점과 공백을 제거하고, 한 글자로 이루어진 단어(I와 a를 제외한)를 제거합니다. cleanSentence는 cleanInput에서 호출합니다.

n-그램을 만드는 핵심 기능은 getNgramsFromSentence 함수로 옮겼는데, 이 함수는 getNgrams에서 매 문장마다 호출합니다. 이렇게 하면 문장에 걸치는 n-그램이 생성되는 일을 막을 수 있습니다.

import string과 string.punctuation으로 파이썬이 구두점이라 생각하는 모든 글자의 리스트를 얻었습니다. 파이썬 터미널에서 string.punctuation을 확인할 수 있습니다.

```
>>> import string
>>> print(string.punctuation)
!"#$%&'()*+,-./:;<=>?@[\]^_`{|}~
```

print(string.whitespace) 명령은 뭔가 흥미로운 것을 출력하지는 않지만(공백 문자니 당연하죠), 이 리스트에는 묶음 빈칸nonbreaking space, 탭, 줄바꿈 등을 포함한 공백문자들이 포함됩니다

콘텐츠의 모든 단어를 순회하는 루프 안에서 item.strip(string.punctuation)을 사용하면 단어 양 끝의 구두점을 모두 없앨 수 있습니다. 물론 하이픈이 들어간 단어는 바뀌지 않습니다.

이제 훨씬 깔끔한 2-그램을 얻을 수 있습니다.

```
[['Python', 'Paradigm'], ['Paradigm', 'Object-oriented'], ['Object-oriented',
'imperative'], ['imperative', 'functional'], ['functional', 'procedural'],
['procedural', 'reflective'],...
```

8.1.1 데이터 정규화

전화번호 입력 부분이 엉성하게 설계된 웹 폼을 본 일이 있을 겁니다. "전화번호를 입력하십시오. 전화번호는 반드시 xxx-xxx-xxxx 형태여야 합니다."

당신은 좋은 프로그래머일 테니 틀림없이 이렇게 생각했을 겁니다. '아니 그냥 숫자가 아닌 글자를 모두 없애고 그 형식으로 바꾸면 되잖아?' 데이터 정규화data normalization란 언어학적으로, 또

는 논리적으로 동등한 문자열, 예를 들어 전화번호 (555) 123-4567과 555.123.4567 같은 문자열이 똑같이 표시되도록, 최소한 비교할 때 같은 것이라고 판단하게 하는 작업입니다.

이전 섹션의 n-그램 코드를 사용하면 데이터 정규화 기능을 사용할 수 있습니다.

이 코드에는 분명한 문제가 있습니다. 중복된 2-그램이 많다는 겁니다. 2-그램을 만나면 리스트에 추가할 뿐, 그 빈도를 기록하지도 않습니다. 2-그램이 존재하는지만 보기보다는 그 빈도를 기록하면 흥미로울 뿐 아니라, 데이터 정리 알고리즘이나 정규화 알고리즘을 바꿨을 때 어떤 효과가 있는지 알아보는 데도 유용합니다. 데이터를 성공적으로 정규화한다면 중복 없는 n-그램의 총 숫자는 줄어들겠지만 n-그램의 총 숫자는 줄어들지 않을 겁니다.

n-그램을 리스트가 아니라 **Counter** 객체에 추가하도록 코드를 수정하면 됩니다.

```
from collections import Counter
...

def getNgrams(content, n):
    content = cleanInput(content)
    ngrams = Counter()
    ngrams_list = []
    for sentence in content:
        newNgrams = [' '.join(ngram) for ngram in getNgramsFromSentence(sentence, n)]
        ngrams_list.extend(newNgrams)
        ngrams.update(newNgrams)
    return(ngrams)
```

방법은 여러 가지입니다. n-그램을 딕셔너리 객체에 추가하고 값은 해당 n-그램이 몇번 나타났는지를 나타내는 방법도 있을 겁니다. 이렇게 하면 코드 관리가 좀 더 복잡하고 정렬하기도 좀 어렵다는 문제가 있긴 합니다. 반면, **Counter** 객체를 쓰는 방법에도 단점은 있습니다. 리스트는 해시를 적용할 수 없으므로 **Counter** 객체에 저장할 수 없어서, 각 n-그램마다 리스트 내 포^{list comprehension} 안에서 `' '.join(ngram)`을 통해 먼저 문자열로 바꿔야만 했습니다.

결과는 다음과 같습니다.

```
Counter({'PYTHON SOFTWARE': 40, 'SOFTWARE FOUNDATION': 37, 'OF THE': 34, 'IN PYTHON':
31, 'OF PYTHON': 28, 'VAN ROSSUM': 27, 'IN THE': 25, 'THE PYTHON': 24, 'FROM THE': 22,
'TO THE': 20, 'SUCH AS': 20, 'RETRIEVED FEBRUARY': 20, 'IS A': 16,
...
```

이 글을 쓰는 시점에서 2-그램은 총 7,275개이고 중복을 제거하면 5,628개이며, 가장 자주 등장한 2-그램은 Software Foundation이고 그다음은 Python Software입니다. 하지만 결과를 분석해보면 Python Software는 Python software로도 두 번 등장했습니다. 마찬가지로 van Rossum과 Van Rossum도 리스트에 각각 존재합니다.

cleanInput 함수에 content = content.upper()를 추가하면 2-그램의 총 숫자는 변함없이 7,275이지만 중복을 제거한 숫자가 5,479로 줄어듭니다.

그런데 여기서 잠시 멈추고 데이터 정규화를 확장할 때 필요한 연산 과정에 대해서도 생각해보는 게 좋습니다. 단어의 철자가 달라도 동등하다고 생각해야 하는 경우는 정말 많습니다. 하지만 이런 경우의 수를 모두 체크하려면, 만나는 단어 하나하나마다 미리 프로그램해둔 경우의 수에 일치하는지 체크해야 합니다.

예를 들어 2-그램 리스트에는 Python 1st와 Python first가 모두 등장합니다. 그렇다고 'first, second, third 등은 모두 1st, 2nd, 3rd로 통일한다' 같은 규칙을 만들면 단어마다 10회 내외는 체크해야 합니다.

마찬가지로 일관성 없는 하이픈 사용(co-ordinated와 coordinated), 오타, 기타 자연어의 모순은 n-그램에도 영향을 미칩니다. 그런 모순이 많을 수록 출력 결과도 엉망이 될 겁니다.

하이픈이 들어간 단어의 경우는 하이픈을 모두 제거해서 단어를 문자열 하나로 만들면 단 한 번의 작업으로 일이 끝날 수도 있습니다. 하지만 이런 규칙을 넣었다간, all-too-common처럼 널리 쓰이는 하이픈이 들어간 구절들이 모두 단어 하나로 뭉뚱그려질 겁니다. 다른 방식을 택해서, 하이픈을 공백으로 바꾸는 방법이 좀 더 좋을지도 모릅니다. 하지만 이렇게 했다가는 co ordinated와 ordinated attack이 끼어들겠죠.

8.2 사후 정리

코드에서 할 수 있는 일은(어쩌면, 하고 싶은 일은) 한계가 있습니다. 당신이 만들지 않은 데이터셋을 다뤄야 할 수도 있고, 직접 보기 전까지는 어떻게 정리해야 할지 짐작하기도 어려운 데이터셋을 다루게 될 수도 있습니다.

많은 프로그래머들이 이런 상황에 보이는 뻔한 반응은 '스크립트를 만들자'입니다. 물론 뛰어난 해결책이 나올 수도 있겠죠. 하지만 오픈리파인OpenRefine 같은 프로그램도 있습니다. 이 프로그램은 데이터를 빠르고 쉽게 정리할 뿐 아니라, 프로그래머가 아닌 사람도 데이터를 쉽게 보고 사용할 수 있게 해줍니다.

8.2.1 오픈리파인

오픈리파인(*http://openrefine.org/*)은 메타웹Metaweb이라는 회사에서 2009년에 시작한 오픈 소스 프로젝트입니다. 구글은 메타웹을 2010년에 인수하고 프로젝트 이름을 프리베이스 그리드워크Freebase Gridworks에서 구글 리파인으로 바꿨습니다. 구글은 2012년에 리파인 개발을 중지하고 이름을 다시 오픈리파인으로 바꿔 원하는 사람은 누구든지 프로젝트 개발에 참여할 수 있게 했습니다.

설치

오픈리파인의 인터페이스는 브라우저 안에서 동작하지만, 사실은 데스크톱 애플리케이션이므로 반드시 내려받아 설치해야 합니다. 오픈리파인 웹사이트(*http://openrefine.org/download.html*)에서 리눅스와 윈도우, 맥 OS X용 애플리케이션을 내려받을 수 있습니다.

> **NOTE_** 맥 사용자인데 파일을 열 때 문제가 있다면 '시스템 환경 설정 〉 보안 및 개인 정보 보호 〉 일반'에서 '다음에서 다운로드한 App 허용'을 '모든 곳'으로 바꾸십시오. 구글 프로젝트에서 오픈 소스 프로젝트로 바뀌는 과정에서 오픈리파인은 애플이 신뢰할 수 있는 프로그램의 기준을 벗어난 것 같습니다.

오픈리파인을 사용하려면 데이터를 CSV 파일로 바꿔야 합니다(잘 기억나지 않으면 6.2절 '데이터를 CSV로 저장'을 다시 읽어보십시오). 데이터를 데이터베이스에 저장했다면 CSV 파일로 내보낼 수 있습니다.

오픈리파인 사용

다음 예제에서는 위키백과의 텍스트 에디터 비교 테이블(*https://en.wikipedia.org/wiki/Comparison_of_text_editors*)에서 스크랩한 데이터를 사용할 겁니다. [그림 8-1]을 보십시오.[1] 이 테이블은 비교적 형식을 잘 갖추고 있지만, 오랜 시간에 걸쳐 여러 번 편집됐으므로 조금씩 형식이 틀린 곳이 있습니다. 또한 이 데이터는 컴퓨터가 아니라 사람이 보기 위해 만들어졌으므로 일부 형식(예를 들어 0.00달러가 아니라 '무료')은 프로그램의 입력에는 맞지 않습니다.

		Name	Creator	First public relea	Latest stable ve	Programming language	Cost (US$)	Software license	Open source
	1.	Acme	Rob Pike		1993 Plan 9 and Inferno	C	$0	LPL (OSI approved)	Yes
	2.	AkelPad	Alexey Kuznetsov, Alexander Shengalts		2003 4.9.0	C	$0	BSD	Yes
	3.	Alphatk	Vince Darley		1999 8.3.3		$40	Proprietary, with BSD components	No
	4.	Aquamacs	David Reitter		2005 3.0a	C, Emacs Lisp	$0	GPL	Yes
	5.	Atom	Github		2014 0.132.0	HTML, CSS, JavaScript, C++	$0	MIT	Yes
	6.	BBEdit	Rich Siegel	1992-04	10.5.12	Objective-C, Objective-C++	$49.99	Proprietary	No
	7.	Bluefish	Bluefish Development Team		1999 2.2.6	C	$0	GPL	Yes
	8.	Coda	Panic		2007 2.0.12	Objective-C	$99	Proprietary	No
	9.	ConTEXT	ConTEXT Project Ltd		1999 0.98.6	Object Pascal (Delphi)	$0	BSD	Yes
	10.	Crimson Editor	Ingyu Kang, Emerald Editor Team		1999 3.72	C++	$0	GPL	Yes
	11.	Diakonos	Pistos		2004 0.9.2	Ruby	$0	MIT	Yes
	12.	E Text Editor	Alexander Stigsen		2005 2.0.2		$46.95	Proprietary, with BSD components	No
	13.	ed	Ken Thompson		1970 unchanged from original	C	$0	?	Yes
	14.	EditPlus	Sangil Kim		1998 3.5	C++	$35	Shareware	No
	15.	Editra	Cody Precord		2007 0.6.77	Python	$0	wxWindows license	Yes

그림 8-1 위키백과의 텍스트 에디터 비교 테이블 데이터를 오픈리파인 메인 화면에서 본 모습

오픈리파인에서 눈여겨볼 첫 번째는 각 열 레이블 맨 앞에 있는 화살표입니다. 이 화살표를 누르면 열 필터링, 정렬, 변형, 데이터 제거가 가능한 도구 메뉴가 열립니다.

필터링

데이터 필터링에는 필터와 facet[2] 두 가지 방법이 있습니다. 필터는 정규 표현식을 써서 데이터를 거를 때 유용합니다. 예를 들어 [그림 8-2]는 프로그래밍 언어 열에서 프로그래밍 언어 세 개 이상이 쉼표로 구분된 데이터만 보는 화면입니다.

----

1 역자주_ 6장에서 위키백과 텍스트 에디터 비교 테이블을 csv로 내보낸 editors.csv를 만들었으니 그걸 사용해도 됩니다. 파일을 불러온 다음 화면 우상단의 Create Project 버튼을 누르면 책의 그림과 같은 화면이 나옵니다.

2 역자주_ facet에는 측면, 양상 같은 뜻이 있는데, 오픈리파인에서 사용하는 의미와는 좀 다르므로 오해의 소지가 있다 판단하여 원문을 그대로 쓰겠습니다. [그림 8-2]는 Programming Language 열 왼쪽의 화살표를 누르고 Text Filter를 선택한 화면입니다.

그림 8-2 정규 표현식 .+,.+,.+는 쉼표로 구분된 항목이 최소한 세 개 이상인 값만 선택합니다.

화면 왼쪽의 상자를 통해 필터를 쉽게 조합하고, 수정하고, 추가할 수 있습니다. 필터와 facet 을 함께 쓸 수도 있습니다.

facet은 열의 콘텐츠 전체를 바탕으로 데이터를 제외하거나 포함하려 할 때 유용합니다. 예를 들어 [그림 8-3]은 2005년 이후에 처음 출시됐고 GPL이나 MIT 라이선스로 운영하는 에디터 만 보는 화면입니다. facet에는 필터링 도구가 내장되어 있습니다. 예를 들어 숫자형 값에 필터 링을 사용하면 포함할 범위를 선택할 슬라이드바가 나타납니다.[3]

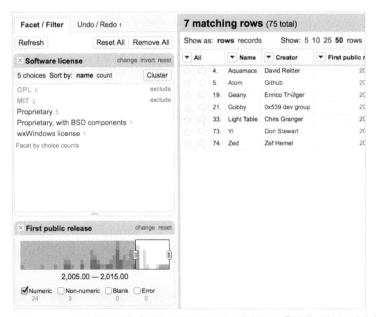

그림 8-3 2005년 이후에 처음 출시됐고 GPL이나 MIT 라이선스로 운영하는 텍스트 에디터를 모두 표시했습니다.

---

3 역자주_ 2판을 번역하는 시점에서 오픈리파인 최신 버전은 3.0인데, 이 버전에서 6장의 `editors.csv` 파일을 불러오면 First public release 열을 숫자가 아닌 텍스트로 인식하므로 다음 섹션의 transform을 먼저 해서 숫자로 바꿔야 슬라이드바를 사용할 수 있습니다.

데이터를 어떻게 필터링했더라도, 언제라도 오픈리파인이 지원하는 형식으로 내보낼 수 있습니다. 오픈리파인은 CSV, HTML, HTML 테이블, 엑셀 외에도 여러 가지 다른 형식을 지원합니다.

정리

데이터를 말끔하게 필터링하려면 그 데이터가 비교적 깔끔하게 정리되어 있어야 합니다. 예를 들어 이전 섹션의 facet 예제를 보면, 출시일이 01−01−2006인 에디터는 'First public release' facet에 포함되지 않습니다. 이 facet은 2006이라는 값을 찾으므로 그 형태에 맞지 않는 값은 무시한 겁니다.

오픈리파인에서는 GREL^{Google Refine Expression Language}이라는 이름의 표현식 언어를 사용합니다 (GR은 오픈리파인의 이전 이름인 구글 리파인의 약자입니다). 이 언어는 단순한 규칙에 따라 변형 셀 값을 변형하는 간단한 람다 함수를 만드는 데 사용합니다. 예를 들어 다음 함수를 보십시오.

```
if(value.trim().length() != 4, "invalid", value.toNumber())
```

이 함수를 First public release 열에 적용하면 날짜가 YYYY 형식인 셀 값만 사용하고, 다른 셀은 모두 'invalid'로 표시합니다.

열 제목의 화살표를 클릭하고 'cells → transform'을 선택하면 원하는 GREL 문을 적용할 수 있습니다.

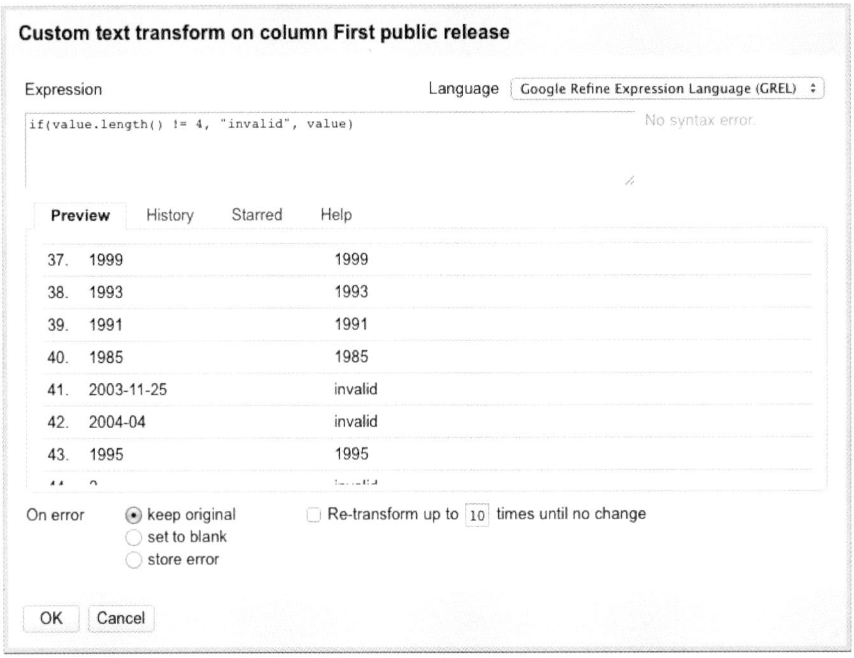

그림 8-4 프로젝트에 GREL 문을 삽입했습니다(GREL 문 아래에 있는 미리보기를 보십시오).

그런데 이상적이지 않은 값을 모두 배제하면, 이상한 값을 찾아내기는 쉽지만 큰 의미가 없습니다. 가능하면 형식이 어긋난 정보도 살리는 편이 좋습니다. GREL의 match 함수를 쓰면 좀 더 너그럽게 규칙을 적용할 수 있습니다.

```
value.trim().match(/.*(\d{4}).*/).get(0)
```

이 함수는 문자열이 정규 표현식에 일치하는지 검사합니다. 문자열이 정규 표현식에 일치하면 배열을 반환합니다. 정규 표현식의 캡처 그룹(괄호 안에 들어 있으며, 이 예제에서는 \d{4}입니다)에 일치하는 부분은 모두 그 배열에 포함됩니다.

따라서 이 코드는 숫자 네 개가 연달아 있는 것을 모두 찾고 그중 첫 번째 것을 반환합니다. 이전 예제에서는 2003-11-25 같은 날짜를 모두 배제했지만 이렇게 정규 표현식을 쓰면 찾을 수 있습니다. 날짜를 텍스트로 썼거나, 형식이 맞지 않더라도 년도를 추출하는 데는 충분할 겁니다. 이 코드에는 날짜가 존재하지 않을 때 null을 반환한다는 장점도 있습니다. (GREL은 null 변수를 다루더라도 null 포인터 예외를 일으키지 않습니다)

셀 편집과 GREL을 사용하면 데이터를 여러 가지로 변형할 수 있습니다. GREL 언어에 대해 자세히 알고 싶다면 깃허브 페이지(*https://github.com/OpenRefine/OpenRefine*)를 찾아보십시오.

자연어 읽고 쓰기

지금까지 다룬 데이터는 일반적으로 숫자 형태거나, 수를 셀 수 있는 값의 형태였습니다. 우리는 대개 데이터를 분석하지 않고 단순히 저장하기만 했습니다. 이 장에서 우리는 영어의 어려운 부분들에 도전해볼 겁니다.[1]

구글 이미지 검색에 '귀여운 고양이cute kitten'라고 입력했을 때, 구글은 당신이 뭘 찾는지 어떻게 알 수 있을까요? 귀여운 고양이 이미지 주변에 있는 텍스트 덕분입니다. 유튜브의 검색 막대에 '죽은 앵무새dead parrot'이라고 입력했을 때 몬티 파이튼의 스케치를 찾아야 한다고 판단하는 건 어째서일까요? 각 비디오를 올릴 때 함께 올리는 제목과 설명 텍스트 덕분입니다.

사실 '죽은 새 몬티 파이튼deceased bird monty python'이라고 타이핑해도 똑같이 '죽은 앵무새' 스케치가 나타납니다. 그 페이지 자체에는 'deceased'나 'bird' 같은 단어는 없는데도 말입니다. 구글은 '핫 도그hot dog'가 음식을 가리키며 '강아지를 삶다boiling puppy'와는 완전히 다른 의미임을 알고 있습니다. 어떻게? 모두 통계입니다!

텍스트 분석은 당신의 프로젝트와는 아무 상관도 없다고 생각할 수도 있지만, 텍스트 분석의 배경에 있는 개념을 이해하면 머신러닝 전반에 걸쳐 대단히 큰 도움이 되며, 현실 세계의 문제를 개연성과 알고리즘의 관점에서 모델링하는 더 범용적인 능력을 갖게 됩니다.

---

1 이 장에서 설명하는 테크닉은 대부분 다른 언어에도 적용할 수 있지만, 지금으로서는 자연어 처리를 영어에만 집중해도 됩니다. 파이썬의 자연어 처리 도구 같은 것들은 영어에만 집중하고 있습니다. 인터넷의 65퍼센트는 여전히 영어입니다(http://w3techs.com/technologies/overview/content_language/all에 따르면, 2위인 독일어는 고작 6퍼센트를 차지할 뿐입니다). 하지만 앞일은 아무도 모릅니다. 영어가 인터넷에서 가장 널리 쓰이긴 하지만, 언젠가 바뀔 것은 거의 확실합니다. 이 책은 몇 해 뒤에는 그에 따라 업데이트해야 할 수도 있겠죠.

예를 들어 샤잠^{Shazam} 음악 서비스는 소리를 듣고 어떤 음악인지 알아내는데, 설령 그 소리에 주위의 잡음이 끼어 있거나 소리가 왜곡되어 있더라도 알아냅니다. 구글은 다른 단서는 아무것도 없이 이미지 자체만 가지고 자동으로 이미지 캡션을 만드는 작업을 진행 중입니다.[2] 말하자면, 검색엔진은 핫 도그라고 알고 있는 이미지와 다른 핫 도그 이미지를 비교하면서, 점차 핫 도그가 어떻게 생긴 것인지 배우고 다른 이미지에서 그 패턴을 찾아낼 수 있게 됩니다.

9.1 데이터 요약

8장에서 우리는 텍스트 콘텐츠를 n-그램, 즉 단어 n개로 구성된 구절로 나누는 것에 대해 배웠습니다. 매우 기본적인 수준에서 말한다면, 이 방법은 어떤 단어와 구절이 텍스트에서 가장 많이 쓰이는지 판단하는 데 쓸 수 있습니다. 한 걸음 더 나가면, 원래 텍스트에서 이들 가장 많이 쓰인 구절이 들어 있는 문장을 추출해 마치 사람이 말하는 듯 요약하는 데도 쓸 수 있습니다.

우리가 사용할 샘플 텍스트는 미국 제9대 대통령인 윌리엄 헨리 해리슨^{William Henry Harrison}의 취임 연설입니다. 해리슨은 두 가지 기록을 세웠습니다. 하나는 역대 대통령 중 가장 긴 취임 연설이라는 기록이고, 다른 하나는 재임 기간이 가장 짧았다는(32일) 기록입니다.

이 장에서 사용할 코드 샘플 중 상당수가 해리슨의 취임 연설 전문(*http://pythonscraping.com/files/inaugurationSpeech.txt*)을 사용할 겁니다.

7장에서 n-그램을 찾을 때 썼던 코드를 조금 수정하고, operator 모듈에 들어 있는 파이썬의 정렬 함수를 사용하면 n-그램을 찾고 정렬하는 코드를 만들 수 있습니다.

```
from urllib.request import urlopen
from bs4 import BeautifulSoup
import re
import string
from collections import Counter

def cleanSentence(sentence):
    sentence = sentence.split(' ')
```

---

2 다음 문서를 참고하기 바랍니다. "A Picture Is Worth a Thousand (Coherent) Words: Building a Natural Description of Images," 2014.11.17 (*http://bit.ly/1HEJ8kX*).

```python
    sentence = [word.strip(string.punctuation+string.whitespace)
                for word in sentence]
    sentence = [word for word in sentence
                if len(word) > 1
                or (word.lower() == 'a' or word.lower() == 'i')]
    return sentence

def cleanInput(content):
    content = content.upper()
    content = re.sub('\n', ' ', content)
    content = bytes(content, 'UTF-8')
    content = content.decode('ascii', 'ignore')
    sentences = content.split('. ')
    return [cleanSentence(sentence) for sentence in sentences]

def getNgramsFromSentence(content, n):
    output = []
    for i in range(len(content)-n+1):
        output.append(content[i:i+n])
    return output

def getNgrams(content, n):
    content = cleanInput(content)
    ngrams = Counter()
    ngrams_list = []
    for sentence in content:
        newNgrams = [' '.join(ngram) for ngram
                        in getNgramsFromSentence(sentence, n)]
        ngrams_list.extend(newNgrams)
        ngrams.update(newNgrams)
    return(ngrams)


speech = 'http://pythonscraping.com/files/inaugurationSpeech.txt'
content = str(urlopen(speech).read(), 'utf-8')
ngrams = getNgrams(content, 2)
print(ngrams)
```

다음은 출력 결과의 일부입니다.

```
Counter({'OF THE': 213, 'IN THE': 65, 'TO THE': 61, 'BY THE': 41, 'THE CONSTITUTION':
34, 'OF OUR': 29, 'TO BE': 26, 'THE PEOPLE': 24, 'FROM THE': 24, 'THAT THE': 23, 'AND
THE': 23, 'IT IS': 23, 'OF A': 22, 'MAY BE': 19, ...
```

이들 2-그램 중에서 the constitution은 연설문에 상당히 많이 등장하는 구절이 맞지만, of the, in the, to the 등은 눈여겨볼 필요가 없습니다. 이렇게 필요 없는 단어들을 자동으로 정확하게 걸러낼 방법은 없을까요?

다행히 흥미로운 단어와 불필요한 단어의 차이를 주의 깊게 연구한 사람들이 있습니다. 브리검 영 대학교의 언어학 교수인 마크 데이비스Mark Davies는 최근 십여 년간 미국에서 인기 있었던 출판물들에서 뽑은, 4억 5천만 개 이상의 단어로 구성된 현대 미국 영어 자료(*http://corpus.byu.edu/coca/*)를 관리하고 있습니다.

이 중에서 가장 많이 사용된 단어 5천 개의 리스트는 무료로 제공되며, 다행히 이 정도면 가장 널리 쓰이는 2-그램을 걸러내는 기본 필터로 충분합니다. 다음의 isCommon 함수와 함께 사용하면 처음 100단어만으로도 결과가 아주 많이 개선됩니다.

```python
def getNgramsFromSentence(content, n):
    output = []
    for i in range(len(content)-n+1):
        if not isCommon(content[i:i+n]):
            output.append(content[i:i+n])
    return output


def isCommon(ngram):
    commonWords = ['THE', 'BE', 'AND', 'OF', 'A', 'IN', 'TO', 'HAVE',
                   'IT', 'I', 'THAT', 'FOR', 'YOU', 'HE', 'WITH', 'ON',
                   'DO', 'SAY', 'THIS', 'THEY', 'IS', 'AN', 'AT', 'BUT',
                   'WE', 'HIS', 'FROM', 'THAT', 'NOT', 'BY', 'SHE', 'OR',
                   'AS', 'WHAT', 'GO', 'THEIR', 'CAN', 'WHO', 'GET', 'IF',
                   'WOULD', 'HER', 'ALL', 'MY', 'MAKE', 'ABOUT', 'KNOW',
                   'WILL', 'AS', 'UP', 'ONE', 'TIME', 'HAS', 'BEEN', 'THERE',
                   'YEAR', 'SO', 'THINK', 'WHEN', 'WHICH', 'THEM', 'SOME',
                   'ME', 'PEOPLE', 'TAKE', 'OUT', 'INTO', 'JUST', 'SEE',
                   'HIM', 'YOUR', 'COME', 'COULD', 'NOW', 'THAN', 'LIKE',
                   'OTHER', 'HOW', 'THEN', 'ITS', 'OUR', 'TWO', 'MORE',
                   'THESE', 'WANT', 'WAY', 'LOOK', 'FIRST', 'ALSO', 'NEW',
                   'BECAUSE', 'DAY', 'MORE', 'USE', 'NO', 'MAN', 'FIND',
                   'HERE', 'THING', 'GIVE', 'MANY', 'WELL']
    for word in ngram:
        if word in commonWords:
            return True
    return False
```

위 코드를 적용하여 연설문 본문에서 3회 이상 발견한 2–그램은 다음과 같습니다.

```
Counter({'UNITED STATES': 10, 'EXECUTIVE DEPARTMENT': 4,
'GENERAL GOVERNMENT': 4, 'CALLED UPON': 3, 'CHIEF MAGISTRATE': 3,
'LEGISLATIVE BODY': 3, 'SAME CAUSES': 3, 'GOVERNMENT SHOULD': 3,
'WHOLE COUNTRY': 3,...
```

리스트의 처음 두 항목인 United States와 executive department는 대통령의 취임 연설에 등장할 만한 단어입니다.

널리 쓰이는 단어는 비교적 최근을 기준으로 선정했으므로, 이 연설문이 1841년에 작성됐다는 점을 감안하면 결과를 필터링하기에 다소 부적절할 수도 있습니다. 하지만 목록의 처음 100단어 정도만 사용했고(이 범위의 단어들은 시간이 지나면서 점점 더 안정된다고 가정해도 되니까요), 결과도 만족할 만하므로, 1841년부터 시작해서 가장 널리 쓰이는 단어 목록을 만들 필요는 없을 겁니다. 그런 시도 자체는 흥미로울 수도 있을 것 같지만요.

텍스트에서 핵심 주제는 추출했는데, 텍스트 요약은 어떻게 만들어야 할까요? 한 가지 방법은 자주 쓰인 n–그램 각각에 대해 그 구절이 쓰인 첫 번째 문장을 검색하는 것입니다. 첫 문장인 만큼 본문 전체에 대한 만족할 만한 개관이 될 거라고 짐작할 수 있습니다. 가장 많이 사용된 2–그램을 포함한 첫 문장들은 다음과 같습니다.

- The Constitution of the United States is the instrument containing this grant of power to the several departments composing the government.

- Such a one was afforded by the executive department constituted by the Constitution.

- The general government has seized upon none of the reserved rights of the states.

- Called from a retirement which I had supposed was to continue for the residue of my life to fill the chief executive office of this great and free nation, I appear before you, fellow-citizens, to take the oaths which the constitution prescribes as a necessary qualification for the performance of its duties; and in obedience to a custom coeval with our government and what I believe to be your expectations I proceed to present to you a summary of the principles which will govern me in the discharge of the duties which I shall be called upon to perform.

- The presses in the necessary employment of the government should never be used to clear the guilty or to varnish crime.

물론 이 문장들은 즉시 요약집을 낼 수 있을 정도는 아니지만, 원래 연설문이 217개의 문장으로 이루어진 매우 긴 문서였고 네 번째 문장은 주제를 매우 잘 요약하고 있으므로 첫 시도치고는 괜찮다고 할 만합니다.

텍스트가 더 길거나 다양한 주제들을 포함하고 있다면, '가장 중요한' 문장을 뽑아낼 때 3그램이나 4그램을 사용해야 할 수도 있습니다. 해리슨의 취임 연설문에서 여러 번 나타난 3그램은 exclusive metallic currency(독점적인 금속 화폐) 하나뿐인데, 대통령의 취임 연설문에서 가장 중요한 구절이라고 보긴 어려우니 이 연설문은 3그램으로 핵심을 추출하기에 적합한 텍스트는 아닙니다. 이 연설문보다 더 긴 텍스트를 연구한다면 3그램을 시도하는 편이 좋을 수도 있습니다.

가장 많이 등장하는 n-그램이 포함된 문장을 찾는 방법도 있습니다. 이런 방법을 쓰면 찾아낸 문장의 길이가 꽤 길 가능성이 있는데, 문장 길이가 문제가 된다면 자주 등장하는 n-그램 비율이 가장 높은 문장을 찾거나 기타 자신만의 테크닉을 조합해 기준을 만들 수 있습니다.

9.2 마르코프 모델

마르코프Markov 텍스트 생성기에 대해 들어봤을 겁니다. 마르코프 텍스트 생성기는 '내일 트윗은 이거다' 앱(*http://yes.thatcan.be/my/next/tweet/*)처럼 개그 목적으로 널리 쓰이기도 하고, 스팸 탐지 시스템을 통과하는 스팸 메일을 만드는 데도 쓰입니다.

이들 텍스트 생성기는 마르코프 모델을 기초로 만들어졌습니다. 마르코프 모델은 어떤 특정 사건이 다른 특정 사건에 뒤이어, 일정 확률로 일어나는 대규모 무작위 분포를 분석할 때 자주 쓰입니다.

예를 들어 [그림 9-1]처럼 기상 시스템의 마르코프 모델을 만들 수 있습니다.

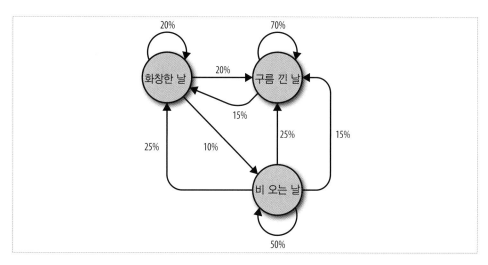

그림 8-1 이론적 기상 시스템에 관한 마르코프 모델

이 모델에서 '화창한 날'의 다음 날은 70퍼센트 확률로 '화창한 날'이고, 20퍼센트는 '구름 낀 날'이며, '비 오는 날'일 확률은 불과 10퍼센트입니다. '비 오는 날'의 다음 날은 50퍼센트 확률로 '비 오는 날'이고, '구름 낀 날'과 '화창한 날'은 각각 25%입니다.

이러한 마르코프 모델에는 주목할 특성이 몇 가지 있습니다.

- 각 노드에서 출발하는 확률의 합은 반드시 정확히 100퍼센트여야 합니다. 시스템이 아무리 복잡하더라도, 반드시 항상 다음 단계로 넘어가야 합니다.

- 현재 이 시스템에는 세 가지 경우의 수만 있지만, 이 모델을 가지고 만들 수 있는 일기예보는 무한히 길어질 수 있습니다.

- 다음 단계에 영향을 미치는 것은 오직 현재 노드의 상태뿐입니다. 현재 '화창한 날'에 있다면, 이전 100일이 무슨 날씨였든 상관없이 다음 날이 화창할 확률은 항상 70%입니다.

- 특정 노드는 다른 노드에 비해 도달하기 어렵습니다. 배경이 되는 수학 이론은 상당히 복잡하지만, 주어진 시점이 언제든 상관없이 '비 오는 날'로 이동할 확률이 가장 낮은 건 쉽게 알 수 있습니다.

마르코프 모델은 매우 단순한 시스템이지만 얼마든지 크게 만들 수 있습니다. 사실 구글의 페이지 평가 알고리즘도 웹사이트를 노드로 나타내고 들어오는/나가는 링크를 노드 사이의 연결로 나타내는 마르코프 모델을 일부 채용하고 있습니다. 특정 노드에 도달할 확률은 그 사이트의 상대적 인기를 나타내게 됩니다. 즉, 이 날씨 시스템이 대단히 작은 인터넷이라면, '비 오는 날'은 등급이 낮은 페이지이고 '화창한 날'은 등급이 높은 페이지가 됩니다.

지금까지 설명한 것들을 염두에 두고, 이제 텍스트를 분석하고 작성하는 예제를 만들어봅시다

이번에도 해리슨 대통령의 취임 연설을 사용합니다. 다음 코드는 연설문 구조를 모방하는 마르코프 체인을 만드는데 체인 길이는 얼마든지 길게 설정할 수 있지만 여기서는 100으로 정했습니다.

```python
from urllib.request import urlopen
from random import randint

def wordListSum(wordList):
    sum = 0
    for word, value in wordList.items():
        sum += value
    return sum

def retrieveRandomWord(wordList):
    randIndex = randint(1, wordListSum(wordList))
    for word, value in wordList.items():
        randIndex -= value
        if randIndex <= 0:
            return word

def buildWordDict(text):
    # 줄바꿈 문자와 따옴표를 제거합니다.
    text = text.replace('\n', ' ');
    text = text.replace('"', ' ');

    # 구두점 역시 단어로 취급해서 마르코프 체인에 들어가도록 합니다.
    punctuation = [',','.',';',':']
    for symbol in punctuation:
        text = text.replace(symbol, ' {} '.format(symbol));

    words = text.split(' ')
    # 빈 단어를 제거합니다.
    words = [word for word in words if word != '']

    wordDict = {}
    for i in range(1, len(words)):
        if words[i-1] not in wordDict:
```

```
            # 이 단어에 필요한 새 딕셔너리를 만듭니다.
            wordDict[words[i-1]] = {}
        if words[i] not in wordDict[words[i-1]]:
            wordDict[words[i-1]][words[i]] = 0
        wordDict[words[i-1]][words[i]] += 1
    return wordDict

speech = 'http://pythonscraping.com/files/inaugurationSpeech.txt'
text = str(urlopen(speech).read(), 'utf-8')
wordDict = buildWordDict(text)

# 길이가 100인 마르코프 체인을 생성합니다.
length = 100
chain = ['I']
for i in range(0, length):
    newWord = retrieveRandomWord(wordDict[chain[-1]])
    chain.append(newWord)

print(' '.join(chain))
```

출력 결과는 실행할 때마다 다르지만, 다음 결과는 도무지 말이 되지 않는 한 가지 예입니다.

I sincerely believe in Chief Magistrate to make all necessary sacrifices andoppression of the remedies which we may have occurred to me in the arrangementand disbursement of the democratic claims them , consolatory to have been bestpolitical power in fervently commending every other addition of legislation , bythe interests which violate that the Government would compare our aboriginalneighbors the people to its accomplishment . The latter also susceptible of theConstitution not much mischief , disputes have left to betray . The maxim whichmay sometimes be an impartial and to prevent the adoption or

이 코드는 어떻게 동작하는 걸까요?

buildWordDict 함수는 인터넷에서 가져온 텍스트 문자열을 받아서 따옴표를 제거하고, 따옴표를 제외한 다른 구두점 주위에 공백을 넣어서 단어로 취급하게 합니다. 그리고 2차원 딕셔너리, 즉 다음 형태를 가진 딕셔너리의 딕셔너리를 만듭니다.

```
{word_a : {word_b : 2, word_c : 1, word_d : 1},
 word_e : {word_b : 5, word_d : 2},...}
```

이 예제 딕셔너리에서 word_a는 네 번 발견됐는데, 그중 둘은 word_b로 이어지고, 다른 둘은 각각 word_c와 word_d로 이어집니다. Word_e는 일곱 번 발견됐는데, 그중 다섯은 word_b로 이어지고 나머지 둘은 word_d로 이어집니다.

이 결과를 노드 모델로 나타낸다면 word_a를 나타내는 노드에서 나오는 화살표 중 50%는 word_b로, 25%는 word_c로, 다른 25%는 word_d로 향할 겁니다.

일단 이 딕셔너리를 만들고 나면 현재 단어가 무엇이든 간에 다음 단어로 찾아갈 수 있는 검색 테이블 구실을 할 수 있습니다.[3] 샘플로 만든 2차원 딕셔너리에서 현재 word_e에 있다면, 딕셔너리 {word_b : 5, word_d: 2}를 retrieveRandomWord 함수에 넘기게 됩니다. retrieveRandomWord 함수는 딕셔너리를 받고, 그 딕셔너리에 있는 단어들의 빈도를 참고해서 무작위 단어를 반환합니다.

무작위 단어로 시작해서(여기서는 아주 흔한 I를 택했습니다) 마르코프 체인을 이리저리 움직이며 원하는 만큼 단어를 생성할 수 있습니다.

텍스트를 많이 수집할수록, 특히 문체가 비슷한 텍스트를 많이 수집할수록 이 마르코프 체인은 정말 사람이 쓴 것처럼 보이게 진화할 수 있습니다. 이 예제에서는 2그램을 사용해 체인을 만들었으므로 단어 하나가 다음 단어를 예측했지만, 3그램이나 그 이상의 n-그램을 사용하면 두 개 이상의 단어에서 다음 단어를 예측하므로 점점 실제 문장에 가까워질 수 있습니다.

웹 스크레이핑을 통해 수집한 몇 메가바이트의 텍스트로 마르코프 텍스트를 만들어본다면 꽤 흥미로운 장난감이 될 수 있겠지만, 이런 것만 자꾸 하다 보면 마르코프 체인의 진정한 잠재력이 흐려질 수 있습니다. 이 절의 서두에서 이미 언급했지만, 마르코프 체인은 웹사이트들이 서로 어떻게 연결되는지를 모델화합니다. 이런 연결고리들을 아주 많이 수집해 포인터로 사용한다면 유용한 웹사이트 그래프를 만들어 저장하고 추적하며 분석해볼 수 있습니다. 이런 관점에서 마르코프 체인은 웹 크롤링을 어떻게 설계할지, 웹 크롤러가 어떻게 동작해야할지 생각할 초석이 됩니다.

---

3 예외는 텍스트의 마지막 단어입니다. 마지막 단어 뒤에는 아무것도 없으니까요. 예제 텍스트의 마지막 단어는 마침표(.)인데. 마침표는 215번이나 나타나므로 막다른 길이 될 리가 없어서 편리합니다. 하지만 마르코프 생성기를 직접 만든다면 텍스트의 마지막 단어는 믿을 수 있는 것이어야 할 수도 있습니다.

9.2.1 위키백과의 여섯 다리: 결론

6장에서는 케빈 베이컨에 관한 위키백과 항목에서 시작해 다른 항목으로 넘어가는 링크를 수집해 데이터베이스에 저장하는 스크레이퍼를 만들었습니다. 여기서 이 이야기를 다시 꺼내는 이유가 뭘까요? 어떤 페이지에서 시작해 목표 페이지에 도달하는 링크 체인을 찾는 문제(즉, *https://en.wikipedia.org/wiki/Kevin_Bacon*에서 시작해 *https://en.wikipedia.org/wiki/Eric_Idle*에 도달하는)는 첫 번째 단어와 마지막 단어가 정해진 상태에서 마르코프 체인을 찾는 것과 마찬가지이기 때문입니다. 이런 종류의 문제를 **방향성 그래프**directed graph 문제라고 부릅니다. 이런 문제에서 A → B는 B → A와 같지 않습니다. football이라는 단어 뒤에는 player라는 단어가 따라올 때가 많지만, player 뒤에 football이 따라오는 경우는 매우 드뭅니다. 케빈 베이컨의 위키백과 항목에는 그의 고향인 필라델피아를 가리키는 링크가 있지만, 필라델피아 항목에는 케빈 베이컨을 가리키는 링크가 없습니다.

이와는 대조적으로, 원래 케빈 베이컨의 여섯 다리 게임은 비방향성 그래프undirected graph 문제입니다. 케빈 베이컨이 줄리아 로버츠와 함께 〈유혹의 선〉에 출연했다면, 줄리아 로버츠는 반드시 케빈 베이컨과 함께 〈유혹의 선〉에 출연한 겁니다. 따라서 이 관계는 양쪽을 모두 향합니다(즉 '방향'이 없으며, 달리 말하면 단방향이 아닙니다). 컴퓨터 과학에서 비방향성 그래프 문제는 방향성 그래프 문제보다 적기는 하지만, 둘 다 컴퓨터로 풀기에는 어려운 문제입니다.

이러한 문제를 풀기 위해 많은 연구가 행해졌고 다양한 변형도 시도됐지만, 방향성 그래프에서 가장 짧은 경로를 찾을 때 가장 좋고 가장 널리 쓰이는(따라서 케빈 베이컨 항목과 다른 위키백과 항목 사이의 가장 짧은 경로도 잘 찾는) 방법은 **너비 우선 탐색**breadth-first search입니다.

너비 우선 탐색에서는 우선 시작 페이지에서 출발하는 링크를 모두 검색합니다. 검색한 링크에 목표 페이지가 들어 있지 않으면 2단계 링크, 즉 시작 페이지에서 링크된 페이지에서 다시 링크된 페이지를 찾습니다. 링크 단계 제한(여기서는 6)에 걸리거나, 목표 페이지를 찾을 때까지 이 과정을 반복합니다.

6장에서 설명한 링크 테이블을 사용해 너비 우선 탐색을 푸는 코드는 다음과 같습니다(환경에 따라 실행 시간이 아주 길 수도 있습니다).[4]

```python
import pymysql

conn = pymysql.connect(host='127.0.0.1',
```

```python
                         user='root', passwd='', db='mysql', charset='utf8')
cur = conn.cursor()
cur.execute('USE wikipedia')

def getUrl(pageId):
    cur.execute('SELECT url FROM pages WHERE id = %s', (int(pageId)))
    return cur.fetchone()[0]

def getLinks(fromPageId):
    fromId = int(fromPageId)
    cur.execute('SELECT toPageId FROM links WHERE fromPageId = %s', (fromId))
    if cur.rowcount == 0:
        return []
    return [x[0] for x in cur.fetchall()]


def searchBreadth(targetPageId, paths=[[1]]):
    newPaths = []
    for path in paths:
        links = getLinks(path[-1])
        for link in links:
            if link == targetPageId:
                return path + [link]
            else:
                newPaths.append(path+[link])
    return searchBreadth(targetPageId, newPaths)
```

....

4 역자주_ 코드에서 targetPageId는 6장에서 링크 테이블을 수집할 때 정해지는데, 이 숫자는 사람마다 다릅니다. 역자의 경우에는 18088이었고, 저자의 깃허브에는 28624로 되어 있습니다.

```
mysql> SELECT * FROM pages WHERE id = 28624;
+-------+------------------+---------------------+
| id    | url              | created             |
+-------+------------------+---------------------+
| 28624 | /wiki/Belly_chain | 2018-09-19 15:50:26 |
+-------+------------------+---------------------+
```

역자의 데이터베이스에서 targetPageId가 28624인 페이지는 다른 페이지이므로, 예제를 실행한 결과도 다르게 나옵니다.
6장에서 링크 테이블을 수집하는 프로그램을 실행했고 이 예제도 따라 해보고 싶다면 targetPageId를 데이터베이스에서 직접 확인해야 하는데, SQL 명령을 잘 모르면 다음과 같이 하면 됩니다.

```
mysql> SELECT * FROM pages WHERE url LIKE '%eric_idle%';
+-------+----------------+---------------------+
| id    | url            | created             |
+-------+----------------+---------------------+
| 18088 | /wiki/Eric_Idle | 2018-09-19 15:44:40 |
+-------+----------------+---------------------+
```

```
nodes = getLinks(1)
targetPageId = 18088
pageIds = searchBreadth(targetPageId)
for pageId in pageIds:
    print(getUrl(pageId))
```

getUrl은 페이지 ID를 받아서 데이터베이스에서 URL을 가져오는 보조 함수입니다. getLinks
는 현재 페이지를 나타내는 정수인 fromPageId를 받아서, 현재 페이지에서 링크한 ID를 전부
가져오는 보조 함수입니다.

메인 함수인 searchBreadth는 검색 페이지에서 출발해 대상 페이지까지 도달하는 경로를 만
날 때까지, 재귀적으로 동작하면서 가능한 경로를 전부 리스트에 담습니다.

- 처음에 시작하는 경로 [1]에서는 사용자가 ID 1인 페이지(케빈 베이컨)에 있으며 링크를
  따라가지 않습니다.

- 경로 리스트에 있는 각 경로에 대해(첫 단계에서는 경로가 하나뿐이므로 이 단계는 아주
  단순합니다), 경로에 있는 마지막 페이지에서 나가는 링크를 전부 가져옵니다.

- 이렇게 가져온 외부 링크에 대해, 각 링크가 targetPageId와 일치하는지 확인합니다. 일
  치한다면 해당 경로를 반환합니다.

- 일치하는 것이 없다면 새 경로를 새 리스트에 추가합니다. 새 경로는 이전의 경로에 새로
  운 외부 링크를 합친 결과입니다.

- 이 단계에서 targetPageId를 전혀 찾지 못했다면 재귀가 일어나면서 똑같은
  targetPageId에 더 길어진 경로 리스트를 넘겨 searchBreadth를 다시 호출합니다.

두 페이지를 연결하는 경로가 발견되면, 중간 단계의 각 페이지 ID를 실제 URL로 바꿔서 출력
합니다.

케빈 베이컨(ID 1) 페이지에서 에릭 아이들(ID 18088)에 도달한 경로는 다음과 같습니다.

```
/wiki/Kevin_Bacon
/wiki/Primetime_Emmy_Award_for_Outstanding_Lead_Actor_in_a_Miniseries_or_a_Movie
/wiki/Gary_Gilmore
/wiki/Eric_Idle
```

이 결과를 순서대로 보면 케빈 베이컨 → 프라임타임 에미상 → 개리 길모어 → 에릭 아이들입니다.

여섯 다리 문제와 문장에서 어떤 단어가 다른 어떤 단어 뒤에 자주 나타나는지를 모델링하는 것 외에도, 방향성 그래프와 비방향성 그래프는 웹 스크레이핑을 하다가 마주칠 다양한 상황을 모델링할 때 쓸 수 있습니다. 어떤 웹사이트가 다른 어떤 웹사이트를 링크하고 있는지, 어떤 보고서가 다른 어떤 보고서를 인용하고 있는지, 판매 사이트에 종종 함께 노출되는 상품은 어떤 것인지, 이 링크는 얼마나 강력한지, 링크는 양방향인지 예측해볼 수 있어야 합니다.

이들 관계의 기본적인 타입을 알게 되면 스크랩한 데이터에 따라 모델을 만들거나, 시각화하거나, 뭔가 예측하려 할 때 아주 큰 도움이 됩니다.

9.3 자연어 툴킷

이 장에서는 지금까지 주로 텍스트 본문에 있는 단어를 통계적으로 분석하는 데 집중했습니다. 가장 많이 쓰인 단어는 무엇인가? 비일상적인 단어는 무엇인가? 어떤 단어 뒤에 어떤 단어가 주로 따라오는가? 그들을 어떻게 묶을 수 있나? 아직 하지 못한 것은, 그 단어들이 어떤 의미인지 가능한 한 이해하는 겁니다.

자연어 툴킷Natural Language Toolkit(NLTK)은 영어 텍스트의 부분 부분을 식별하고 태깅하도록 설계된 파이썬 라이브러리 모음입니다. 이 프로젝트는 2000년에 시작되었고, 지난 15년간 세계 곳곳의 개발자 수십 명이 참여했습니다. 이 프로젝트가 제공하는 기능은 엄청나지만(책도 있습니다) 이 섹션에서는 그중 일부만 다룰 겁니다.

9.3.1 설치

NLTK 모듈은 다른 파이썬 모듈과 마찬가지로 설치할 수 있습니다. NLTK 웹사이트에서 패키지를 직접 내려받거나, 키워드 'nltk'로 검색하면 인스톨러도 아주 많습니다. 설치 방법에 대한 자세한 가이드는 NLTK 웹사이트(*http://www.nltk.org/install.html*)를 참고하십시오.[5]

모듈을 설치한 다음 미리 작성된 텍스트 저장소를 내려받으면 몇 가지 기능을 쉽게 테스트해볼 수 있습니다. 파이썬 명령줄에서 다음을 입력하십시오.

```
>>> import nltk
>>> nltk.download()
```

이 명령은 NLTK 다운로더를 실행합니다(그림 9-2).

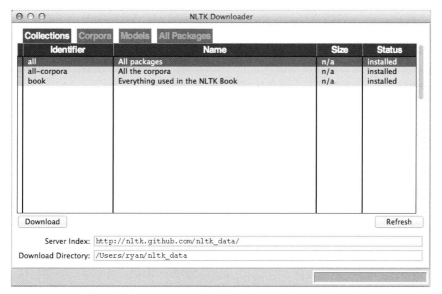

그림 9-2 NLTK 다운로더에서 NLTK 모듈에 관련된 옵션 패키지와 텍스트 라이브러리를 찾아보고 내려받을 수 있습니다.

필자는 다운로드할 수 있는 모든 패키지를 설치하길 권합니다. 전부 텍스트 기반이므로 크기는 매우 작습니다. 언제 무엇을 쓰게 될지는 모르는 일이고, 필요 없는 패키지는 언제든 쉽게 제거할 수 있습니다.

----

5 역자주_ 역시 간단한 방법은 pip install NLTK입니다.

9.3.2 NLTK를 사용한 통계적 분석

NLTK는 텍스트에서 단어 숫자, 단어 빈도, 어휘 다양도 같은 통계적 정보를 생성할 때 아주 유용합니다. 필요한 것이 비교적 단순한 계산, 예를 들어 텍스트 섹션에서 고유한 단어 숫자를 세는 것 같은 것이라면 NLTK는 좀 과할 수 있습니다. 이 모듈은 매우 크니까요. 하지만 비교적 광범위한 텍스트 분석이 필요하다면 이 모듈에서 제공하는 많은 함수를 통해 원하는 거의 모든 것을 얻을 수 있습니다.

NLTK 분석은 항상 Text 객체로 시작합니다. 다음과 같은 방법으로 단순한 파이썬 문자열을 Text 객체로 바꿀 수 있습니다.[6]

```python
from nltk import word_tokenize
from nltk import Text

tokens = word_tokenize('Here is some not very interesting text')
text = Text(tokens)
```

word_tokenize 함수는 파이썬에서 문자열로 인식하는 텍스트는 무엇이든 받을 수 있습니다. 지금 당장은 테스트해볼 긴 문자열이 없지만, 기능을 써보고 싶다면, NLTK에 내장된 몇 권의 책을 다음과 같이 임포트해서 사용할 수 있습니다.

```python
from nltk.book import *
```

위 명령은 아홉 권의 책을 불러옵니다.

```
*** Introductory Examples for the NLTK Book ***
Loading text1, ..., text9 and sent1, ..., sent9
Type the name of the text or sentence to view it.
Type: 'texts()' or 'sents()' to list the materials.
text1: Moby Dick by Herman Melville 1851
text2: Sense and Sensibility by Jane Austen 1811
text3: The Book of Genesis
text4: Inaugural Address Corpus
text5: Chat Corpus
text6: Monty Python and the Holy Grail
```

---

6 역자주_ 깃허브에는 NLTK 관련 코드는 없습니다.

```
text7: Wall Street Journal
text8: Personals Corpus
text9: The Man Who Was Thursday by G . K . Chesterton 1908
```

이 장의 나머지 예제에서는 text6인 〈몬티 파이튼과 성배〉(1975년 영화의 대본)를 사용하겠습니다.

Text 객체는 일반적인 파이썬 배열과 거의 비슷하게 조작할 수 있습니다. 텍스트 단어들로 구성된 배열이라고 생각하면 됩니다. 이런 특징을 이용해서 텍스트에 들어 있는 고유한 단어 숫자와 총 단어 숫자를 비교할 수 있습니다. 파이썬 세트는 중복을 허용하지 않으니까요.

```
>>> len(text6)/len(set(text6))
7.833333333333333
```

위 코드는 대본의 각 단어가 평균 8번 정도 사용됐음을 보여줍니다. 텍스트를 빈도분포frequency distribution[7] 객체에 넘겨, 가장 많이 쓰인 단어는 무엇인지, 다양한 단어들의 빈도가 어느 정도인지 알 수 있습니다.

```
>>> from nltk import FreqDist
>>> fdist = FreqDist(text6)
>>> fdist.most_common(10)
[(':', 1197), ('.', 816), ('!', 801), (',', 731), ("'", 421), ('[', 3
19), (']', 312), ('the', 299), ('I', 255), ('ARTHUR', 225)]
>>> fdist['Grail']
34
```

이 텍스트는 영화 대본이므로, 구조를 짐작할 수 있는 단서도 몇 가지 보입니다. 예를 들어 전부 대문자로 된 ARTHUR가 자주 등장하는데, 대본에서는 아서 왕의 대사가 있을 때마다 그 앞에 등장하기 때문입니다. 또한 모든 행에 등장하는 콜론(:)은 등장 인물의 이름과 대사를 구분하는 역할을 합니다. 이걸 보면 이 영화에 대사가 1,197개 있음을 알 수 있습니다.

우리가 살펴본 2-그램을 바이그램bigram이라고도 부릅니다. 마찬가지로 3-그램은 트라이그램trigram이라고 합니다(필자는 개인적으로 2그램, 3그램이라는 표현을 더 선호합니다). 이들을

---

7 역자주_ 통계학에서는 흔히 도수분포라고 부릅니다.

만들고, 검색하고, 목록으로 만드는 것도 대단히 쉽습니다.

```
>>> from nltk import bigrams
>>> bigrams = bigrams(text6)
>>> bigramsDist = FreqDist(bigrams)
>>> bigramsDist[('Sir', 'Robin')]
18
```

2-그램 'Sir Robin'을 검색하려면 2-그램이 빈도분포에서 표현되는 방법과 일치하도록 Sir와 Robin의 배열로 만들어야 합니다. 3-그램에 해당하는 trigrams 모듈도 똑같이 동작합니다. 일반적으로는 ngrams 모듈을 임포트만 하면 됩니다.

```
>>> from nltk import ngrams
>>> fourgrams = ngrams(text6, 4)
>>> fourgramsDist = FreqDist(fourgrams)
>>> fourgramsDist[('father', 'smelt', 'of', 'elderberries')]
1
```

여기서 ngrams 함수는 텍스트 객체를 분리해 두 번째 매개변수로 지정한 n-그램으로 나눕니다. 이 코드에서는 텍스트를 4-그램으로 나누게 했습니다. 그리고 'father smelt of elderberries'라는 구절이 정확히 한 번만 나온 것을 확인했습니다.

빈도분포와 텍스트 객체, n-그램은 모두 루프에서 사용할 수 있습니다. 예를 들어 다음 코드는 'coconut'으로 시작하는 4-그램을 모두 출력합니다.

```
from nltk.book import *
from nltk import ngrams
fourgrams = ngrams(text6, 4)

for fourgram in fourgrams:
    if fourgram[0] == 'coconut':
        print(fourgram)
```

NLTK 라이브러리에는 큰 텍스트를 정리하고, 수를 세고, 정렬하고, 측정하도록 설계된 방대한 도구와 객체들이 있습니다. 우리는 이들을 수박 겉핥기로 훑어보았지만, 이 도구들은 대부분 아주 잘 설계되어 있으며, 파이썬에 익숙한 사람은 직관적으로 사용할 수 있습니다.

9.3.3 NLTK를 사용한 사전적 분석

지금까지 우리는 모든 단어를 곧이곧대로만 비교하고 분류했습니다. 동음이의어, 즉 철자가 같지만 뜻은 다른 단어를 구별하지도 않았고, 문맥에 따라 뜻이 다른 것도 생각하지 않았습니다.

동음이의어가 문제가 될 일은 별로 없을 거라면서 구석으로 치워버리고 싶어 하는 사람도 있지만, 그런 단어가 얼마나 자주 튀어나오는지 알면 놀랄 것입니다. 영어를 모국어로 사용하는 사람들 대부분이 그런 단어를 동음이의어라는 의식조차 없이 사용하며, 다른 문맥에서는 다른 단어와 혼동할 수 있다는 사실을 모르고 있습니다.

"He was objective in achieving his objective of writing an objective philosophy, primarily using verbs in the objective case" 사람은 이런 문장을 쉽게 이해하지만, 웹 스크레이퍼는 이 문장을 보고 같은 단어가 네 번 사용됐다고 생각할 뿐 각 단어의 의미는 이해하지 못합니다.

연설문의 각 부분을 이해하는 것에 더해 어떤 단어가 여러 가지 의미로 사용되는 것을 구별할 수 있다면 유용할 겁니다. 예를 들어 일상적으로 쓰이는 영단어로 구성된 회사 이름을 찾아볼 수도 있으며, 어떤 회사에 대한 의견인 "ACME Products is good"와 "ACME Products is not bad"가 같은 의견이라는 것도 알 수 있습니다. 한 문장에는 'good'이 있고 다른 문장에는 'bad'가 있는데도 말이지요.

펜 트리뱅크의 태그

NLTK는 텍스트에 태그를 붙일 때 널리 쓰이는, 펜실베니아 대학의 펜 트리뱅크^{Penn Treebank} 프로젝트(`https://catalog.ldc.upenn.edu/ldc99t42`)를 기본적으로 사용하고 있습니다. 태그 중에는 등위 접속사를 나타내는 CC 처럼 쉽게 이해되는 것도 있지만, 불변화사를 나타내는 RP 처럼 혼란스러운 것도 있습니다. 이 섹션에서 사용하는 태그가 궁금할 때는 다음 표를 참고하십시오.[8]

---

8 역자주_ 영어와 한글의 문법이 달라 이곳에 수록된 태그의 의미를 간결하게 번역하는 것은 아무래도 어렵고, 오역할 가능성도 높다고 생각해 모두 원문을 병기합니다. 다른 태그가 궁금하신 분은 트리뱅크 홈페이지 외에도 *https://sites.google.com/site/partofspeechhelp/*에 비교적 간결하게 정리된 자료가 있으니 참고하시기 바랍니다.

CC	Coordinating conjunction 등위 접속사(and, or, but 같은 접속사)
CD	Cardinal number 기수(순서의 의미가 없이 수량만 나타내는 수)
DT	Determiner 한정사(명사 앞에 붙는 the, some, my 등과 같은 말들)
EX	Existential "there" 장소가 아니라 존재를 나타내는 there (There is always some madness in love.)
FW	Foreign word 외래어
IN	Preposition, subordinating conjunction 전치사, 종속 접속사
JJ	Adjective 관형사
JJR	Adjective, comparative 비교 관형사 (My house is larger than hers)
JJS	Adjective, superlative 최상 관형사 (My house is the largest one in our neighborhood)
LS	List item marker
MD	Modal can, must, may, might, will, would, should (I must go now)
NN	Noun, singular or mass 명사, 단수 또는 복수
NNS	Noun, plural 복수형 명사
NNP	Proper noun, singular 단수형 고유명사
NNPS	Proper noun, plural 복수형 고유명사
PDT	Predeterminer 선행한정사(all, both, half)
POS	Possessive ending 소유격
PRP	Personal pronoun 인칭대명사(I, you, he, she)

PRP$	Possessive pronoun 소유격 대명사 (The dog is mine.)	
RB	Adverb 부사	
RBR	Adverb, comparative 비교 부사 (Jim works harder than his brother)	
RBS	Adverb, superlative 최상 부사 (Everyone in the race ran fast, but John ran the fastest of all)	
RP	Particle 불변화사(동사와 함께 쓰이는 부사나 전치사She tore up the letter)	
SYM	Symbol 기호	
TO	"to"	
UH	Interjection 감탄사	
VB	Verb, base form 동사 원형	
VBD	Verb, past tense 과거형 동사	
VBG	Verb, gerund or present participle 동명사 또는 현재진행형(-ing)	
VBN	Verb, past participle 과거분사 (I have seen six deer)	
VBP	Verb, non-third person singular present	
VBZ	Verb, third person singular present	
WDT	wh-determiner wh로 시작하는 한정사(문장 맨 앞에 등장하지 않는 what, which)	
WP	Wh-pronoun wh로 시작하는 대명사(what, which, who, whoever)	
WP$	Possessive wh-pronoun wh로 시작하는 소유격 대명사(whom, whose)	
WRB	Wh-adverb wh로 시작하는 부사(when, where, why, how,)	

NLTK는 문장을 분석하는 것 외에도 단어의 문맥과 내장된 방대한 사전으로 그 의미를 찾는 걸 도울 수 있습니다. 기본적인 수준에서, NLTK는 문장의 각 부분을 분석할 수 있습니다.

```
>>> from nltk.book import *
>>> from nltk import word_tokenize
>>> from nltk import pos_tag

>>> text = word_tokenize('Strange women lying in ponds distributing swords '
'is no basis for a system of government.')
>>> words = pos_tag(text)
>>> print(words)

[('Strange', 'NNP'), ('women', 'NNS'), ('lying', 'VBG'), ('in', 'IN')
, ('ponds', 'NNS'), ('distributing', 'VBG'), ('swords', 'NNS'), ('is'
, 'VBZ'), ('no', 'DT'), ('basis', 'NN'), ('for', 'IN'), ('a', 'DT'),
('system', 'NN'), ('of', 'IN'), ('government', 'NN'), ('.', '.'), ('S
upreme', 'NNP'), ('executive', 'NN'), ('power', 'NN'), ('derives', 'N
NS'), ('from', 'IN'), ('a', 'DT'), ('mandate', 'NN'), ('from', 'IN'),
 ('the', 'DT'), ('masses', 'NNS'), (',', ','), ('not', 'RB'), ('from'
, 'IN'), ('some', 'DT'), ('farcical', 'JJ'), ('aquatic', 'JJ'), ('cer
emony', 'NN'), ('.', '.')]
```

각 단어는 **튜플**로 나뉩니다. 튜플에는 단어와 함께 그 단어가 연설문에서 어떤 의미로 쓰였는지 나타내는 태그가 들어 있습니다. 언뜻 보기엔 매우 단순해 보일지 모르지만, 다음 예제를 보면 이 작업은 대단히 복잡한 알고리즘을 거쳐 이루어짐을 알 수 있습니다.

```
>>> text = word_tokenize('The dust was thick so he had to dust')
>>> words = pos_tag(text)
>>> print(words)

[('The', 'DT'), ('dust', 'NN'), ('was', 'VBD'), ('thick', 'JJ'), ('so
', 'RB'), ('he', 'PRP'), ('had', 'VBD'), ('to', 'TO'), ('dust', 'VB')
]
```

이 문장에는 dust라는 단어가 한 번은 명사로, 다른 한 번은 동사로 쓰였습니다. NLTK는 두 단어의 쓰임을 문맥에 따라 정확히 판단했습니다. NLTK는 영어의 **문맥 자유 문법**context-free grammar에 따라 문장의 각 부분을 판단합니다. 문맥 자유 문법은 간단히 말해 무엇이 다른 무엇의 다음에 올 수 있는지 정의한 순서 있는 리스트입니다. 여기서는 연설의 각 부분이 다른 어떤 부분의 뒤에 올 수 있는지 없는지를 정의하는 데 쓰였습니다. dust처럼 모호한 단어를 만날 때마다 문맥 자유 문법을 참고해서 그 문법을 따르고 있는 부분을 선택합니다.

머신러닝과 머신 트레이닝

NLTK가 외국어에 대해서 완전히 새로운 문맥 자유 문법을 구축하게 할 수도 있습니다. 그 언어의 상당량에 정확히 트리뱅크 태그를 붙여서 NLTK에 입력하면, NLTK는 이후 만나는 텍스트에 정확히 태그를 붙일 수 있도록 훈련할 수 있습니다. 이런 타입의 훈련은 모든 종류의 머신러닝에 필요합니다. 14장에서 자동 가입 방지 문자CAPTCHA에 대해 다루면서 다시 살펴볼 겁니다.

문맥에 따라 주어진 단어가 명사인지 동사인지 알 수 있는 건 좋지만, 이는 어떤 의미가 있을까요? 컴퓨터 과학 연구실에서는 환영할지 모르지만, 웹 스크레이핑에 어떤 도움이 될까요?

웹 스크레이핑을 하다 보면 검색에 관련된 문제를 자주 겪게 됩니다. 예를 들어 어떤 사이트의 텍스트를 수집한 후 거기서 google이라는 단어를 찾되, 고유명사가 아니라 동사로 사용된 것만 찾고 싶을 때가 있을 겁니다. 아니면 반대로, 구글을 가리키는 단어만 찾고 있는데, 작성자가 대소문자를 정확하게 쓰기만 바라기는 어려울 때도 있을 겁니다.[9] 이럴 때 `pos_tag` 함수가 대단히 유용합니다.

```
from nltk import word_tokenize, sent_tokenize, pos_tag
sentences = sent_tokenize("Google is one of the best companies in the world.
I constantly google myself to see what I'm up to.")
nouns = ['NN', 'NNS', 'NNP', 'NNPS']

for sentence in sentences:
    if "google" in sentence.lower():
        taggedWords = pos_tag(word_tokenize(sentence))

        for word in taggedWords:
            if word[0].lower() == "google" and word[1] in nouns:
                print(sentence)
```

이 코드는 google(또는 Google)이 동사가 아니라 명사로 사용된 문장만 출력합니다. 물론

---

9 역자주_ 문장 중간에서 단어의 첫 글자를 대문자로 쓰면 보통은 고유명사입니다. 이걸 믿고 대소문자를 가려 Goolge만 찾으면 실수로 google이라고 쓴 부분은 모두 놓치게 됩니다.

더 명확하게 지정해서 NNP(고유명사)로 태그 된 Google만 찾게 할 수도 있지만, NLTK라 할지라도 가끔은 실수하기 마련입니다. 애플리케이션에 따라서는 조금 융통성을 발휘하는 게 좋을 때도 있습니다.

자연어의 모호한 부분은 대개 NLTK의 pos_tag 함수로 해결할 수 있습니다. 찾으려는 단어나 구절을 단순히 검색하지 말고 **태그와 함께** 검색한다면 스크레이퍼가 훨씬 정확하고 효율적으로 검색하게 만들 수 있습니다.

9.4 추가 자료

컴퓨터로 자연어를 처리, 분석, 이해하는 것은 컴퓨터 과학에서 가장 어려운 일 중 하나이며, 이 주제에 관한 논문과 보고서는 헤아릴 수 없이 많습니다. 여기 제시하는 자료를 읽어보고 일상적인 웹 스크레이핑을 넘어 다른 것을 생각할 영감을 얻거나, 최소한 자연어 분석이 필요한 프로젝트에 임할 때 방향을 잡을 단서를 얻길 바랍니다.

기초적인 자연어 처리와 NLTK에 관한 훌륭한 자료는 많습니다 특히 스티븐 버드Steven Bird와 유언 클라인Ewan Klein, 에드워드 로퍼Edward Loper가 쓴 『Natural Language Processing with Python』(O'Reilly, 2009)은 이 주제에 관한 쉽고 자세한 책입니다.

또한 제임스 푸스테요프스키James Pustejovsky와 앰버 스텁스Amber Stubbs의 『Natural Language Annotation for Machine Learning』(O'Reilly, 2012)은 좀 더 높은 수준의 이론적 가이드입니다. 이 책을 이해하려면 파이썬에 관한 지식이 필요합니다. 이 책에서 다루는 주제들은 NLTK에서 완벽하게 동작합니다.

폼과 로그인 뚫기

웹 스크레이핑의 기본을 이해한 다음 나올 만한 첫 번째 질문 중 하나는, 로그인해야 얻을 수 있는 정보에 어떻게 접근하느냐입니다. 웹은 점점 더 상호작용과 소셜 미디어, 사용자가 만든 콘텐츠 쪽으로 이동하고 있습니다. 폼과 로그인은 이런 타입의 사이트에서 필수적인 부분이고, 이것 없이 사이트를 유지하기는 거의 불가능합니다. 다행히 이들은 비교적 쉽게 대응할 수 있습니다.

여태까지 사용한 예제 스크레이퍼들은 대부분 HTTP GET을 써서 정보를 요청했습니다. 이 장에서는 웹 서버에서 저장하고 분석할 정보를 보내는 POST 메서드에 집중합니다.

폼은 기본적으로 웹 서버가 이해하고 사용할 수 있는 POST 요청을 사용자가 보낼 수 있게 하는 수단입니다. 웹사이트에 있는 링크 태그는 사용자가 GET 요청을 형식에 맞게 보낼 수 있도록 돕습니다. 마찬가지로, HTML 폼은 POST 요청을 형식에 맞게 보낼 수 있도록 돕습니다. 따라서 코딩을 조금만 하면 POST 요청을 직접 만들어 스크레이퍼가 전송하게 할 수 있습니다.

10.1 파이썬 requests 라이브러리

파이썬의 기본 라이브러리만으로도 웹 폼을 다룰 수 있지만, 도움을 좀 받으면 삶이 훨씬 단순해질 수 있습니다. urllib과 기본적인 GET 요청으로 할 수 있는 것 이상을 해야 할 때가 오면 파이썬 내장 라이브러리 말고 다른 것을 찾아보는 게 낫습니다.

requests 라이브러리(*http://www.python-requests.org*)는 복잡한 HTTP 요청과 쿠키, 헤더를 아주 잘 처리하며 그 외에도 많은 기능이 있습니다. 라이브러리를 만든 케네스 라이츠 Kenneth Reitz는 파이썬의 내장 라이브러리에 대해 이렇게 말했습니다.

> 파이썬의 표준 urllib2 모듈은 필요한 HTTP 기능을 거의 제공하지만, 이제 너무 뒤떨어졌습니다. 이 API는 과거에, 과거의 웹을 위해 만들어졌습니다. urllib2를 사용하려면 정말 단순한 일 하나만 하려 해도 할 일이 너무 많고, 심지어 메서드 오버라이드까지 필요할 때도 있습니다.
>
> API를 이렇게 만들면 안 됩니다. 파이썬과 어울리지 않습니다

다른 파이썬 라이브러리와 마찬가지로, requests 라이브러리 역시 pip 같은 파이썬 라이브러리 관리자로 설치해도 되고,[1] *https://github.com/kennethreitz/requests*에서 소스 파일을 내려받아 설치해도 됩니다.

10.2 기본적인 폼 전송

대부분의 웹 폼은 HTML 필드와 전송 버튼, 폼을 실제 처리하는 '액션' 페이지로 구성됩니다. HTML 필드는 보통 텍스트 필드이지만, 파일 업로드라든가 그 외 텍스트가 아닌 필드도 있습니다.

유명한 사이트는 대부분 robots.txt 파일에서 로그인 폼에 접근하는 걸 거부하므로(18장에서 이런 폼을 스크레이핑하는 것이 합법적인지 다룹니다), 필자는 웹 스크레이퍼로 테스트해볼 수 있는 몇 가지 폼과 로그인 페이지를 pythonscraping.com에 준비해뒀습니다. 가장 기본적인 폼은 *http://pythonscraping.com/pages/files/form.html*에 있습니다.

이 폼은 다음과 같이 구성되어 있습니다.

```
<form method="post" action="processing.php">
First name: <input type="text" name="firstname"><br>
Last name: <input type="text" name="lastname"><br>
<input type="submit" value="Submit">
```

---

1 역자주_ pip install requests

```
</form>
```

여기는 몇 가지 눈여겨볼 것이 있습니다. 먼저, 입력 필드 두 개의 이름이 각각 `firstname`과 `lastname`입니다. 이는 중요한 부분입니다. 이들 필드 이름은 폼을 전송할 때 POST로 서버에 전달될 변수 이름을 결정합니다. 폼의 동작을 흉내 내려 한다면 변수 이름을 정확히 맞춰야 합니다.

둘째, 폼이 실제로 동작하는 곳은 `processing.php`(절대 경로는 *http://pythonscraping. com/pages/processing.php*)입니다. 폼에 post 요청을 보낼 때는 폼 자체가 있는 페이지가 아니라, `processing.php`에 보내야 합니다. 다시 말하지만, HTML 폼의 목적은 웹사이트 방문자가 실제 동작을 수행하는 페이지에 올바른 형식으로 요청을 보내도록 돕는 것입니다. 요청 형식 자체를 연구하려는 것이 아니라면 폼이 존재하는 페이지에는 구애받을 필요 없습니다.

`requests` 라이브러리로 폼을 보내는 건 임포트 문과 콘텐츠 출력을 포함해 단 네 줄이면 됩니다.

```python
import requests
params = {'firstname':'Ryan', 'lastname':'Mitchell'}
r = requests.post('http://pythonscraping.com/pages/processing.php', data=params)
print(r.text)폼을 전송하면 페이지 콘텐츠가 반환됩니다.
Hello there, Ryan Mitchell!
```

이 코드는 인터넷에 존재하는 단순한 폼 상당수에 적용할 수 있습니다. 예를 들어 오라일리의 미디어 소식지 구독 폼은 다음과 같습니다.

```html
<form action="http://post.oreilly.com/client/o/oreilly/forms/
            quicksignup.cgi" id="example_form2" method="POST">
    <input name="client_token" type="hidden" value="oreilly" />
    <input name="subscribe" type="hidden" value="optin" />
    <input name="success_url" type="hidden" value="http://oreilly.com/store/
            newsletter-thankyou.html" />
    <input name="error_url" type="hidden" value="http://oreilly.com/store/
            newsletter-signup-error.html" />
    <input name="topic_or_dod" type="hidden" value="1" />
    <input name="source" type="hidden" value="orm-home-t1-dotd" />
    <fieldset>
        <input class="email_address long" maxlength="200" name=
                "email_addr" size="25" type="text" value=
```

```
                    "Enter your email here" />
        <button alt="Join" class="skinny" name="submit" onclick=
                "return addClickTracking('orm','ebook','rightrail','dod'
                                        );" value="submit">Join</button>
        </fieldset>
    </form>
```

처음에는 좀 벅차 보일 수 있지만, 나중에 설명할 몇 가지 예외를 제외하면 단 두 가지만 기억하면 됩니다.

- 데이터를 전송할 필드 이름(여기서는 email_addr입니다)

- 폼 자체의 **action** 속성, 즉 폼을 실제 처리하는 페이지(여기서는 *http://post.oreilly.com/client/o/oreilly/forms/quicksignup.cgi*입니다)

다음 코드에서 이메일만 본인 이메일로 바꿔서 실행해보십시오.

```
import requests

params = {'email_addr': 'your_email@gmail.com'}
url = 'http://post.oreilly.com/client/o/oreilly/forms/quicksignup.cgi'
r = requests.post(url, data=params)
print(r.text)
```

오라일리의 메일링 리스트에 실제로 가입하려면 이 코드가 반환하는 폼을 다시 작성해야 하지만, 그 폼에도 같은 개념이 적용됩니다. 하지만 이걸 테스트할 때는 틀린 구독 요청을 마구 뿌려대지 말고, 부디 좋은 의도를 가지고 하길 바랍니다.

10.3 라디오 버튼, 체크박스, 기타 필드

물론 모든 웹 폼이 텍스트 필드와 전송 버튼만으로 구성되는 건 아닙니다. HTML 표준에는 폼에 쓸 수 있는 입력 필드가 여러 가지 있습니다. 라디오 버튼, 체크박스, 셀렉트 박스, 그 외에도 많이 있습니다. HTML5에서는 범위 입력 필드인 슬라이더, 이메일, 날짜 등이 더 추가됐습니다. 자바스크립트를 사용하면 쓸 수 있는 필드가 무한히 늘어납니다. 달력, 색깔 선택기, 무엇이든 개발자가 만들기 나름입니다.

폼 필드가 너무 다양하고 복잡하게 보이더라도 사실 신경 쓸 것은 필드 이름과 값뿐입니다. 필드 이름은 소스 코드에서 name 속성을 보면 쉽게 알 수 있습니다. 값의 경우는 조금 복잡한데, 폼을 전송하기 직전에 자바스크립트를 써서 만들 수도 있기 때문입니다. 예를 들어 상당히 고급 폼 필드에 속하는 색깔 선택기는 #F03030 같은 값을 가질 수도 있습니다.

입력 필드의 값 형식을 확신할 수 없다면 브라우저가 사이트와 주고받는 GET과 POST 요청을 추적하는 여러 가지 도구를 쓸 수 있습니다. GET 요청을 추적하는 가장 좋은, 그리고 아마 가장 명확한 방법은 이미 언급했듯 그냥 사이트 URL을 읽어보는 겁니다. URL이 다음과 같은 형태라고 가정해봅시다.

```
http://domainname.com?thing1=foo&thing2=bar
```

이에 대응하는 폼은 대략 이런 식입니다.

```
<form method="GET" action="someProcessor.php">
<input type="someCrazyInputType" name="thing1" value="foo" />
<input type="anotherCrazyInputType" name="thing2" value="bar" />
<input type="submit" value="Submit" />
</form>
```

이때 파이썬 매개변수 객체는 이렇게 만들면 됩니다.

```
{'thing1':'foo', 'thing2':'bar'}
```

[그림 10-1]을 보십시오.

POST 폼이 너무 복잡해서 막혀 있고 브라우저가 정확히 어떤 매개변수를 서버에 보내는지 알고 싶다면, 가장 쉬운 방법은 브라우저의 개발자 도구를 보는 겁니다.

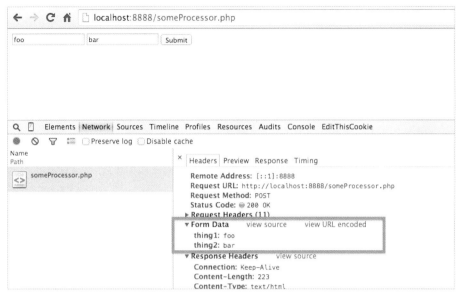

그림 10-1 박스로 강조한 폼 데이터 섹션에서 POST 매개변수 thing1과 thing2의 값이 각각 foo와 bar임을 볼 수 있습니다.

크롬 개발자 도구는 F12를 눌러 접근할 수 있습니다. 크롬 개발자 도구에서 브라우저가 현재 웹사이트와 통신하면서 보낸 쿼리를 자세히 볼 수 있습니다.

10.4 파일과 이미지 전송

인터넷에서는 파일 업로드가 널리 쓰이지만, 웹 스크레이핑에서는 자주 있는 일은 아닙니다. 물론 당신의 사이트에서 파일 업로드를 테스트해보고 싶을 때가 있을 겁니다. 어쨌든 알아두면 좋은 거죠.

*http://pythonscraping.com/pages/form2.html*은 파일 업로드를 연습하도록 만든 폼입니다. 마크업은 다음과 같습니다.

```
<form action="processing2.php" method="post" enctype="multipart/form-data">
  Submit a jpg, png, or gif: <input type="file" name="uploadFile"><br>
  <input type="submit" value="Upload File">
</form>
```

<input> 태그의 type 속성이 file인 것을 제외하면 이전 예제의 텍스트 기반 폼과 다를 것은 없습니다. requests 라이브러리를 사용하는 방법도 거의 비슷합니다.

```
import requests
files = {'uploadFile': open('files/Python-logo.png', 'rb')}
url = 'http://pythonscraping.com/pages/processing2.php'
r = requests.post(url, files=files)
print(r.text)
```

이번에는 문자열이 아니라 open 함수가 반환한 파이썬 File 객체를 보냈습니다(필드 이름은 uploadFile입니다). 이 예제에서 보낸 파일은 이 코드를 기준으로 상대 경로 files/Python-logo.png에 있는 이미지 파일입니다.

이게 끝입니다! 다른 건 필요 없습니다.

10.5 로그인과 쿠키 처리

지금까지는 사이트에 정보를 전송하는 걸 허용하거나, 폼을 넘어가면 바로 필요한 정보를 제공하는 폼을 살펴봤습니다. 이것이 '로그인 상태를 유지합니다' 같은 기능을 제공하는 로그인 폼과는 어떻게 다른 걸까요?

최신 웹사이트는 대부분 쿠키를 사용해서 누가 로그인했고 누가 안 했는지 추적합니다. 일단 사이트에서 당신의 로그인 요청을 인증하면, 사이트는 당신의 브라우저에 쿠키를 저장합니다. 이런 쿠키에는 보통 서버에서 생성한 토큰, 만료일, 추적tracking 정보가 들어 있습니다. 사이트는 나중에 이 쿠키를 당신이 그 사이트에 머물며 방문하는 각 페이지에서 일종의 인증 증거로 사용합니다. 1990년대 중반 쿠키가 널리 퍼지기 전에는, 사용자를 안전하게 인증하고 추적하는 게 웹사이트들의 큰 문제였습니다.

쿠키는 웹 개발자들이 쌍수를 들어 환영할 만한 것이었지만, 웹 스크레이퍼에는 문제를 일으킬 수 있습니다. 웹 스크레이퍼로 언제든 로그인을 할 수 있지만, 서버가 반환하는 쿠키를 활용하지 못하면 웹사이트는 당신이 로그인하지 않았다고 판단할 겁니다.

필자는 *http://pythonscraping.com/pages/cookies/login.html*에 단순한 로그인 폼을 만

들었습니다. 사용자 이름은 아무거나 써도 되지만, 비밀번호는 반드시 password여야 합니다.

이 폼을 처리하는 페이지는 *http://pythonscraping.com/pages/cookies/welcome.php*이고, 이 페이지에는 '메인 사이트' 페이지인 *http://pythonscraping.com/pages/cookies/profile.php*를 가리키는 링크가 있습니다.

로그인하지 않고 환영 페이지나 프로필 페이지에 접근하려 하면 에러 메시지와 함께 먼저 로그인하라는 안내가 표시됩니다. 프로필 페이지에서는 로그인 페이지에서 브라우저 쿠키를 만들었는지 체크합니다.

requests 라이브러리를 사용하면 쿠키 추적도 쉽습니다.

```
import requests
params = {'username': 'Ryan', 'password': 'password'}
welcome_page = 'http://pythonscraping.com/pages/cookies/welcome.php'
r = requests.post(welcome_page, params)

print('Cookie is set to:')
print(r.cookies.get_dict())
print('Going to profile page...')

profile_page = 'http://pythonscraping.com/pages/cookies/profile.php'
r = requests.get(profile_page, cookies=r.cookies)
print(r.text)
```
이 코드에서는 로그인 폼을 처리하는 환영 페이지에 로그인 매개변수를 보냅니다. 마지막 요청 결과에서 쿠키를 가져와서 출력으로 확인하고, cookies 매개변수를 통해 그 쿠키를 프로필 페이지에 보냅니다.

이런 방법은 단순한 상황에는 잘 동작하지만, 일부 복잡한 사이트는 경고 없이 자주 쿠키를 수정하기도 하며, 때로는 쿠키에 대해 생각하지 못하고 코드를 작성할 수도 있습니다. requests 라이브러리의 session 함수로 이런 문제를 해결할 수 있습니다.

```
import requests
session = requests.Session()

params = {'username': 'username', 'password': 'password'}
welcome_page = 'http://pythonscraping.com/pages/cookies/welcome.php'
s = session.post(welcome_page, params)

print("Cookie is set to:")
```

```
print(s.cookies.get_dict())
print('Going to profile page...')

profile_page = 'http://pythonscraping.com/pages/cookies/profile.php'
s = session.get(profile_page)
print(s.text)
```

여기서는 requests.Session()로 가져온 세션 객체가 쿠키나 헤더, 심지어 HTTPAdapters 같은 HTTP에서 동작하는 프로토콜에 관한 정보까지 세션 정보를 관리합니다.

requests 라이브러리는 정말 훌륭합니다. 프로그래머가 이것저것 생각하거나 코드를 직접 작성할 필요 없이 모든 일을 매끄럽게 처리하는 완성도 면에서는 11장에서 설명할 셀레니움 Selenium 외에는 비교할 만한 대상이 없을 정도입니다. 의자에 기대서 라이브러리가 모든 일을 처리하도록 내버려두고 싶겠지만, 웹 스크레이퍼를 만들 때는 항상 쿠키가 어떤 모양이고 무슨 일을 하는지 파악하는 것이 대단히 중요합니다. 이걸 잘 파악하면 고통스러운 디버깅 시간이나, 사이트가 이상하게 동작하는 이유를 파악하는 시간이 훨씬 짧아집니다.

10.5.1 HTTP 기본 접근 인증

쿠키가 등장하기 전에 널리 쓰이던 로그인 처리 방법은 HTTP **기본 접근 인증** basic access authentication 입니다. 여전히 가끔, 특히 높은 보안이 중요한 사이트나 기업 사이트 중에는 이따금 API와 함께 이 방식을 쓰는 곳도 있습니다. *http://pythonscraping.com/pages/auth/login.php* 페이지는 이런 타입의 인증을 사용합니다(그림 10-2).

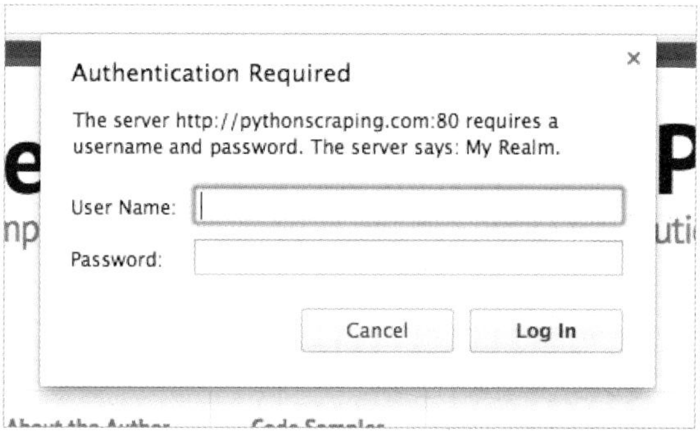

그림 10-2 기본 접근 인증을 사용하는 페이지에 접근하려면 반드시 사용자 이름과 비밀번호를 입력해야 합니다.

이 장의 다른 예제와 마찬가지로, 로그인하는 사용자 이름은 무엇이든 상관없지만 비밀번호는 반드시 password여야 합니다.

requests 라이브러리에는 HTTP 인증을 처리하도록 특별히 설계된 auth 모듈이 있습니다.

```
import requests
from requests.auth import AuthBase
from requests.auth import HTTPBasicAuth

auth = HTTPBasicAuth('ryan', 'password')
url = 'http://pythonscraping.com/pages/auth/login.php'
r = requests.post(url=url, auth=auth)
print(r.text)
```

일반적인 POST 요청처럼 보이겠지만 이번에는 HTTPBasicAuth 객체를 auth 매개변수로 요청에 넣었습니다. 결과 텍스트는 사용자 이름과 비밀번호로 보호된 페이지입니다(요청이 실패하면 접근 거부 페이지가 나타납니다).

10.6 기타 폼 문제

웹 폼은 온갖 악의적 봇들이 들끓는 장소입니다. 봇이 사용자 계정을 만들고, 귀중한 서버 시간을 낭비하고, 블로그에 스팸을 뿌려대길 원하는 사람은 아무도 없습니다. 따라서 최신 웹사이트의 HTML 폼에는 즉시 드러나지 않은 보안 기능이 포함될 때가 많습니다.

TIP 자동 가입 방지 문자CAPTCHA에 대해서는 이미지 처리와 텍스트 인식에 관해 설명하는 13장에서 설명할 것입니다.

불가사의한 에러를 만나거나, 서버가 알 수 없는 이유로 당신의 폼 전송을 파기한다면 14장을 읽어보십시오. 14장에서는 허니팟과 숨김 필드, 기타 웹사이트에서 폼을 보호하기 위해 채용하는 보안 수단을 다룹니다.

자바스크립트 스크레이핑

클라이언트 쪽 스크립트 언어는 웹 서버가 아니라 브라우저 자체에서 동작하는 언어입니다. 클라이언트 쪽 언어의 성공은 브라우저가 그 언어를 정확히 해석하고 실행할 수 있는지에 달려 있습니다(브라우저마다 자바스크립트를 끄는 기능이 있는 데에는 다 이유가 있습니다).

클라이언트 쪽 언어가 서버 쪽 언어보다 적어진 데는 모든 브라우저 제작자들이 표준에 동의하기 어렵다는 이유도 어느 정도 있습니다. 그런데 이건 웹 스크레이핑에서는 다행이죠. 대응해야 할 언어가 적을수록 좋으니까요.

온라인에서 자주 마주칠 언어는 플래시 애플리케이션에서 사용하는 액션스크립트와 자바스크립트 둘뿐입니다. 액션스크립트는 10년 전에 비하면 거의 사라지다시피 했으며, 지금 용도는 주로 온라인 게임에서의 멀티미디어 파일 스트리밍, 그리고 이제는 아무도 원하지 않는다는 사실을 미처 깨우치지 못한 사이트에서 시작 페이지를 장식하는 용도가 있습니다. 어쨌든 플래시 페이지를 스크레이핑할 필요는 거의 없으므로, 최신 웹 페이지에 거의 어디서나 쓰이는 자바스크립트에 대해서만 설명하겠습니다.

자바스크립트는 현재 웹에서 가장 널리 쓰이고 가장 잘 지원되는 클라이언트 스크립트 언어입니다. 자바스크립트는 사용자 추적을 위한 정보 수집, 폼을 새로 고치지 않은 상태에서의 정보 전송, 멀티미디어 파일 등에 쓰이며 심지어 자바스크립트만으로 만든 온라인 게임도 있습니다. 아주 단순하게 보이는 페이지에도 자바스크립트가 많이 들어 있을 때가 잦습니다. 자바스크립트는 페이지의 소스 코드에서 <script> 태그 부분에 들어 있습니다.

```
<script>
    alert("This creates a pop-up using JavaScript");
</script>
```
11.1 자바스크립트에 관한 간단한 소개

스크레이핑하는 스크립트에서 무슨 일을 하는지 최소한이라도 이해한다면 아주 큰 도움이 될 겁니다. 따라서 자바스크립트에 익숙해지면 좋은 거죠.

자바스크립트는 약한 타이핑 언어이며 그 문법은 종종 자바나 C++과 비교됩니다. 연산자나 루프, 배열 같은 문법적 요소는 일부 비슷하지만, 약한 타입과 스크립트에서 출발한 성격 때문에 일부 프로그래머들은 자바스크립트를 이해하는 게 골치 아플 수 있습니다.

다음 코드는 재귀적으로 피보나치 수열을 계산한 후 브라우저의 개발자 콘솔에 출력합니다.

```
<script>
function fibonacci(a, b){
    var nextNum = a + b;
    console.log(nextNum+" is in the Fibonacci sequence");
    if(nextNum < 100){
        fibonacci(b, nextNum);
    }
}
fibonacci(1, 1);
</script>
```

모든 변수의 앞에 var가 있습니다. 이 문법은 PHP의 $ 기호나, 자바와 C++의 int, String, List 등 타입 선언과 비슷합니다. 파이썬은 이렇게 명시적인 변수 선언이 없다는 점에서 조금 독특하긴 합니다. 또한 자바스크립트에는 함수를 변수처럼 사용할 수 있다는 대단히 좋은 기능이 있습니다.

```
<script>
var fibonacci = function() {
    var a = 1;
    var b = 1;
    return function () {
        var temp = b;
        b = a + b;
        a = temp;
        return b;
```

```
        }
    }
    var fibInstance = fibonacci();
    console.log(fibInstance()+" is in the Fibonacci sequence");
    console.log(fibInstance()+" is in the Fibonacci sequence");
    console.log(fibInstance()+" is in the Fibonacci sequence");
</script>
```

이 코드는 언뜻 보기에는 이해가 안 될 수 있지만, 2장에서 설명한 람다 표현식을 염두에 두고 살펴보면 어렵지 않을 겁니다. 변수 fibonacci는 함수로 정의됐습니다. 이 함수가 반환하는 값은 함수이며, 반환된 함수는 피보나치 수열에서 점점 커지는 값을 출력합니다. fibonacci를 호출할 때마다 피보나치 수열을 계산하는 함수를 반환하며, 그 함수를 다시 실행해서 함수에 들어 있는 값을 증가시킵니다.

언뜻 보기엔 대단히 난해하게 보이지만, 피보나치 수열을 계산하는 것 같은 종류의 문제는 대개 이런 패턴을 사용합니다. 함수를 마치 변수처럼 다루는 개념은 사용자의 행동이나 콜백을 처리할 때 대단히 유용하며, 자바스크립트 코드를 읽어야 한다면 이런 프로그래밍 스타일에 익숙해질 필요가 있습니다.

11.1.1 널리 쓰이는 자바스크립트 라이브러리

자바스크립트 표준을 이해하는 것도 중요하지만, 라이브러리가 없으면 최신 웹에서 할 수 있는 일은 상당히 제한됩니다. 페이지의 소스 코드를 읽어보면 이들 널리 쓰이는 라이브러리가 하나 이상은 들어 있을 겁니다.

파이썬을 이용해 자바스크립트를 실행하는 건 대단히 시간이 많이 걸리고 프로세서 자원을 많이 소비합니다. 특히 대규모로 실행한다면 더 심합니다. 자바스크립트를 이해하고 분석할 수 있다면(실행하지 않아도 결과를 예측할 수 있다면) 정말 큰 도움이 되고, 두통거리도 많이 줄어듭니다.

제이쿼리

제이쿼리jQuery는 대단히 널리 쓰이는 라이브러리입니다. 2014년 한 통계에 따르면 유명한 인터넷 사이트의 70%가 제이쿼리를 사용하고, 다른 사이트들도 30% 정도는 제이쿼리를 사용했습니다. 제이쿼리를 사용하는 사이트는 코드 어딘가에 다음과 같이 제이쿼리를 불러오는 임포트 문이 있으므로 쉽게 구별할 수 있습니다.

```
<script src="http://ajax.googleapis.com/ajax/libs/jquery/1.9.1/jquery.min.js"></
script>
```

사이트에서 제이쿼리를 사용한다면 반드시 조심해서 스크랩해야 합니다. 제이쿼리는 자바스크립트가 실행된 다음에 동적으로 HTML 콘텐츠를 생성할 수 있기 때문입니다. 여태까지 사용한 방법대로 페이지 콘텐츠를 스크랩하면 자바스크립트로 생성한 콘텐츠는 모두 놓치게 됩니다 (이 문제에 대해서는 다음 절 'Ajax와 DHTML'에서 더 자세히 다룹니다).

또한, 제이쿼리를 사용하는 페이지에는 애니메이션이나 대화형 콘텐츠, 미디어 파일 등이 들어 있을 확률이 높고 이런 것들은 스크랩을 어렵게 합니다.

구글 애널리틱스

전체 웹사이트의 50퍼센트 이상이 구글 애널리틱스Google Analytics를 사용합니다.[1] 구글 애널리틱스는 아마 인터넷에서 가장 널리 쓰이는 자바스크립트 라이브러리인 동시에, 가장 널리 쓰이는 사용자 추적 도구일 겁니다. 사실 *http://pythonscraping.com*과 *http://www.oreilly.com/*에서도 구글 애널리틱스를 사용합니다.

페이지에서 구글 애널리틱스를 사용하는지 여부는 간단히 알 수 있습니다. 구글 애널리틱스를 사용하는 페이지는 소스 코드 마지막에 다음과 비슷한 자바스크립트가 들어 있습니다(이 스크립트는 오라일리 미디어 사이트에서 가져왔습니다).

```
<!-- Google Analytics -->
<script type="text/javascript">

var _gaq = _gaq || [];
_gaq.push(['_setAccount', 'UA-4591498-1']);
_gaq.push(['_setDomainName', 'oreilly.com']);
_gaq.push(['_addIgnoredRef', 'oreilly.com']);
```

---

1 *http://w3techs.com/technologies/details/ta-googleanalytics/all/all*

```
_gaq.push(['_setSiteSpeedSampleRate', 50]);
_gaq.push(['_trackPageview']);

(function() { var ga = document.createElement('script'); ga.type =
'text/javascript'; ga.async = true; ga.src = ('https:' ==
document.location.protocol ? 'https://ssl' : 'http://www') +
'.google-analytics.com/ga.js'; var s =
document.getElementsByTagName('script')[0];
s.parentNode.insertBefore(ga, s); })();
</script>
```

이 스크립트는 페이지에서 페이지로 이동하는 당신의 움직임을 추적하는 특수한 쿠키를 사용합니다. 이 장 후반에서 셀레니움을 사용해 자바스크립트를 실행하고 쿠키를 처리하는 스크레이퍼를 만들 텐데, 이런 스크레이퍼에서는 구글 애널리틱스가 문제가 될 수 있습니다.

사이트에서 구글 애널리틱스나 그와 비슷한 웹 분석 시스템을 사용하고, 그 사이트에서 스크레이퍼가 다녀갔음을 알지 못하게 하고 싶다면 분석에 사용되는 쿠키 또는 모든 쿠키를 비활성화해야 합니다.

구글 지도

인터넷을 많이 돌아다녀봤다면 웹사이트에 임베드된 구글 지도를 거의 확실히 본 적이 있을 것입니다. 구글 지도는 어느 사이트에든 아주 쉽게 지도를 임베드할 수 있는 API를 제공합니다.

어떤 종류든 위치 데이터를 스크랩할 경우, 구글 지도가 어떻게 작동하는지 이해한다면 위도/경도 좌표, 운이 좋다면 주소까지 수월하게 가져올 수 있습니다. 구글 지도에서 위치를 표시하기 위해 가장 많이 쓰는 방법은 **마커**(핀이라 부르기도 합니다)입니다.

구글 지도에서 마커를 삽입할 때는 다음과 같은 코드를 사용합니다.

```
var marker = new google.maps.Marker({
    position: new google.maps.LatLng(-25.363882,131.044922),
    map: map,
    title: 'Some marker text'
});
```

파이썬에서 google.maps.LatLng(와) 사이에 있는 좌표를 모두 추출해 위도/경로 리스트로 만드는 건 어렵지 않습니다.

구글의 리버스 지오코딩reverse Geocoding API(*https://goo.gl/xku6Ew*)를 사용하면 이들 좌표 쌍을 저장하고 분석하기 알맞은 형태의 주소로 변환할 수 있습니다.

11.2 Ajax와 DHTML

여태까지 우리가 웹 서버와 한 통신은 페이지를 가져올 때 일종의 HTTP 요청을 보낸 것뿐이었습니다. 페이지를 새로 고치지 않고 폼을 전송하거나 서버에서 정보를 가져온 경험이 있다면 그건 아마 **Ajax**를 통한 것이었을 겁니다.

일부 오해하는 사람도 있지만, Ajax는 언어가 아니라 특정 작업을 하기 위해 사용하는 기술의 묶음입니다(그러고 보니 웹 스크레이핑도 그렇군요). Ajax는 비동기 자바스크립트와 XMLAsynchronous JavaScript and XML의 약자이며, 서버에 별도의 페이지를 요청하지 않고 정보를 주고받기 위해 사용됩니다.

> **NOTE_** '이 웹사이트는 Ajax로 만든 겁니다'라고 말해서는 안 됩니다. '이 폼은 Ajax를 써서 웹 서버와 통신합니다'라고 말해야 정확합니다.

Ajax와 마찬가지로, **DHTML**도 같은 목적을 위해 함께 사용하는 기술을 묶어 부르는 말입니다. DHTML은 클라이언트 쪽 스크립트가 페이지의 HTML 요소 바뀜에 따라 바뀌는 HTML이나 CSS입니다. 사용자가 커서를 움직여야만 버튼이 나타나거나, 클릭에 따라 배경색이 바뀌거나, Ajax 요청으로 새로운 콘텐츠가 나타날 수도 있습니다.

'동적'이라는 단어는 일반적으로 '움직이는', '변하는' 같은 뜻을 떠올리게 하지만, 대화형 HTML 콘텐츠나 움직이는 이미지가 들어 있다 해서 그 페이지가 DHTML은 아닙니다. 동적으로 보이긴 하지만 말입니다. 인터넷에서 가장 따분하고 정적으로 보이는 페이지라 하더라도 이면에서 자바스크립트로 HTML과 CSS을 조작하는 DHTML이 있을 수 있습니다.

다양한 웹사이트에서 아주 많이 스크랩한다면 곧 브라우저에 보이는 콘텐츠가 사이트에서 스크랩한 소스 코드와는 맞지 않는 상황이 발생할 겁니다. 스크레이퍼가 내놓은 결과를 보고 머리를 긁적이며 브라우저에서 보던 내용이 다 어디로 사라졌는지 궁금해하게 될 수도 있습니다.

또한 페이지에서 리다이렉트가 일어나서 다른 페이지로 이동했지만, 페이지 URL은 전혀 바뀌지 않을 수도 있습니다.

이런 모든 상황은 자바스크립트가 페이지에서 하는 일을 스크레이퍼는 하지 못하기 때문에 일어나는 일입니다. 자바스크립트가 없다면 HTML은 그냥 가만히 있을 뿐이며, 자바스크립트를 잘 실행하는 웹 브라우저에서 보이는 것과는 매우 다르게 보일 수 있습니다.

페이지가 Ajax나 DHTML을 써서 콘텐츠를 바꾸거나 불러온다는 사실을 눈치챌 방법은 여러 가지가 있지만, 어쨌든 이런 상황에서 해결책은 두 가지뿐입니다. 하나는 자바스크립트를 분석해 콘텐츠를 직접 스크랩하는 것이고, 다른 하나는 자바스크립트 자체를 실행할 수 있는 파이썬 패키지를 써서 웹사이트를 브라우저에 보이는 그대로 스크랩하는 것입니다.

11.2.1 셀레니움으로 파이썬에서 자바스크립트 실행

셀레니움(*http://www.seleniumhq.org/*)은 원래 웹사이트 테스트 목적으로 개발됐지만, 강력한 웹 스크레이핑 도구로 사용할 수 있습니다. 최근에는 웹사이트가 브라우저에 어떻게 보이는지 정확하게 알 필요가 있을 때도 사용합니다. 셀레니움은 브라우저가 웹사이트를 불러오고, 필요한 데이터를 가져오고, 스크린샷을 찍거나 특정 행동이 웹사이트에서 일어난다고 단언하는 등을 자동화합니다.

셀레니움에는 자체적인 웹 브라우저가 들어 있지 않으므로 다른 브라우저가 있어야 사용할 수 있습니다. 예를 들어 셀레니움을 파이어폭스와 함께 사용하면 말 그대로 파이어폭스를 실행하고 웹사이트로 이동해서 코드에 명시한 동작을 수행합니다. 이렇게 하면 어떤 일이 일어나는지 지켜보기 편하지만, 필자는 스크립트가 백그라운드에서 조용히 실행되는 것을 좋아하므로 실제 브라우저 대신 팬텀JS(*http://phantomjs.org/*)라는 도구를 사용합니다.

팬텀JS는 인터페이스가 없는, 소위 헤드리스[headless] 브라우저입니다. 팬텀JS는 웹사이트를 메모리에 불러오고 페이지의 자바스크립트를 실행하지만, 그래픽은 전혀 렌더링하지 않습니다. 셀레니움과 팬텀JS를 결합하면 쿠키와 자바스크립트, 헤더, 그 외 필요한 모든 것을 쉽게 처리하는 대단히 강력한 웹 스크레이퍼를 갖게 됩니다.

셀레니움 라이브러리는 웹사이트(*https://pypi.python.org/pypi/selenium*)에서 내려받거나, pip 같은 패키지 관리자로 설치할 수 있습니다.

팬텀JS는 웹사이트(*http://phantomjs.org/download.html*)에서 내려받을 수 있습니다. 팬텀JS는 완전한(인터페이스는 없지만) 브라우저이고 파이썬 라이브러리가 아니므로, pip 같은 패키지 관리자로는 설치할 수 없고 직접 내려받아서 설치해야 합니다.

Ajax를 이용해 데이터를 불러오는 페이지는 아주 많지만(대표적으로 구글), 필자는 스크레이퍼를 테스트할 수 있는 샘플 페이지를 *http://pythonscraping.com/pages/javascript/ajaxDemo.html*에 준비해뒀습니다. 이 페이지에는 HTML에 직접 입력한 샘플 텍스트가 있는데, 이 텍스트는 2초 뒤에 Ajax로 가져온 콘텐츠로 교체됩니다. 이전에 쓰던 방식대로 이 페이지의 데이터를 스크랩하려 하면, 실제 원하는 데이터가 아니라 로딩 페이지의 데이터만 가지고 오게 될 겁니다.

셀레니움 라이브러리는 **웹드라이버**^{WebDriver} 위에서 호출되는 API입니다. 웹드라이버는 웹사이트를 불러올 수 있다는 점에서 브라우저와 비슷한 점도 조금 있지만 BeautifulSoup 객체와 마찬가지로 페이지 요소를 찾는 데 쓸 수 있고, 텍스트를 보내거나 클릭하는 등 페이지 요소를 조작할 수 있으며, 그 외에도 웹 스크레이퍼를 작동할 때 필요한 행동을 할 수 있습니다.

다음 코드는 테스트 페이지에서 Ajax의 '벽' 뒤에 있는 텍스트를 가져옵니다.[2]

```
from selenium import webdriver
import time

options = webdriver.ChromeOptions()
options.add_argument('headless')
driver = webdriver.Chrome(executable_path='./chromedriver'
                            , chrome_options=options)
```

---

2 역자주_ 크롬이나 파이어폭스 등 주요 브라우저에서 헤드리스(인터페이스 없이 실행하는) 옵션을 본격적으로 지원함에 따라 팬텀JS의 개발이 중단됐고, 이 책을 번역하는 시점에서 셀레니움도 팬텀JS 지원을 중단할 계획이니 헤드리스 크롬이나 파이어폭스 사용을 권하고 있습니다.
따라서 역자도 이 책의 코드를 조금 바꿔서, 팬텀JS 대신 크롬드라이버를 써서 테스트를 진행했습니다. 크롬드라이버는 *https://sites.google.com/a/chromium.org/chromedriver/downloads*에서 다운로드할 수 있습니다. 내려받은 파일의 압축을 풀면 나오는 실행 파일을 원하는 경로에 복사하고 executable_path에 경로명을 지정하면 됩니다. 다음 예제에는 예제 파일과 같은 경로에 복사했다고 가정했습니다.
크롬드라이버 바이너리를 파이썬이나 가상 환경이 찾을 수 있는 경로에 설치하면 매번 위치를 지정할 필요가 없어서 편리합니다. 즉 소스 파일 경로나 프로젝트 디렉터리, 또는 1장에서 virtualenv로 scrapingEnv라는 가상 환경을 만들었다면 scrapingEnv/bin(윈도우는 scrapingEnv/Scripts) 디렉터리에 복사하는 것이 좋습니다. 이후 예제에서는 크롬드라이버 위치를 지정하지 않겠습니다.

```
url = 'http://pythonscraping.com/pages/javascript/ajaxDemo.html'
driver.get(url)
time.sleep(3)
print(driver.find_element_by_id('content').text)
driver.close()
```

셀레니움 선택자

이전 장에서는 find와 findAll 같은 BeautifulSoup 선택자를 써서 페이지 요소를 선택했습니다. 셀레니움은 웹드라이버의 DOM에서 요소를 찾을 때 완전히 새로운 선택자를 사용합니다.

예제에서는 선택자 find_element_by_id를 사용했지만, 다음과 같이 다른 선택자를 사용했어도 결과는 같았을 겁니다.

```
driver.find_element_by_css_selector('#content')
driver.find_element_by_tag_name('div')
```

페이지 요소를 여러 개 선택해야 할 때는, 이들 요소 선택자에서 element를 elements로 바꾸기만 하면(즉 s를 붙여 복수형으로 만듭니다) 파이썬 리스트를 반환합니다.

```
driver.find_elements_by_css_selector('#content')
driver.find_elements_by_css_selector('div')
```

물론 이 콘텐츠를 BeautifulSoup로 파싱하는 것도 가능합니다. 웹드라이버의 page_source 함수는 현 시점의 DOM을 문자열로 반환합니다.

```
pageSource = driver.page_source
bs = BeautifulSoup(pageSource, 'html.parser')
print(bsObj.find(id='content').get_text())
```

이 코드는 크롬드라이버를 사용해서 셀레니움 웹드라이버를 만듭니다. 크롬드라이버는 웹드라이버가 페이지를 불러온 다음 3초 동안 기다리고, 그다음 콘텐츠를 가져옵니다.

팬텀JS가 설치된 위치에 따라 새 팬텀JS 웹드라이버를 만들 때 그 위치를 명시적으로 지정해야 할 수도 있습니다.

```
driver = webdriver.PhantomJS(executable_path='/path/to/download/
                            phantomjs-1.9.8-macosx/bin/phantomjs')
```

모든 것이 정확히 설치되고 설정됐다면 스크립트를 실행하고 몇 초 뒤에는 다음과 같은 텍스트를 출력할 겁니다.

```
Here is some important text you want to retrieve!
A button to click!
```

페이지 자체에는 HTML 버튼이 있지만, 셀레니움의 .text 함수는 다른 콘텐츠를 가져오는 방식과 마찬가지로 버튼의 텍스트만 읽어왔습니다.

위 코드에서는 time.sleep으로 대기 시간을 3초로 지정했지만, 1초로 지정했다면 바뀌기 전원래 텍스트를 반환할 겁니다.

```
This is some content that will appear on the page while it's loading.
 You don't care about scraping this.
```

이 방법은 잘 동작하긴 하지만 좀 비효율적이고, 큰 프로젝트에서 사용한다면 문제가 생길 소지도 있습니다. 페이지를 불러오는 시간은 일정하지 않습니다. 그 순간에 서버가 바쁘다면 그만큼 늘어나고, 연결 속도에 따라서도 변합니다. 이 페이지는 정확히 2초 뒤에 새 콘텐츠를 가져오지만, 코드에서는 완전히 가져올 시간이 충분하도록 3초를 기다리게 했습니다. 더 효율적인 방법은 페이지를 완전히 불러왔을 때만 존재하는 요소를 계속해서 확인하다가, 그 요소가존재할 때만 데이터를 가져오는 겁니다.

다음 코드는 페이지를 완전히 불러왔을 때만 존재하는, id가 loadedButton인 버튼을 검사합니다.

```
from selenium import webdriver
from selenium.webdriver.common.by import By
from selenium.webdriver.support.ui import WebDriverWait
from selenium.webdriver.support import expected_conditions as EC

options = webdriver.ChromeOptions()
options.add_argument('headless')
driver = webdriver.Chrome(chrome_options=options)
```

```
url = 'http://pythonscraping.com/pages/javascript/ajaxDemo.html'
driver.get(url)

try:
    element = WebDriverWait(driver, 10).until(
        EC.presence_of_element_located((By.ID, 'loadedButton')))
finally:
    print(driver.find_element_by_id('content').text)
    driver.close()
```

이 스크립트에는 새로운 임포트 문이 여러 개 있는데, 그중에서 특기할 만한 것은 WebDriver Wait와 expected_conditions입니다. 이들을 결합하면 셀레니움에서 **묵시적 대기**[implicit wait]라고 하는 기능을 사용할 수 있습니다.

묵시적 대기는 DOM이 어떤 상태로 바뀔 때까지 기다린다는 점에서 명시적 대기와는 다릅니다. 이전 예제에서는 명시적 대기를 사용해서 3초 동안 기다리게 했습니다. 묵시적 대기에서 우리가 기다릴 DOM의 상태는 expected_condition으로 정의합니다. 여기서는 임포트하면서 EC라는 별명을 썼는데, 간결한 코드를 위해 널리 쓰는 표기법입니다. 셀레니움은 여러 가지 예상 조건(expected_condition)을 사용할 수 있는데, 그중에서도 자주 쓰이는 것은 다음과 같습니다.

- 알림[alert] 박스 팝업
- 요소(텍스트 박스 등)가 '선택[selected]' 상태로 바뀜
- 페이지 타이틀이 바뀌거나, 어떤 텍스트가 페이지 또는 특정 요소 안에 표시됨
- 보이지 않던 요소가 DOM상에 보이게 되거나, 반대로 어떤 요소가 DOM에서 사라짐

물론 예상 조건을 사용하려면 어떤 요소를 지켜볼지 지정해야 합니다. 지켜볼 요소는 **위치 지정자**[locator]로 정합니다. 위치 지정자는 선택자와는 다릅니다. 위치 지정자는 By 객체를 사용하는 추상 쿼리 언어입니다. By 객체는 다양한 방법으로 사용할 수 있는데, 선택자를 만들 때도 쓸 수 있습니다.

다음 예제 코드에서는 위치 지정자를 사용해 id가 loadedButton인 요소를 찾습니다.

```
EC.presence_of_element_located((By.ID, 'loadedButton'))
```

위치 지정자와 find_element 함수를 함께 쓰면 선택자를 만들 수 있습니다.

```
print(driver.find_element(By.ID, 'content').text)
```

물론 위 코드는 예제에서 사용한 다음 코드와 똑같은 일을 합니다

```
print(driver.find_element_by_id('content').text)
```

위치 지정자가 필요하지 않다면 쓰지 않아도 됩니다. 임포트 문도 하나 아낄 수 있습니다. 하지만 위치 지정자는 다양한 애플리케이션에서 쓸 수 있는, 매우 유연하고 편리한 도구입니다.

By 객체와 함께 쓸 수 있는 위치 지정자는 다음과 같습니다.

ID
예제에서 사용했었습니다. id 속성으로 요소를 찾습니다.

CLASS_NAME
class 속성으로 요소를 찾습니다. 이 함수의 이름을 CLASS_NAME이라고 정한 것은, 셀레니움의 자바 라이브러리에서 class를 예약된 메서드로 사용하므로 object.CLASS 형식을 사용하면 문제가 생기기 때문입니다. 모든 언어에서 일관된 문법을 쓰기 위해 CLASS_NAME이란 이름으로 정해졌습니다.

CSS_SELECTOR
class, id, tag 이름으로 요소를 찾습니다. 표기법은 각각 #idName, .className, tagName입니다.

LINK_TEXT
링크 텍스트로 <a> 태그를 찾습니다. 예를 들어 링크 텍스트가 'Next'이면 (By.LINK_TEXT, "Next")로 선택할 수 있습니다.

PARTIAL_LINK_TEXT
LINK_TEXT와 비슷하지만 문자열 일부에 일치하는 텍스트를 찾습니다.

NAME

name 속성으로 요소를 찾습니다. 폼을 다룰 때 편리합니다.

TAG_NAME

태그 이름으로 요소를 찾습니다.

XPATH

XPath 표현식(다음 박스 참고)을 써서 요소를 찾습니다.

XPath 문법

XPath(XML Path의 줄임말입니다)는 XML 문서의 일부분을 탐색하고 선택하는 데 사용하는 쿼리 언어입니다. 1999년 W3C가 만들었고, 파이썬, 자바, C# 등 언어에서 XML 문서를 다룰 때 이용되곤 했습니다.

BeautifulSoup는 XPath를 지원하지 않지만, 스크레이피나 셀레니움 등 이 책에서 사용하는 라이브러리 중에는 XPath를 지원하는 것이 많습니다. XPath는 mytag#idname처럼 CSS 선택자와 비슷한 문법을 사용할 수 있을 때가 많습니다. 원래는 HTML보다는 더 범용적인 XML 문서를 다루기 위해 설계되었지만 말이죠.

XPath 문법은 크게 네 가지 개념으로 이루어집니다.

- 루트 노드 대 루트가 아닌 노드
    - /div는 오직 문서의 루트에 있는 div 노드만 선택합니다.
    - //div는 문서의 어디에 있든 모든 div 노드를 선택합니다.

- 속성 선택
    - //@href는 href 속성이 있는 모든 노드를 선택합니다.
    - //a[@href='http://google.com']는 문서에서 구글을 가리키는 모든 링크를 선택합니다.

- 위치에 따른 노드 선택
    - (//a)[3]는 문서의 세 번째 링크를 선택합니다.[3]

---

3 역자주_ XPath에서 노드의 인덱스는 0이 아니라 1부터 시작합니다. 또한 노드 인덱스를 지정하는 []는 //보다 우선순위가 높습니다.

- (//table)[last()]는 문서의 마지막 테이블을 선택합니다.
- (//a)[position() < 3]는 문서의 처음 두 링크를 선택합니다.

- 아스테리크(*)는 어떤 문자나 노드의 집합이든 선택하므로, 다양한 상황에서 사용할 수 있습니다.
  - //table/tr/*은 모든 테이블에서 모든 자식 tr 태그를 선택합니다(th와 td를 같이 쓰는 테이블에서 모든 셀을 선택할 때 유용하겠죠).
  - //div[@*]는 속성이 하나라도 있는 모든 div 태그를 선택합니다.

물론 XPath 문법에는 더 고급 기능도 많이 있습니다. 시간이 흐름에 따라 XPath는 다소 복잡한 쿼리 언어로 발전했습니다. 불 논리나 함수(예를 들어 position()), 그 밖에 여기서 다루지 않은 다양한 연산자를 포함하게 되었습니다.

여기서 다룬 함수만으로 HTML이나 XML 요소를 선택하는 데 문제가 있다면, 마이크로소프트의 XPath 문법 페이지를 참고하십시오(*https://msdn.microsoft.com/en-us/enus/library/ms256471*).

11.2.2 그 밖의 셀레니움 웹드라이버

이 장의 예제에서는 팬텀JS 드라이버와 셀레니움을 사용했습니다. 스크레이핑을 할 때는 브라우저가 화면에 나타날 필요가 없을 때가 대부분이므로 팬텀JS 같은 헤드리스 웹드라이버가 편리했습니다. 하지만 다음과 같은 이유로 스크레이퍼를 실행할 때 다양한 웹 브라우저를 사용하는 편이 나을 수도 있습니다.

- **문제 해결**. 팬텀JS를 사용한 코드가 예상대로 동작하지 않을 때 브라우저 화면이 앞에 있으면 디버그하기가 편합니다. 코드 실행을 잠시 멈추고 직접 조작해볼 수 있다는 이점도 있습니다.

- 테스트를 실행하기 위해서는 특정 브라우저가 필요할 때도 있습니다.

- 일부 웹사이트나 스크립트는 브라우저에 따라 조금씩 다르게 반응할 때가 있습니다. 이런 경우에는 팬텀JS로 대응하기 어렵습니다.

- 많은 사람들이 셀레니움 웹드라이버의 개발과 관리에 참여해, 최근에 널리 쓰이는 브라우저의 웹드라이버가 모두 만들어져 있습니다. *http://www.seleniumhq.org/download/*에

서 이들 웹드라이버를 편하게 이용할 수 있습니다.

```
firefox_driver = webdriver.Firefox('<path to Firefox webdriver>')
chrome_driver = webdriver.Chrome('<path to Chrome webdriver>')
safari_driver = webdriver.Safari('<path to Safari webdriver>')
ie_driver = webdriver.Ie('<path to Internet Explorer webdriver>')
```

11.3 리다이렉트 처리

클라이언트 쪽 리다이렉트는 페이지 콘텐츠를 보내기 전에 서버에서 실행하는 리다이렉트와는 달리 브라우저에서 자바스크립트를 통해 실행되는 리다이렉트입니다. 웹 브라우저에서 페이지를 방문할 때는 그 차이를 구별하기 어렵습니다. 리다이렉트가 워낙 빨리 일어나서 지연 시간을 전혀 느끼지 못하므로 서버 쪽 리다이렉트라고 생각할 수도 있습니다.

하지만 웹 스크레이핑에서는 차이가 분명히 드러납니다. 서버 쪽 리다이렉트의 경우, 셀레니움을 전혀 쓰지 않고 파이썬의 urllib 라이브러리만으로도 쉽게 처리할 수 있습니다(3장에서 이에 대해 설명했습니다). 반면 클라이언트 쪽 리다이렉트는 자바스크립트를 실제 실행하지 않으면 전혀 처리할 수 없습니다.

셀레니움은 자바스크립트 리다이렉트를 다른 자바스크립트와 같은 방법으로 처리합니다. 하지만 이런 리다이렉트에서 중요한 점은 페이지가 리다이렉트를 끝낸 시점이 언제인지 파악하는 것입니다. *http://pythonscraping.com/pages/javascript/redirectDemo1.html* 페이지에 이런 타입의 리다이렉트 예제를 만들어뒀습니다. 이 페이지는 2초를 기다렸다 리다이렉트가 일어납니다.

이런 리다이렉트를 감지하려면 페이지를 처음 불러올 때 있었던 DOM 요소 하나를 주시하고 있어야 합니다. 그러다가 셀레니움이 NoSuchElementException 예외를 일으킬 때, 즉 그 요소가 페이지의 DOM에 더는 존재하지 않을 때가 바로 리다이렉트가 일어난 시점입니다.

```
from selenium import webdriver
import time
from selenium.webdriver.remote.webelement import WebElement
```

```
from selenium.common.exceptions import StaleElementReferenceException

def waitForLoad(driver):
    elem = driver.find_element_by_tag_name("html")
    count = 0
    while True:
        count += 1
        if count > 20:
            print("Timing out after 10 seconds and returning")
            return
        time.sleep(.5)
        try:
            elem == driver.find_element_by_tag_name("html")
        except StaleElementReferenceException:
            return

options = webdriver.ChromeOptions()
options.add_argument('headless')
driver = webdriver.Chrome(chrome_options=options)
url = 'http://pythonscraping.com/pages/javascript/redirectDemo1.html'
driver.get(url)
waitForLoad(driver)
print(driver.page_source)
```

이 스크립트는 0.5초마다 페이지를 체크하면서 총 10초를 기다립니다. 물론 체크 사이의 간격과 총 대기 시간은 필요에 따라 조절할 수 있습니다.

비슷한 방법으로, 루프 안에서 현재 페이지의 URL이 바뀌는 것을 기다리거나 원하는 URL이 될 때까지 체크해볼 수 있습니다.

요소가 나타나거나 사라질 때까지 기다리는 것은 셀레니움에서 자주 하는 일 중 하나이며, 앞에서 버튼이 나타나는 것을 기다릴 때 사용했던 **WebDriverWait** 함수를 이용할 수 있습니다. 다음 예제에서는 루프 대신 **WebDriverWait** 함수에 15초의 지연시간을 주고, 그 안에 XPath 선택자가 페이지 변경을 감지하는 방법을 썼습니다.

```
from selenium import webdriver
from selenium.webdriver.common.by import By
from selenium.webdriver.support.ui import WebDriverWait
from selenium.webdriver.support import expected_conditions as EC
from selenium.common.exceptions import TimeoutException
```

```
options = webdriver.ChromeOptions()
options.add_argument('headless')
driver = webdriver.Chrome(chrome_options=options)
url = 'http://pythonscraping.com/pages/javascript/redirectDemo1.html'
driver.get(url)
try:
    bodyElement = WebDriverWait(driver, 15).until(EC.presence_of_element_located(
        (By.XPATH, '//body[contains(text(), "This is the page you are looking
for!")]')))
    print(bodyElement.text)
except TimeoutException:
    print('Did not find the element')
```

11.4 자바스크립트에 대한 마지막 노트

최근에는 인터넷의 거의 모든 사이트에서 자바스크립트를 사용하고 있습니다.[4] 자바스크립트는 대개 웹사이트의 통계나 추적, 사이트의 작은 부분을 제어, 드롭다운 메뉴를 만드는 용도 등에 쓰이므로 스크레이프 방법에 영향을 끼치는 경우는 많지 않습니다. 자바스크립트가 스크레이프 방법에 영향을 끼친다 하더라도 셀레니움을 사용하면 이 책의 초반에서 연습했던 간단한 HTML 페이지와 다를 것이 없습니다.

기억하십시오. 사이트에서 자바스크립트를 사용한다는 이유만으로 그동안 배우고 사용한 웹 스크레이핑 도구가 쓸모없어지지는 않습니다. 자바스크립트의 목적은 결국 브라우저에 표현될 HTML과 CSS를 만들거나, HTTP 요청과 응답을 통해 서버와 동적으로 통신하는 것뿐입니다. 셀레니움을 사용하면 여태까지 연습한 것과 똑같이 HTML과 CSS를 읽고 분석할 수 있으며, HTTP 요청과 응답 역시 여태까지 연습한 것과 똑같습니다. 셀레니움을 사용할 필요도 없죠.

사실 자바스크립트는 웹 스크레이퍼에게 도움이 될 수도 있습니다. 자바스크립트를 일종의 '브라우저에서 동작하는 콘텐츠 관리 시스템(CMS)'이라고 파악한다면 유용한 API처럼 활용해서 더 쉽고 직관적으로 데이터를 가져올 수도 있습니다. 이에 관한 내용은 다음 장에서 다시 살펴봅니다.

----

4 W3Techs, "Usage of JavaScript for Websites" (*http://w3techs.com/technologies/details/cp-javascript/all/all*).

드래그 앤 드롭 인터페이스 같은 동적 자바스크립트 때문에 골치아픈 상황이 발생한다 해도 셀레니움을 통해 대응할 수 있습니다. 이에 관한 내용은 14장에서 살펴봅니다.

API를 통한 크롤링

자바스크립트는 항상 웹 크롤러를 괴롭히는 훼방꾼이었습니다. 예전에는 사용자가 브라우저를 통해 요청을 보내고 그 응답으로 데이터를 받을 때, 웹 크롤러에서 같은 요청을 보내면 반드시 같은 데이터를 받는다는 보장이 있었습니다.

하지만 자바스크립트와 Ajax로 콘텐츠를 생성하고 불러오는 사이트가 점점 늘어나면서, 이런 상황은 점점 기대하기 힘들어지고 있습니다. 11장에서는 이 문제를 해결하는 한 가지 방법을 살펴봤습니다. 셀레니움으로 브라우저를 흉내 내고 데이터를 받아오는 것이죠. 아주 쉽고, 대부분의 상황에서 잘 동작합니다.

하지만 문제는 셀레니움처럼 강력하고 효율적인 도구를 일단 익히게 되면, '망치를 들면 모든 게 못으로 보인다'는 속담처럼 간단한 일도 셀레니움으로 해결하려 드는 습관이 생긴다는 겁니다.

이 장에서는 자바스크립트를 완전히 돌파해서(실행하지도, 심지어 불러오지도 않습니다!) 데이터 소스에 직접 접근하는 방법을 살펴봅니다. 바로 데이터를 생성한 API 말입니다.

12.1 API에 대한 간단한 소개

REST, GraphQL, JSON, XML API에 관해 복잡한 책과 강연, 가이드들이 수없이 쏟아져 나왔지만 이들의 핵심에는 아주 간단한 개념이 들어 있습니다. **API**는 어떤 소프트웨어가 다른 소프트웨어와 통신하기 위해 표준화한 문법입니다. 두 소프트웨어가 다른 언어로 만들어졌거나 구조가 달라도 상관없습니다.

이번 절에서는 웹 API, 특히 웹 서버가 브라우저와 통신하도록 만들어진 API에 집중하며 API 라는 단어도 그런 의미로 사용합니다. 하지만 기억하십시오. API는 원래 더 범용적인 용어이며, 같은 컴퓨터에서 자바와 파이썬 프로그램이 통신하는 데 쓰일 수도 있습니다. API는 '인터넷을 통해' 동작해야 하는 것도 아니고, 웹 기술과 연결되어야 하는 것도 아닙니다.

웹 API를 가장 많이 사용하는 개발자들은 널리 알려지고, 문서화가 잘 된 개방형 서비스를 다루는 개발자들입니다. 예를 들어 ESPN에서는 선수 정보와 게임 점수, 기타 여러 가지에 관한 API를 제공합니다(*http://www.espn.com/apis/devcenter/docs/*). 구글 개발자 섹션 (*https://console.developers.google.com*)에는 언어 번역과 분석, 지오로케이션 등 수십 가지 API가 있습니다.

이런 API의 문서에는 보통 라우트 또는 **종단점**endpoint에 관한 설명이 있는데 이건 요청을 보내는 URL을 말합니다. 함께 보내는 매개변수는 URL 경로의 일부분일 때도 있고 GET 매개변수일 때도 있습니다.

예들 들어 다음은 pathparam을 라우트 경로의 일부로 사용하고 있습니다.

```
http://example.com/the-api-route/pathparam
```

다음은 pathparam을 param1 매개변수의 값으로 썼습니다.

```
http://example.com/the-api-route?param1=pathparam
```

두 방법 모두 널리 쓰이지만 컴퓨터 과학에서 항상 그렇듯 언제, 어떤 상황에서 변수를 경로에 담고 어떤 상황에서 매개변수의 값으로 쓸지에 관한 철학적 논쟁도 있습니다.

API의 응답은 보통 JSON이나 XML 형태입니다. 최근에는 XML보다 JSON이 훨씬 널리 쓰이지만, 여전히 XML 응답을 사용하는 곳도 있습니다. 매개변수를 통해 어떤 타입의 응답을 원하는지 선택할 수 있게 하는 API가 많습니다.

다음은 JSON 형태의 API 응답 예제입니다.

```
{"user":{"id": 123, "name": "Ryan Mitchell", "city": "Boston"}}
```

XML 응답은 이런 식입니다.

```
<user><id>123</id><name>Ryan Mitchell</name><city>Boston</city></user>
```

FreeGeoIP(*http://freegeoip.net*)는 실제 주소를 IP 주소로 변환하는 사용하기 쉽고 간단한 API를 제공하고 있습니다. 브라우저에서 다음 주소에 방문하면 간단한 API 응답을 직접 볼수 있습니다.[1]

```
http://api.ipstack.com/50.78.253.58?access_key=ACCESS_KEY&amp;format=1
```

위 주소에 방문하면 다음과 같은 응답을 받습니다.

```
{
    "ip":"50.78.253.58",
    "type":"ipv4",
    "continent_code":"NA",
    "continent_name":"North America",
    "country_code":"US",
    "country_name":"United States",
    "region_code":"MA",
    "region_name":"Massachusetts",
    "city":"Boston",
    "zip":"02116",
    "latitude":42.3496,
    "longitude":-71.0746,
    "location":{
        "geoname_id":4930956,
        "capital":"Washington D.C.",
        "languages":[
            {
                "code":"en",
                "name":"English",
                "native":"English"
            }
        ],
        "country_flag":"http:\/\/assets.ipstack.com\/flags\/us.svg",
```

---

1 역자주_ 이 API는 IP 주소를 실제 주소로 변환하며, 이 장에서 다시 설명할 겁니다.
2018년 4월에 FreeGeoIP는 유료 서비스(*http://api.ipstack.com/*)로 전환됐으며, 월 1만회 이하로 사용한다면 무료 API 키를 발급받아 사용할 수 있습니다.

```
    "country_flag_emoji":"\ud83c\uddfa\ud83c\uddf8",
    "country_flag_emoji_unicode":"U+1F1FA U+1F1F8",
    "calling_code":"1",
    "is_eu":false
  }
}
```

이 응답은 JSON 형식이지만, 다음과 같이 매개변수를 추가해서 XML 응답을 요청할 수 있습니다.

```
http://api.ipstack.com/50.78.253.58?access_key=ACCESS_KEY&amp;format=1&amp;output=xml
```

12.1.1 HTTP 메서드와 API

앞 절에서는 서버에 GET을 보내 정보를 받았습니다. HTTP를 통해 웹 서버에 정보를 요청하는 방법(메서드)은 크게 네 가지가 있습니다.

- GET
- POST
- PUT
- DELETE

기술적으로는 위 넷 외에도 HEAD, OPTIONS, CONNECT 같은 메서드가 더 존재하지만, 이들은 거의 쓰이지 않으며 앞으로 마주칠 일도 없을 겁니다. 거의 모든 API에서 GET, POST, PUT, DELETE 네 가지만 사용하며 심지어 이 넷조차 다 사용하진 않습니다. GET만 사용하는 API, GET과 POST만 사용하는 API가 더 많습니다.

GET은 브라우저의 주소창을 통해 웹사이트를 방문할 때 사용하는 메서드이며, *http://api.ipstack.com/50.78.253.58*에 요청을 보낼 때 사용하는 메서드이기도 합니다. '이봐 웹 서버, 이 정보를 내게 보내줘'라고 말하는 게 GET이라고 생각해도 됩니다.

GET 요청은 서버의 데이터베이스에 아무런 변경도 가하지 않는 것으로 정의되어 있습니다. 아무것도 저장하지 않고, 아무것도 수정하지 않습니다. 정보를 읽을 뿐입니다.

POST는 폼을 채워넣거나 정보를 전송할 때 쓰는 메서드입니다. 보통 서버에 있는 백엔드 스크립트에서 이 메서드를 받아들입니다. 웹사이트에 로그인할 때마다 사용자 이름과 암호화된 비밀번호를 보내는 것도 POST 메서드입니다. API를 통해 POST 요청을 보내는 건 '이 정보를 당신의 데이터베이스에 저장해달라'고 말하는 것과 같습니다.

PUT은 웹사이트를 이용할 때는 별로 쓰이지 않지만 API에서는 간혹 사용됩니다. PUT 요청은 객체나 정보를 업데이트할 때 사용합니다. 예를 들어 사용자 등록을 새로 할 때는 POST 메서드를 사용하고, 등록된 사용자가 자신의 이메일 주소를 바꾸려 할 때는 PUT 메서드를 사용하는 API가 있을 수 있습니다.[2]

DELETE는 이름에서 짐작할 수 있듯 어떤 개체를 지울 때 사용합니다. 예를 들어 *http://myapi.com/user/23*에 DELETE 요청을 보내면 ID가 23인 사용자를 삭제하게끔 하는 식으로 사용할 수 있습니다. DELETE 메서드는 공개된 API에서는 잘 사용하지 않습니다. 공개된 API는 보통 사용자가 정보를 받아가거나 보내도록 만들지, 사용자가 데이터베이스에 있는 정보를 지우라고 만들지는 않으니까요.

GET 메서드와 달리, POST, PUT, DELETE는 데이터를 URL 또는 라우트에 요청하기만 하는 것이 아니라 요청 본문에 어떤 정보를 함께 보낼 수 있도록 만들어졌습니다.

웹 서버에서 받는 응답과 마찬가지로, 요청 본문에 같이 보내는 데이터 역시 JSON이나 XML 형식을 사용하며 상세한 형식은 API 문법에서 정합니다. 예를 들어 블로그 포스트에 댓글을 다는 API를 사용하면서 다음과 같은 URL에 PUT 요청을 보낸다고 합시다.

```
http://example.com/comments?post=123
```

그리고 요청 본문에는 이런 내용이 들어 있습니다.

```
{"title": "Great post about APIs!", "body": "Very informative. Really helped me
out with a tricky technical challenge I was facing. Thanks for taking the time
to write such a detailed blog post about PUT requests!", "author": {"name": "Ryan
Mitchell", "website": "http://pythonscraping.com", "company": "O'Reilly Media"}}
```

---

2 현실적으로는 정보를 업데이트할 때도 PUT 대신 POST 메서드를 이용하는 API가 더 많습니다. 새 개체를 만들거나 기존 개체를 업데이트하기만 하거나는 API 요청을 어떻게 구성하느냐에 달린 문제입니다. 어쨌든 그런 차이가 있다는 걸 알아둬서 나쁠 건 없고, 널리 쓰이는 API 중에 PUT 메서드를 사용하는 곳도 있습니다.

블로그 포스트 ID(123)이 URL 매개변수로 들어갔고, 댓글 내용은 요청 본문으로 전송됐습니다. 매개변수와 데이터는 URL에 포함되어도, 요청 본문에 포함되어도 상관없습니다. 어떤 매개변수를 어디에 넣을지는, 이미 말했지만 API 문법에서 정하는 겁니다.

12.1.2 API 응답에 대해

이 장 초반에 FreeGeoIP 예제에서 이미 보았듯, API의 중요한 특징은 잘 짜인 응답을 보낸다는 겁니다. 응답 형식으로 가장 널리 쓰이는 것은 **XML**Extensible Markup Language과 **JSON**JavaScript Object Notation입니다.

최근에는 몇 가지 이유 때문에 JSON이 XML보다 훨씬 널리 쓰입니다. 우선, JSON은 잘 설계된 XML 파일보다 보통 크기가 작습니다. 먼저 다음 XML 데이터에는 98개의 문자가 들어 있습니다.

```
<user><firstname>Ryan</firstname><lastname>Mitchell</lastname><username>Kludgist
</username></user>
```

같은 데이터를 JSON으로 만들어봅시다.

```
{"user":{"firstname":"Ryan","lastname":"Mitchell","username":"Kludgist"}}
```

이 데이터는 73글자, 즉 XML보다 36퍼센트가 작습니다. 물론 XML을 다음과 같이 설계하면 되지 않느냐고 주장하는 독자가 있을 수 있습니다.

```
<user firstname="ryan" lastname="mitchell" username="Kludgist"></user>
```

하지만 이런 설계는 데이터를 깊이 중첩할 수 없으므로 잘못 설계된 XML로 간주합니다. 게다가 이렇게 해도 71글자라서 JSON과 거의 같은 크기입니다.

JSON이 XML보다 널리 쓰이게 된 다른 이유는 웹 기술의 변화 때문입니다. 예전에는 API의 백엔드에 PHP나 닷넷 같은 서버 사이드 스크립트가 널리 쓰였습니다. 하지만 최근에는 앵귤러Angular나 백본Backbone 같은 프레임워크가 API 호출을 보내고 받는 경우가 많습니다. 서버 쪽 기술은 받는 데이터에 대해 다소 완고한 편이지만, 백본 같은 자바스크립트 라이브러리는 JSON을 더 선호합니다.

API는 보통 XML이나 JSON 응답을 보내지만 꼭 그래야 하는 건 아닙니다. API의 응답 타입을 제한하는 것은 오직 API 개발자의 상상력뿐입니다. 앞에서 언급했듯 CSV를 쓰는 곳도 있고, 파일을 생성해서 내려받게 하는 API도 있습니다. 요청에 따라 이미지 파일에 텍스트를 오버레이해서 보낼 수도 있고, 엑셀이나 PDF 파일을 보낼 수도 있습니다.

응답이 아예 없는 API도 있습니다. 예들 들어 API를 통해 블로그 포스트에 댓글을 달았을 때 요청을 성공적으로 완수했다는 의미로 HTTP 응답 코드를 200만 보내는 것도 가능합니다. 다음과 같이 아주 간단한 응답만 보내는 곳도 있을 겁니다.

```
{"success": true}
```

에러가 발생한다면 다음과 비슷한 응답을 받을 겁니다.

```
{"error": {"message": "Something super bad happened"}}
```

아니면 API 설계에 불완전한 부분이 있어서 스택 추적 결과가 보이거나 평범한 텍스트가 보일 수도 있을 겁니다. API에 요청을 보낼 때는 먼저 원하는 형식의 응답을 받을 수 있는지 체크해보는 편이 좋습니다.

12.2 JSON 파싱

이 장에서는 다양한 API 타입과 그들이 어떻게 동작하는지 보고, JSON 응답 예제도 살펴봤습니다. 이제 이 응답을 어떻게 파싱하고 정보를 얻을지 알아봅시다.

이 장 초반에서 IP 주소를 실제 주소로 변환하는 freegeoip.net 예제를 봤습니다.

```
http://api.ipstack.com/50.78.253.58?access_key=ACCESS_KEY&amp;format=1
```

파이썬의 JSON 파싱 함수를 써서 이 응답을 디코딩할 수 있습니다.

```
import json
from urllib.request import urlopen

def getCountry(ipAddress):
    url = 'http://api.ipstack.com/' + ipAddress
    url += '?access_key=ACCESS_KEY&amp;format=1'
    response = urlopen(url).read().decode('utf-8')
    responseJson = json.loads(response)
    return responseJson.get('country_code')

print(getCountry('50.78.253.58'))
```

위 예제는 IP 주소 50.78.253.58의 국가 코드(US)를 출력합니다.

JSON 파싱 라이브러리는 파이썬의 핵심 라이브러리로 이미 포함되어 있으므로 `import json` 명령이면 충분합니다. 다른 언어 중에는 JSON 문자열을 받아 특별한 JSON 객체나 노드 형식으로 변환하는 언어가 있지만, 파이썬은 좀 더 유연하고 실용적인 방법을 택해서 JSON 객체는 딕셔너리로, JSON 배열은 리스트로, JSON 문자열은 문자열로 변환합니다. 덕분에 JSON에 들어 있는 값을 읽기가 정말 쉽습니다.

다음은 파이썬의 JSON 라이브러리가 JSON 문자열에 들어 있는 값을 어떻게 다루는지 보여줍니다.

```
import json

jsonString = """{"arrayOfNums":[{"number":0},{"number":1},{"number":2}],
                "arrayOfFruits":[{"fruit":"apple"},{"fruit":"banana"},
                                {"fruit":"pear"}]}"""
jsonObj = json.loads(jsonString)

print(jsonObj.get('arrayOfNums'))
print(jsonObj.get('arrayOfNums')[1])
print(jsonObj.get('arrayOfNums')[1].get('number') +
      jsonObj.get('arrayOfNums')[2].get('number'))
print(jsonObj.get('arrayOfFruits')[2].get('fruit'))
```

결과는 다음과 같습니다.

```
[{'number': 0}, {'number': 1}, {'number': 2}]
```

```
{'number': 1}
3
pear
```

1행은 딕셔너리 리스트, 2행은 딕셔너리, 3행은 정수(각 딕셔너리에 들어 있는 숫자들의 합),
4행은 문자열입니다.

12.3 문서화되지 않은 API

지금까지는 문서화되어 있는 API에 대해서 설명했습니다. 이런 API의 개발자들은 공개적으로
쓰일 것을 의도로 개발했으므로 다른 개발자들이 API를 사용할 것이라 가정하고 API에 대한
정보를 문서로 만들었습니다. 하지만 정보가 전혀 문서화되지 않은 API가 훨씬 많습니다.

그런데 문서를 공개할 것도 아니면서 왜 API를 만드는 걸까요? 이 장 초반에서 언급했듯, 자바
스크립트 때문입니다.

전통적으로 동적 웹사이트 서버들은 사용자가 페이지를 요청할 때마다 몇 단계의 작업을 했습
니다.

- 페이지를 요청하는 GET 요청을 처리합니다.
- 요청받은 페이지에 나타날 데이터를 데이터베이스에서 가져옵니다.
- 그 데이터를 요청받은 페이지의 템플릿에 넣습니다.
- 완성된 HTML을 사용자에게 보냅니다.

자바스크립트 프레임워크가 널리 쓰임에 따라 HTML을 만드는 작업이 점점 서버에서 브라우
저로 넘어가고 있습니다. 서버에서 HTML 템플릿을 완성해 사용자의 브라우저에 보낼 수도 있
지만, HTML 템플릿에 필요한 데이터를 불러와서 정확한 위치에 넣는 Ajax 요청을 별도로 쓰
는 경우도 있습니다. 이런 Ajax 작업은 모두 브라우저/클라이언트 쪽에서 이뤄집니다.

이런 흐름이 웹 스크레이퍼에게는 재앙이었습니다. 웹 스크레이퍼는 HTML 페이지를 요청하
면 바로 그 HTML, 즉 콘텐츠가 있어야 할 곳에 들어 있는 HTML 페이지를 받을 거라고 예상
하고 요청을 보냈습니다. 하지만 콘텐츠가 전혀 없는 HTML 템플릿을 받게 된거죠.

셀레니움은 이런 문제를 해결하는 데 쓰였습니다. 셀레니움을 사용하면 웹 스크레이퍼가 바로 브라우저가 되어서 HTML 템플릿을 요청하고 템플릿의 자바스크립트를 실행해 모든 데이터를 정확한 위치에 불러와서, **모든 작업이 끝나야만** 페이지에서 데이터를 스크랩했습니다. HTML을 모두 불러오면 우리가 이미 해결한 문제, 즉 HTML을 파싱하고 원하는 정보를 골라내는 문제만 남으니까요.

하지만 처음 웹 서버에만 존재했던 콘텐츠 관리 시스템 전체가 브라우저로 이동한 결과가 되었으므로, 정말 단순한 웹사이트조차 수 메가바이트의 콘텐츠를 불러오고 HTTP 요청을 수십 번씩 보내게 됐습니다.

설상가상으로, 셀레니움을 사용하면 사용자가 필요로 하지 않는 곁가지들도 전부 불러오게 됩니다. 사용자 통계 프로그램에 보내는 요청, 사이드바 광고들, 사이드바 광고 추적 프로그램에 보내는 요청, 이미지, CSS, 웹 폰트 데이터 등을 모조리 불러옵니다. 브라우저에서 웹을 탐색하고 있다면 이런 것들이 필요할 수도 있지만, 빠르게 이동하면서 특정 데이터만 수집하고 가급적 서버 부하를 줄이는 것이 목표인 웹 스크레이퍼에서는 필요한 것보다 수백 배 더 많은 것들을 불러오는 결과를 가져올 수 있습니다.

하지만 이렇게 자바스크립트와 Ajax로 근대화된 웹에도 한 줄기 희망이 있습니다. 서버가 HTML에 데이터를 넣는 작업을 하지 않게 되면서, 일종의 데이터베이스 인터페이스 역할을 하게 됐다는 겁니다. 이 인터페이스는 단순히 데이터베이스에서 데이터를 가져와 API를 통해 페이지에 보내는 역할만 합니다.

물론 이런 API는 웹 페이지 자체를 제외한 누가(무엇이) 사용하도록 만든 것이 아니며 개발자들은 아무도 API의 존재를 모를 거라고 가정하고(또는 눈치채지 못하길 바라면서) 문서 없이 API를 만들었습니다. 하지만 API는 존재합니다.

예를 들어 뉴욕 타임즈 웹사이트(*http://nytimes.com*)는 검색 결과를 모두 JSON으로 불러옵니다. 다음 링크에 방문해보십시오.

```
https://www.nytimes.com/search/#/python
```

이 페이지에는 검색에 'python'에 해당하는 최근 기사들이 나타납니다. 하지만 이 페이지를 urllib이나 requests 라이브러리로 스크랩하려면 아무것도 얻을 수 없습니다. 검색 결과는 다음 API 호출을 통해 별도로 불러오기 때문입니다.

```
https://query.nytimes.com/svc/add/v1/sitesearch.json
?q=python&amp;spotlight=true&amp;facet=true
```

집필 시점에서, 이 페이지를 셀레니움으로 불러오면 요청을 약 100번 보내고, 검색할 때마다 약 600~700kB의 데이터를 받게 됩니다. 반면 API에 직접 요청하면 단 한 번만 요청을 보내고, 필요한 부분만 잘 정리된 60kB 남짓한 데이터만 받습니다.

12.3.1 문서화되지 않은 API 찾기

이전 장에서는 크롬 개발자 도구를 써서 HTML 페이지의 콘텐츠를 확인했지만, 이번에는 조금 다른 목적으로 사용합니다. 페이지를 구성하는 데 사용된 요청과 응답을 살펴보겠습니다.

[그림 12-1]처럼 크롬 개발자 도구 창을 열고 네트워크 탭을 누르십시오.

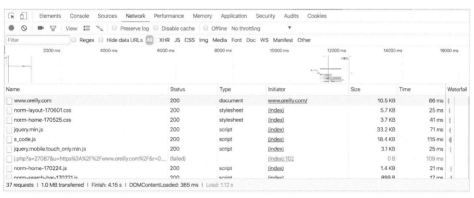

그림 12-1 네트워크 탭에서 브라우저가 보내는 요청과 받는 응답을 모두 볼 수 있습니다.

이 창은 페이지를 불러오기 전에 열거나, 이미 페이지를 불러온 상태라면 새로고침을 해야 합니다. 개발자 도구는 닫혀 있는 동안에는 네트워크 호출을 추적하지 않습니다.

페이지를 불러오는 동안 브라우저가 페이지를 렌더링하는 데 필요한 추가 정보를 서버에 다시 요청할 때마다 세로선이 실시간으로 나타납니다. 이 세로선에는 API 호출도 들어 있을 수 있습니다.

문서화되지 않은 API를 찾으려면 수작업이 좀 필요하며, 네트워크 호출이 많은 큰 사이트에서는 더 많이 필요합니다(이런 수작업을 피하고 싶다면 12.3.3절을 보십시오). 미리 겁먹을 필요는 없습니다. 보통은 보면 그냥 알게 됩니다.

API 호출에는 몇 가지 특징이 있어서 네트워크 호출 리스트에서 구별하기 어렵지 않습니다.

- API 호출에는 보통 JSON이나 XML이 포함됩니다. 개발자 도구의 검색/필터 필드에서 요청 리스트를 필터링해볼 수 있습니다.

- GET 요청에서는 URL에 넘겨받은 매개변수가 포함됩니다. 검색 결과를 반환하거나 특정 페이지에 필요한 데이터를 불러오는 API 호출을 찾고 있다면 이 사실을 이용하면 됩니다. 요청 리스트를 검색어나 페이지 ID, 기타 식별할 수 있는 정보로 필터링해보십시오.

- API 호출은 보통 XHR 타입입니다.

페이지 하나를 불러오는데 수백 번의 요청을 보내는 대형 사이트라면 API를 찾는 데 시간이 걸릴 수 있습니다. 처음에는 서울에서 김 서방 찾기처럼 보일 수 있지만, 조금만 연습해보면 금세 쉬워집니다.

12.3.2 문서화되지 않은 API 문서화하기

API 호출을 찾았으면 필요한 만큼 문서화해두는 것이 좋은데, 스크레이퍼에서 해당 호출에 심하게 의존할수록 문서화의 중요성이 커집니다. 웹사이트에서 여러 페이지를 불러오고 개발자 도구 네트워크 탭에서 해당 API 호출을 여러 번 필터링하게 될 겁니다. 이렇게 하다 보면 한 페이지에서 다른 페이지로 넘어갈 때 호출이 어떻게 바뀌는지, 어떤 필드를 받고 어떤 필드를 반환하는지 볼 수 있습니다.

다음 항목에 주의를 기울이면 어떤 API든 파악해서 문서화할 수 있습니다.

- 사용된 HTTP 메서드
- 입력
  - 경로 매개변수
  - 헤더(쿠키 포함)
  - 본문 콘텐츠(PUT과 POST 호출에 한해)
- 출력

— 응답 헤더(쿠키 세트 포함)
— 응답 본문 타입
— 응답 본문 필드

12.3.3 API 자동으로 찾고 문서화하기

API를 찾고 문서화하는 일은 지루하고 복잡하게 보일 수 있습니다. 사실이 그러니까요. 일부 웹사이트는 브라우저가 어떻게 데이터를 가져가는지 알기 어렵도록 고의적으로 꼬아놓기도 하고 이런 경우에는 좀 더 복잡해지지만, API를 찾고 문서화하는 일은 기본적으로 프로그램으로 처리하기 알맞은 작업입니다.

필자는 이 작업의 지루함을 좀 덜어줄 프로그램을 만들어 깃허브 저장소(*https://github.com/REMitchell/apiscraper*)에 올려두었습니다.

이 프로그램은 셀레니움, 크롬 드라이버, 브라우저몹 프록시^{BrowserMob Proxy} 라이브러리를 써서 도메인 안의 페이지를 크롤링하고 페이지를 불러올 때 발생한 네트워크 트래픽을 분석한 다음, 이들 요청을 사람이 읽기 편한 API 호출 리스트로 정리합니다.

이 프로젝트를 실행하려면 몇 가지 준비가 필요합니다. 첫 번째는 물론 프로그램 자체입니다.

앞서 말한 대로 필자가 준비해둔 프로젝트를 클론하십시오(*https://github.com/REMitchell/apiscraper*). 클론한 프로젝트에는 다음과 같은 파일이 들어 있습니다.

apicall.py

경로, 매개변수 등 API 호출을 구성하는 속성들이 담겨 있고, 두 API 호출이 같은 것인지 판단하는 로직도 들어 있습니다.

apiFinder.py

메인 크롤링 클래스입니다. `webservice.py`와 `consoleservice.py`에서 API를 찾는 작업을 시작할 때 이 파일을 사용합니다.

browser.py

`initialize`, `get`, `close` 세 가지 메서드만 들어 있지만, 브라우저몹 프록시와 셀레니움을 연

결하는 비교적 복잡한 기능이 들어 있습니다. 페이지를 스크롤해서 페이지 전체가 로드된 것을 확인하고, HTTP 아카이브(HAR) 파일을 적절한 위치에 저장합니다.

consoleservice.py

콘솔 명령어를 받아 `APIFinder` 클래스를 시작합니다.

harParser.py

HAR 파일을 분석해서 API 호출을 찾아냅니다.

html_template.html

API 호출을 브라우저에 표시할 템플릿입니다.

README.md

깃허브 리드미 페이지입니다.

*https://bmp.lightbody.net/*에서 브라우저몹 프록시 파일을 내려받아 apiscraper 프로젝트 디렉터리에 압축을 푸십시오.

이 글을 쓰는 시점에서 브라우저몹 프록시 버전은 2.1.4이므로 프로그램에서는 실행 파일이 프로젝트 디렉터리 루트 아래 `browsermob-proxy-2.1.4/bin/browsermob-proxy`에 있다고 가정합니다. 다른 버전을 사용한다면 실행할 때 다른 디렉터리 이름을 지정할 수도 있고, *apiFinder.py*의 코드를 수정해도 됩니다.

*https://sites.google.com/a/chromium.org/chromedriver/downloads*에서 크롬 드라이버를 내려받고 프로젝트 디렉터리에 압축을 푸십시오.

다음 파이썬 라이브러리들이 설치되어 있어야 합니다.

- `tldextract`
- `selenium`
- `browsermob-proxy`

설치가 끝나면 API 호출을 수집할 준비가 된 겁니다. 터미널에서 다음 명령을 내려보십시오.

```
$ python consoleservice.py -h
```

다음과 같이 상세한 옵션 리스트가 나타납니다.

```
usage: consoleservice.py [-h] [-u [U]] [-d [D]] [-s [S]] [-c [C]] [-i [I]]
                         [--p]
optional arguments:
  -h, --help  show this help message and exit
  -u [U]      Target URL. If not provided, target directory will be scanned
              for har files.
  -d [D]      Target directory (default is "hars"). If URL is provided,
              directory will store har files. If URL is not provided,
              directory will be scanned.
  -s [S]      Search term
  -c [C]      File containing JSON formatted cookies to set in driver (with
              target URL only)
  -i [I]      Count of pages to crawl (with target URL only)
  --p         Flag, remove unnecessary parameters (may dramatically increase
              runtime)
```

페이지 하나에서 검색어 하나를 가지고 API 호출을 검색할 수 있습니다. 예를 들어 *http://target.com*에서 상품 페이지를 생성할 때 쓰는 상품 데이터를 반환하는 API를 찾아보려면 다음과 같이 명령할 수 있습니다.

```
$ python consoleservice.py -u https://www.target.com/p/rogue-one-a-star-wars-\
story-blu-ray-dvd-digital-3-disc/-/A-52030319 -s "Rogue One: A Star Wars Story"
```

위 명령은 다음과 같이 해당 페이지의 상품 데이터를 반환하는 API와 URL을 반환합니다.

```
URL: https://redsky.target.com/v2/pdp/tcin/52030319
METHOD: GET
AVG RESPONSE SIZE: 34834
SEARCH TERM CONTEXT: c":"786936852318","product_description":{"title":
"Rogue One: A Star Wars Story (Blu-ray + DVD + Digital) 3 Disc",
"long_description":...
```

-i 플래그를 쓰면 처음에 제공한 URL에서 시작해 여러 페이지를 크롤링할 수 있습니다(기본 값은 한 페이지입니다). 이 플래그는 특정 키워드에 관한 네트워크 트래픽을 모두 보고 싶을

때, 또는 검색어 플래그인 -s를 생략해서 각 페이지를 불러올 때 일어나는 API 트래픽을 모두 수집하고 싶을 때 유용합니다.

수집된 디렉터리는 모두 HAR 파일로 저장되며, 이 파일이 저장되는 위치 기본값은 프로젝트 루트 아래의 /har 디렉터리입니다. 저장할 디렉터리는 -d 플래그로 바꿀 수 있습니다.

URL을 매개변수로 제공하지 않고 미리 수집해둔 HAR 파일이 저장된 디렉터리를 넘겨서 검색하고 분석해볼 수도 있습니다.

그 외에도 이 프로젝트에는 다음과 같은 기능이 있습니다.

- 불필요한 매개변수 제거(API 호출의 반환값에 영향을 미치지 않는 GET 또는 POST 매개변수를 제거합니다).
- 다양한 API 출력 형식(명령행, HTML, JSON 형식이 가능합니다).
- API 라우트를 구별하는 경로 매개변수와 같은 API 라우트에 넘겨지는 GET 매개변수의 구별.

이 프로젝트는 아직 완성되지 않았고, 필자를 포함한 여러 사람들이 이 프로젝트를 웹 스크레이핑과 API 수집에 사용함에 따라 필요한 기능을 계속 추가할 계획입니다.

12.4 API와 다른 데이터 소스의 결합

최근 웹 애플리케이션들은 마치 이미 존재하는 데이터를 가져다가 좀 더 눈길을 끄는 형태로 재포장하는 것이 존재의 이유인 것처럼 보일 정도이지만, 필자는 그런 작업이 그리 흥미로워 보이지는 않습니다. 데이터 소스가 API 단 하나뿐이라면, 그 데이터로 할 수 있는 최선의 일이란 다른 사람의 데이터베이스를 카피하는 셈입니다. 이미 존재하는, 이미 만들어진 데이터 말입니다. 그보다는 둘 이상의 데이터 소스를 가져와서 독창적인 방법으로 조합하는 일이 훨씬 흥미롭지 않을까요? 아니면 API를 이미 스크랩한 데이터에 새로운 시각을 부여하는 도구로 사용할 수도 있을 겁니다.

API에서 가져온 데이터와 웹 스크레이핑을 결합하는 예제를 하나 들어보겠습니다. 세계 여러 지역 중에서 어디가 위키피디어에 가장 많이 기여한 곳일까요?

위키피디어를 둘러보며 시간을 보낸 일이 많았다면 문서의 개정 히스토리 페이지를 본 일이 있을겁니다. 이 페이지에는 최근 수정 내역이 담겨 있습니다. 위키피디어에 로그인한 사용자가 문서를 수정했다면 그 사용자의 사용자 이름이, 로그인하지 않았다면 IP 주소가 [그림 12-2]처럼 기록됩니다.

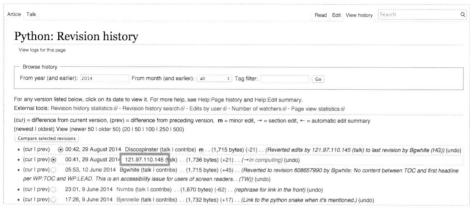

그림 12-2 위키피디어의 파이썬 항목 개정 히스토리 페이지에 익명 편집자의 IP 주소가 기록됐습니다.

이 히스토리 페이지에 기록된 IP 주소는 121.97.110.145입니다. freegeoip.net API에 따르면, 이 책의 집필 시점에서(IP 주소는 주기적으로 바뀔 수 있습니다) IP의 실제 위치는 필리핀 케손Quezon입니다.

이 정보는 그 자체로는 흥미롭지 않지만 위키백과 편집 내역에 관한 위치 데이터를 많이, 아주 많이 수집할 수 있다면 어떨까요? 필자는 몇 해 전에 바로 그런 일을 했었고, 구글 지오차트Geochart 라이브러리(*https://developers.google.com/chart/interactive/docs/gallery/geochart*)를 사용하여 위키백과의 영어 페이지 편집과 비영어 페이지 편집이 어디에서 일어났는지 나타내는 흥미로운 차트(*http://www.pythonscraping.com/pages/wikipedia.html*)를 만들었습니다(그림 12-3).

그림 12-3 구글 지오차트 라이브러리로 시각화한 위키백과 편집 내역

위키백과를 크롤링해서 개정 내역 페이지를 찾아보고 그 페이지에서 IP 주소를 찾아내는 스크립트는 어렵지 않게 만들 수 있습니다. 다음 스크립트는 3장의 코드를 살짝 수정한 것입니다.

```
from urllib.request import urlopen
from bs4 import BeautifulSoup
import json
import datetime
import random
import re

random.seed(datetime.datetime.now())
def getLinks(articleUrl):
    html = urlopen('http://en.wikipedia.org{}'.format(articleUrl))
    bs = BeautifulSoup(html, 'html.parser')
    return bs.find('div', {'id':'bodyContent'}).findAll('a',
        href=re.compile('^(/wiki/)((?!:).)*$'))

def getHistoryIPs(pageUrl):
    # 개정 히스토리 페이지 형식은 다음과 같습니다.
    # http://en.wikipedia.org/w/index.php?title=Title_in_URL&amp;action=history
    pageUrl = pageUrl.replace('/wiki/', '')
    historyUrl = 'http://en.wikipedia.org/w/index.php?title='
    historyUrl += pageUrl + '&amp;action=history'
    print('history url is: {}'.format(historyUrl))
```

```
        html = urlopen(historyUrl)
        bs = BeautifulSoup(html, 'html.parser')
        # 클래스가 "mw-anonuserlink"인, 사용자 이름이 아니라 IP 주소가 들어 있는
        # 링크만 찾습니다.
        ipAddresses = bs.findAll('a', {'class':'mw-anonuserlink'})
        addressList = set()
        for ipAddress in ipAddresses:
            addressList.add(ipAddress.get_text())
        return addressList

links = getLinks('/wiki/Python_(programming_language)')

while(len(links) > 0):
    for link in links:
        print('-'*20)
        historyIPs = getHistoryIPs(link.attrs['href'])
        for historyIP in historyIPs:
            print(historyIP)

    newLink = links[random.randint(0, len(links)-1)].attrs['href']
    links = getLinks(newLink)
```

이 프로그램에는 메인 함수가 두 개 있습니다. getLinks는 3장에서도 썼던 함수이고, 새 함수
인 getHistoryIPs는 클래스가 mw-anonuserlink(사용자 이름이 아니라 익명 사용자anonymous
user의 IP 주소임을 나타내는 클래스)인 모든 링크 콘텐츠를 검색해서 파이썬 세트로 반환합니다.

이 코드는 약간 인위적인(이 예제의 목적에는 적합한) 검색 패턴을 써서 개정 내역을 가져올
문서를 찾습니다. 먼저 시작 페이지(여기서는 파이썬 프로그래밍 언어 항목)에 연결된 모든
위키백과 항목의 개정 내역을 가져옵니다. 그리고 무작위로 새 시작 페이지를 선택한 다음, 그
페이지에 연결된 항목의 개정 내역을 가져옵니다. 링크가 없는 페이지를 만날 때까지 이 작업
을 반복합니다.

이제 IP 주소를 문자열 행태로 가져올 함수는 만들었으니, 이전 섹션의 getCountry 함수와 결
합해 IP 주소를 국가로 해석할 수 있습니다. 여기서는 잘못된 IP 주소 때문에 404 에러가 생기
지 않도록 getCountry 함수를 약간 수정했습니다.[3]

----

3 역자주_ 장 초반에 말씀드렸듯 freegeoip.net 서비스는 이제 사용할 수 없으므로 역자가 임의로 코드를 조금 수정했습니다. ipstack.
com에서 무료 API 키를 받으신 분은 다음 예제의 ACCESS_KEY 부분을 고쳐서 사용하면 되는데, 횟수 제한이 있으므로 너무 오래 실행
하지는 마십시오.

```
def getCountry(ipAddress):
    try:
        url = 'http://api.ipstack.com/' + ipAddress
        url += '?access_key=ACCESS_KEY&amp;format=1'
        response = urlopen(url).read().decode('utf-8')
    except HTTPError:
        return None
    responseJson = json.loads(response)
    return responseJson.get('country_code')


links = getLinks('/wiki/Python_(programming_language)')

while(len(links) > 0):
    for link in links:
        print('-'*20)
        historyIPs = getHistoryIPs(link.attrs["href"])
        for historyIP in historyIPs:
            country = getCountry(historyIP)
            if country is not None:
                print('{} is from {}'.format(historyIP, country))

    newLink = links[random.randint(0, len(links)-1)].attrs['href']
    links = getLinks(newLink)
```

다음은 출력 결과의 일부입니다.

```
--------------------
history url is: http://en.wikipedia.org/w/index.php?title=Programming_
paradigm&action=history
68.183.108.13 is from US
86.155.0.186 is from GB
188.55.200.254 is from SA
108.221.18.208 is from US
141.117.232.168 is from CA
76.105.209.39 is from US
182.184.123.106 is from PK
212.219.47.52 is from GB
72.27.184.57 is from JM
49.147.183.43 is from PH
209.197.41.132 is from US
174.66.150.151 is from US
```

12.5 마치며

이 장에서는 널리 쓰이는 최신 API로 웹의 데이터에 접근하는 방법, 그런 API를 통해 더 빠르고 강력한 웹 스크레이퍼를 만드는 방법을 몇 가지 알아봤습니다. API를 사용하는 것으로 만족하지 않고 직접 만들어보고 싶거나 API 제작과 문법 이론에 대해 더 알아보고 싶다면 레오나르드 리처드슨, 마이크 애먼슨, 샘 루비가 쓴 『RESTful Web API』(인사이트, 2015)를 권합니다. 이 책은 웹 API의 이론과 사례를 충분히 설명합니다. 또한 마이크 애먼슨의 매력적인 비디오 시리즈 〈Designing APIs for the Web〉(*http://oreil.ly/1GOXNhE*)에는 API를 직접 만드는 법, 스크랩한 데이터를 간편한 형식으로 공개하고 싶을 때 알아야 할 것들이 들어 있습니다.

자바스크립트와 동적 웹사이트가 빠르게 늘어나면서 'HTML 페이지를 가져와 파싱하면 끝나는' 전통적인 방법을 쓸 수 없게 됐다고 한탄하는 사람도 있지만, 필자는 이런 새 흐름을 환영하는 사람 중 하나입니다. 동적 웹사이트는 사람이 볼 HTML 페이지에 덜 치우치는 대신 HTML 파일에서 사용할 엄격한 포맷의 JSON 형식에 더 의존하는데, 이런 경향은 누구나 더 깔끔하게 정리된 데이터를 볼 수 있는 가능성을 열고 있습니다.

웹은 이제 HTML 페이지 덩어리에 멀티미디어와 CSS로 양념을 친 어떤 것이 아닙니다. 새 웹은 수백 가지 파일 타입과 데이터 포맷으로 이루어지며, 브라우저에서 페이지를 볼 때마다 이런 것들이 수백 개씩 오갑니다. 눈앞에 있는 페이지가 아니라 그 뒤를 보고, 소스에서 직접 데이터를 가져오는 것이 해답일 때가 많습니다.

이미지 처리와 텍스트 인식

구글의 자율주행 자동차부터 위조지폐를 인식하는 자판기까지, 컴퓨터에 눈을 다는 방대한 작업은 우리에게 지대한 영향을 미치는 분야입니다. 이 장에서는 이 분야의 아주 좁은 부분인 텍스트 인식에 집중합니다. 그중에서도, 온라인에서 가져온 텍스트 기반 이미지를 다양한 파이썬 라이브러리로 인식하고 사용하는 방법을 다룹니다.

텍스트 대신 이미지를 쓰는 건 봇이 텍스트를 찾아서 읽는 것을 막고 싶을 때 흔히 쓰는 방법입니다. 연락처에서 이메일 주소 일부 또는 전체가 이미지로 처리된 것을 자주 봤을 겁니다. 정교하게 처리한다면 사람조차 그것을 읽긴 해도 이미지인지 알아채기 어렵고, 봇으로 그런 이미지를 읽기란 매우 어려워서 스팸을 뿌려대는 사람들로부터 이메일 주소를 보호하기엔 충분합니다.

자동 가입 방지 문자CAPTCHA 역시 사용자는 보안 이미지를 읽을 수 있지만 대부분의 봇은 읽지 못한다는 사실을 이용합니다. 일부 CAPTCHA는 다른 것에 비해 더 어려우며, 이런 것들은 이 책 후반에서 다시 다룰 겁니다.

하지만 웹 스크레이퍼가 이미지를 텍스트로 인식해야 하는 분야는 CAPTCHA만이 아닙니다. 최근에는 문서를 그냥 스캔해서 인터넷에 올리는 경우가 많습니다. 등잔 밑이 어둡다는 격이 되겠지만, 이런 문서는 인터넷이라는 관점에서 보기엔 접근이 불가능한 것이나 마찬가지입니다. 이미지를 텍스트로 인식하는 기능이 없다면 이들 문서에 접근할 수 있는 방법은 사람이 손으로 타이핑하는 것뿐이지만, 그렇게 한가한 사람은 없습니다.

이미지를 텍스트로 바꾸는 작업을 **광학 문자 인식**(OCR)이라 부릅니다. OCR 기능이 있는 주요 라이브러리는 그리 많지 않지만, 이들을 지원하거나 이들을 기반으로 만들어진 라이브러리는 여러 가지입니다. 이런 라이브러리 시스템은 때로는 매우 복잡하므로, 이 장의 연습문제를 바로 풀어보기 전에 먼저 다음 섹션을 읽기 바랍니다.

13.1 라이브러리 개관

파이썬은 이미지 처리와 읽기, 이미지 기반 머신러닝, 심지어 이미지 생성에도 매우 뛰어난 언어입니다. 이미지 처리에 사용할 수 있는 라이브러리는 다양하지만, 우리는 필로^{Pillow}와 테서랙트^{Tesseract} 두 가지만 사용할 겁니다.

이 두 라이브러리는 웹에서 가져온 이미지를 인식하고 처리할 때 보조 작업을 잘 수행하는 강력한 콤비입니다. 필로는 이미지를 깔끔하게 다듬고 필터링하는 작업을 잘 처리하고, 테서랙트는 이미지에서 찾은 패턴을 자신이 알고 있는 텍스트 라이브러리와 대조합니다.

이 장에서는 두 라이브러리를 설치하는 방법과 간단한 사용법을 설명하고, 두 라이브러리를 함께 사용하는 예제를 몇 가지 제공합니다. 테서랙트를 훈련시켜서 웹에서 마주칠 다양한 폰트와 언어, 심지어 자동 가입 방지 문자까지 인식할 수 있게 하는 방법도 알아봅니다.

13.1.1 필로

필로는 가장 많은 기능을 갖춘 이미지 처리 라이브러리는 아니지만, 우리가 필요로 할 기능은 모두 갖추고 있습니다. 파이썬으로 포토샵 같은 것을 만들거나 연구할 목적이 아닌 한 필로면 충분할 겁니다. 문서화도 매우 잘되어 있고, 사용하기도 아주 쉽습니다.

웹사이트 *http://pillow.readthedocs.org/installation.html*에서 소스를 내려받아 설치할 수도 있고, `pip install pillow`로 설치할 수도 있습니다.

필로는 파이썬 2.x용 파이썬 이미지 라이브러리인 PIL에서 갈라져 나와 파이썬 3.x 지원을 추가했습니다. 원조인 PIL과 마찬가지로, 필로도 쉽게 이미지를 불러오고 조작할 수 있도록 만들어졌으며 다양한 필터와 마스크, 심지어 픽셀 단위 변형도 가능합니다.

```
from PIL import Image, ImageFilter

kitten = Image.open('kitten.jpg')
blurryKitten = kitten.filter(ImageFilter.GaussianBlur)
blurryKitten.save('kitten_blurred.jpg')
blurryKitten.show()
```

위 예제는 kitten.jpg 이미지에 블러 효과를 추가해 기본 이미지 뷰어에서 열고, 동시에 같은 디렉터리에 kitten_blurred.jpg라는 이름으로 저장합니다.

우리는 필로를 사용해 이미지를 컴퓨터가 읽기 더 쉽게 전처리하겠지만, 이미 언급했듯 필로는 이런 단순한 조작 외에도 여러 가지 기능이 있습니다. 더 자세한 정보는 필로 문서(*http://pillow.readthedocs.org/*)를 참고하십시오.

13.1.2 테서랙트

테서랙트는 OCR 라이브러리입니다. 테서랙트는 OCR과 머신러닝으로 유명한 구글의 투자를 받고 있는데, 가장 정확한 최고의 오픈 소스 OCR 시스템으로 널리 인정받고 있습니다.

테서랙트는 정확하기만 할 뿐 아니라 대단히 유연하기도 합니다. 테서랙트는 폰트가 비교적 일관적이기만 하면(곧 볼 겁니다), 숫자에 제한 없이 그 폰트를 인식하도록 훈련할 수 있으며, 유니코드 문자도 인식하도록 확장할 수 있습니다.

이 장에서는 명령행 프로그램인 테서랙트와 서드파티 파이썬 래퍼인 파이테서랙트를 모두 사용합니다. 두 프로그램의 이름이 다르므로, 이 장에서 '테서랙트'라고 하면 명령행 프로그램을 말하는 것이고 '파이테서랙트'라고 하면 서드파티 파이썬 래퍼를 말하는 겁니다.

테서랙트 설치

원도우 사용자는 *https://github.com/tesseract-ocr/tesseract/wiki*에서 간편한 인스톨러를 받을 수 있습니다. 이 글을 쓰는 시점에서 최신 버전은 3.02지만, 그 뒤에 나온 버전에도 아무 문제가 없을 겁니다.[1]

---

1 역자주_ 원도우의 경우 3.03 이후 버전은 서드파티 인스톨러만 제공됩니다. @egorpugin 바이너리를 받을 경우 32비트용 'Visual Studio 2015용 Visual C++ 재배포 가능 패키지'도 함께 설치해야 합니다.

리눅스 사용자는 **apt-get**으로 설치할 수 있습니다.

```
$ sudo apt-get tesseract-ocr
```

맥에서 설치하는 건 조금 더 복잡하지만, 5장에서 MySQL을 설치할 때 썼던 홈브류(*http://brew.sh/*) 같은 설치 관리자로 쉽게 설치할 수 있습니다. 다음 명령은 홈브류를 설치하고 이어서 테서랙트를 설치합니다.

```
$ ruby -e "$(curl -fsSL https://raw.githubusercontent.com/Homebrew/ \
          install/master/install)"
$ brew install tesseract
```

프로젝트의 다운로드 페이지(*https://github.com/tesseract-ocr/tesseract/wiki*)에서 소스를 받아 설치해도 됩니다

새 글자를 인식하도록 테서랙트를 훈련시키는 등 일부 기능은 데이터 파일(.traineddata 확장자)이 필요하며, 데이터 파일은 테서랙트 설치 위치 아래 tessdata 디렉터리에 위치해야 합니다.[2]

환경에 따라 테서랙트 설치 위치를 지정하는 환경변수 $TESSDATA_PREFIX를 설정해야 할 수도 있습니다. 필요하다면 대부분의 리눅스 시스템과 맥 OS X에서는 다음 명령을 쓰면 됩니다.

```
$ export TESSDATA_PREFIX=/usr/local/share/
```

/usr/local/share/는 테서랙트의 기본 설치 위치이지만, 설치할 때 바꾸지 않았는지는 확인해야 합니다.

윈도우에서도 마찬가지로, 필요하다면 다음과 같이 설치 위치를 지정하도록 환경변수를 설정합니다.

```
# setx TESSDATA_PREFIX "C:\Program Files\Tesseract OCR\"
```

---

2 역자주_ 혹시 데이터 파일을 내려받지 않았다면 *https://github.com/tesseract-ocr/tessdata*에서 직접 내려받아야 합니다. 이 책에서는 영어 데이터인 eng.traineddata 파일을 사용합니다.

13.1.3 파이테서랙트

테서랙트를 설치했으면 파이썬 래퍼 라이브러리인 파이테서랙트[pytesseract]를 설치할 준비가 된 겁니다. 파이테서랙트는 기존에 설치된 테서랙트를 이용해 이미지 파일을 읽고 파이썬 스크립트에서 사용할 수 있는 문자열과 객체를 반환합니다.

> **CAUTION_ 이 책의 예제에는 파이테서랙트 0.1.9가 필요합니다**
> 파이테서랙트는 0.1.8에서 0.1.9로 버전업하면서 상당히 많이 바뀌었습니다(필자도 이번 버전업에 기여한 부분이 있습니다). 이 섹션에서는 0.1.9 버전에서 추가된 기능을 소개합니다. 이 장의 예제 코드를 실행할 때는 정확한 버전을 받았는지 확인하시기 바랍니다.[3]

파이테서랙트는 다른 라이브러리와 마찬가지로 pip를 통해 설치해도 되고, 파이테서랙트 프로젝트 페이지(*https://pypi.python.org/pypi/pytesseract*)에서 내려받아 다음 명령으로 설치해도 됩니다.

```
$ python setup.py install
```

파이테서랙트와 필로를 결합해 이미지에서 텍스트를 읽을 수 있습니다.

```
from PIL import Image
import pytesseract

print(pytesseract.image_to_string(Image.open('./test.png')))
```

테서랙트 라이브러리를 파이썬 경로에 설치했다면 다음 행을 추가해서 파이테서랙트가 정확한 경로를 찾을 수 있게 하면 됩니다.

```
pytesseract.pytesseract.tesseract_cmd = '/path/to/tesseract'
```

파이테서랙트에는 위에서 보여드린 것처럼 이미지 인식 결과를 반환하는 것 외에도 여러 가지 유용한 기능이 있습니다. 예를 들어 다음 코드는 박스 파일(각 문자의 경계선인 픽셀 위치)를

---

3 역자주_ 2판을 번역하는 시점에서 최신 버전은 0.2.5이며 책의 예제를 실행하는 데는 아무 문제도 없었습니다.

추측해 반환합니다.

```
print(pytesseract.image_to_boxes(Image.open('./test.png')))
```

신뢰도 점수confidence scores, 페이지와 행 번호, 박스 파일 등 모든 데이터를 한꺼번에 반환하는 명령도 있습니다.

```
print(pytesseract.image_to_data(Image.open('./test.png')))
```

자세한 데이터를 반환하는 위 두 예제의 기본 출력 형식은 스페이스 또는 탭으로 분리된 문자열이지만, 딕셔너리 형태로 반환하거나 바이트 스트링(UTF-8 디코딩이 부족하다면) 형태로 반환하게 할 수도 있습니다.

```
from PIL import Image
import pytesseract
from pytesseract import Output

print(pytesseract.image_to_data(Image.open('./test.png'),
    output_type=Output.DICT))

print('\n\n')

print(pytesseract.image_to_string(Image.open('./test.png'),
    output_type=Output.BYTES))
```

이번 장에서는 파이테서랙트 라이브러리와 명령행 테서랙트, 그리고 파이썬에서 subprocess 라이브러리를 통해 파이테서랙트를 실행하는 방식을 조합해서 사용합니다. 파이테서랙트 라이브러리가 유용하고 편리하긴 해도, 파이테서랙트만으로는 할 수 없는 기능이 있으므로 이들 방식을 모두 알아두면 좋습니다.

13.1.4 넘파이

단순한 OCR에서는 필요하지 않지만, 테서랙트가 이 장에서 사용할 다른 문자나 폰트도 인식하도록 훈련하려면 넘파이가 필요합니다. 넘파이는 선형 대수학이나 기타 대규모 수학 애플리케이션에 사용하는 매우 강력한 라이브러리입니다. 넘파이는 이미지를 수학적인 거대한 픽셀 배열로 표현하고 조작할 수 있는데, 테서랙트에서 이런 기능을 활용할 수 있습니다.

항상 그렇지만 넘파이도 pip 같은 패키지 관리자로 설치할 수 있습니다.

```
$ pip install numpy
```

넘파이를 사용하는 코드 예제를 실행할 생각이 없더라도 설치하고 사용해보길 권합니다. 넘파이는 파이썬에 내장된 math 라이브러리를 보조하기도 하며 유용한 기능을 많이 포함하고 있는데, 특히 숫자 리스트를 다룰 때 유용하게 쓸 수 있습니다.

넘파이는 일반적으로 np라는 이름으로 임포트하며 다음과 같이 사용할 수 있습니다.

```
import numpy as np

numbers = [100, 102, 98, 97, 103]
print(np.std(numbers))
print(np.mean(numbers))
```

위 예제는 제공된 리스트의 표준편차와 평균을 출력합니다.

13.2 형식이 일정한 텍스트 처리

웹 스크레이핑을 하면서 처리할 텍스트는 대개 비교적 깔끔하고 형식이 일정할 겁니다. 텍스트가 형식이 일정하다고 하려면 일반적으로 몇 가지 조건에 맞아야 하지만, '엉망진창이다'와 '형식이 일정하다'를 나누는 기준은 주관적인 경우가 많습니다.

일반적으로, 텍스트가 형식이 일정하다고 하려면 다음 조건에 맞아야 합니다.

- 표준 폰트 하나로 작성되어야 합니다. 손으로 쓴 글씨, 필기체, 지나치게 장식적인 폰트는 제외합니다.

- 복사하거나 사진을 찍었다면 행 구분이 명료해야 하며, 복사로 인한 열화 현상이나 심하게 어두워진 부분이 없어야 합니다.

- 수평으로 잘 정렬되어 있어야 하며, 기울어진 글자가 없어야 합니다.

- 텍스트가 이미지를 벗어나거나, 이미지 모서리에서 잘려서는 안 됩니다.

이런 조건 중 일부는 전처리를 통해 해결할 수 있습니다. 예를 들어 이미지를 그레이스케일로 바꾸고, 밝기와 명암을 조절하고, 필요 없는 부분을 잘라내거나 회전할 수 있습니다. 하지만 훈련을 통해서만 넘을 수 있는 근본적인 한계도 있습니다. 훈련에 대해서는 다음 섹션에서 설명합니다.

[그림 13-1]은 형식이 일정한 텍스트의 이상적인 예입니다.[4]

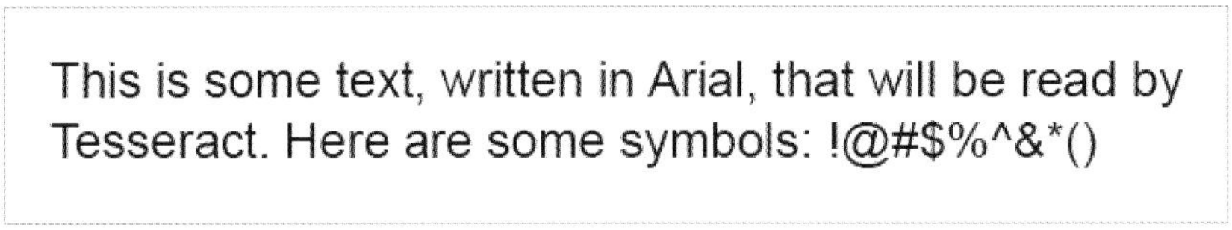

This is some text, written in Arial, that will be read by Tesseract. Here are some symbols: !@#$%^&*()

그림 13-1 테서랙트로 읽기 위해 .tif 파일로 저장한 샘플 텍스트

테서랙트를 실행해 이 이미지 파일을 읽고 결과를 텍스트 파일로 저장한 다음, 해당 텍스트 파일을 화면에 출력하는 명령은 다음과 같습니다.[5]

```
$ tesseract textOriginal.png textoutput | cat textoutput.txt
```

출력 결과는 테서랙트가 실행 중임을 알리는 한 줄과 새로 만든 **textoutput.txt**의 내용입니다.

```
Tesseract Open Source OCR Engine v3.02.02 with Leptonica
This is some text, written in Arial, that will be read by
Tesseract. Here are some symbols: !@#$%"&'()
```

^ 기호를 큰따옴표로, * 기호를 작은따옴표로 잘못 인식하긴 했지만, 결과는 거의 정확합니다. 일반적으로는 텍스트 인식에 만족할 수 있을 겁니다.

---

4 역자주_ 원서 깃허브 files 디렉터리에 이 장에서 사용하는 이미지 파일들이 들어 있습니다.

5 역자주_ textoutput.txt가 이미 존재해야 합니다. 윈도우에서는 tesseract text.tif textoutput & type textoutput.txt라고 입력합니다.

이미지 텍스트에 블러 효과를 적용하고 JPG 압축으로 인한 열화가 생기게 하고, 배경에 그레이디언트를 좀 추가하면 결과는 훨씬 나빠집니다(그림 13-2).[6]

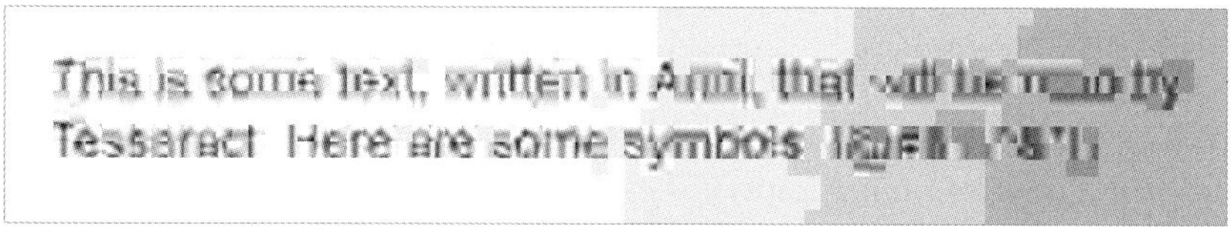

This is some text, written in Arial, that will be read by Tesseract. Here are some symbols

그림 13-2 불행히도 인터넷에서 만나는 이미지는 대부분 이 이미지에 더 가까울 겁니다.

테서랙트는 이 이미지를 이전 이미지만큼 잘 처리하지 못합니다. 주된 이유는 배경의 그레이디언트 때문입니다. 출력 결과를 보십시오.

```
This Is some text, wrmen In Ari-l, ..
Tesseract Here are some symbdsz-
```

배경의 그레이디언트가 텍스트를 구별하기 어렵게 하는 지점에 다다르자마자 텍스트가 잘렸습니다. 각 행의 마지막 글자도 틀렸는데, 테서랙트는 이 글자를 인식하려고 노력했지만 실패했습니다. JPG 열화와 블러 효과도 테서랙트가 소문자 i와 대문자 등을 구별하기 어렵게 만듭니다.

파이썬 스크립트로 이미지를 깔끔하게 만들면 도움이 됩니다. 필로 라이브러리로 임계점threshold 필터를 만들어 배경의 회색을 제거해서 텍스트가 잘 드러나게 하면 테서랙트가 이미지를 읽기 쉬워집니다.

또한, 파이테서랙트가 테서랙트를 실행하게 하면 일일히 명령행에서 테서랙트를 실행하는 번거로움도 없어집니다.

```python
from PIL import Image
import pytesseract

def cleanFile(filePath, newFilePath):
    image = Image.open(filePath)
```

---

6 역자주_ 원서 그림(textBad.png)은 인식률이 너무 좋아서 품질을 떨어뜨린 JPG 파일을 사용했습니다.

```
# 임계점을 설정하고 이미지를 저장합니다
image = image.point(lambda x: 0 if x<143 else 255)
image.save(newFilePath)
return image

image = cleanFile("./textBad.png", "./textCleaned.png")

# 테서랙트를 호출해 새로 생성된 이미지를 인식합니다.
print(pytesseract.image_to_string(image))
```

[그림 13-3]은 자동으로 생성된 결과 이미지 textCleaned.png입니다.

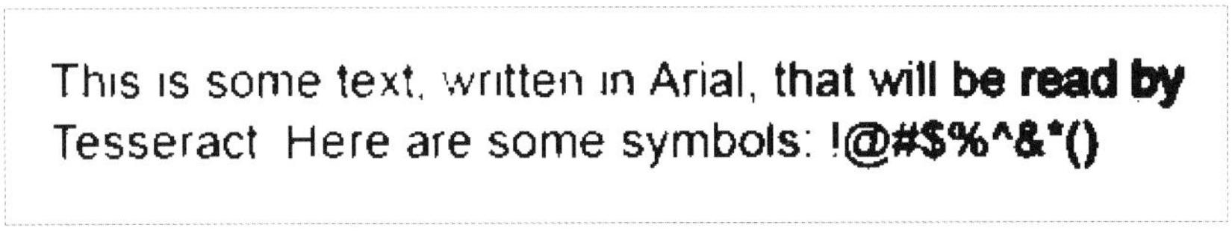

This is some text. written in Arial, that will be read by
Tesseract Here are some symbols: !@#$%^&*()

그림 13-3 앞의 지저분한 이미지에 임계점 필터를 적용해 만든 이미지

문장부호 일부가 사라지거나 읽기 어렵게 되었지만, 텍스트는 최소한 사람의 눈으로는 읽을 수 있는 수준입니다. 테서랙트 역시 훨씬 나은 결과를 보입니다.

```
ThIS IS some (ext. written In Anal, that will be read
Tesselact Here are some symbols: !@#$%"&'0
```

마침표와 쉼표는 아주 작아서 이렇게 이미지를 이리저리 변형하다 보면 사람에게나 테서랙트에게나 거의 사라지는 첫 번째 희생자입니다. Arial을 Anal로 잘못 인식하기도 했는데, 그건 r, i를 n 한 글자로 인식한 탓입니다.

그래도, 텍스트의 거의 반이 날아간 이전 버전보다는 개선됐습니다.

테서랙트의 가장 큰 약점은 밝기가 일정치 않은 배경인 것으로 보입니다. 테서랙트의 알고리즘은 텍스트를 읽기 전에 자동으로 명암을 조절하려 시도하지만, 필로 라이브러리 같은 도구로 직접 전처리하는 것이 더 나은 결과를 보입니다.[7]

----

7 역자주_ 2판을 번역하는 시점에서 테서랙트의 최신 버전은 3.05.02입니다. 역자가 테서랙트의 알고리즘을 정확히 알지는 못하지만, 배경 밝기가 일정치 않은 경우에 대응할 수 있도록 개선했는지 책에 사용된 그레이디언트 배경의 텍스트도 거의 정확히 인식하는 것을 확인했습니다.

기울어진 이미지나 텍스트가 없는 영역이 넓은 이미지, 기타 다른 문제를 가진 이미지는 테서랙트로 읽기 전에 먼저 조정하는 것이 좋습니다.

13.2.1 이미지 자동 조정

이전 예제에서 설정한 임계점 값 143은 테서랙트가 이미지를 읽을 수 있도록 모든 이미지 픽셀이 검은색 또는 흰색으로 바뀌게 하는 실험을 통해 선택한 '이상적인' 임계점입니다. 그런데 실무에서 여러 이미지를 인식해야 하는데 이들의 그레이스케일 상황이 모두 달라서 최적의 임계점을 모두 찾는 것이 현실적으로 무의미하다면, 즉 임계점을 찾을 시간에 이미지를 사람이 읽는 게 더 빠르다면 어떻게 해야 할까요?

최선의 해결책, 최선이 아니더라도 납득할 만한 꽤 좋은 해결책을 찾으려면 임계점을 바꿔가면서 테서랙트가 인식하게 하고 알고리즘을 통해 가장 좋은 결과를 선택하면 될 겁니다. 어떤 결과가 가장 좋은 것인지는 테서랙트가 인식한 글자 또는 문자열의 숫자, 그리고 그 글자들을 인식할 수 있다는 '신뢰도confidence'를 기준으로 하면 됩니다.

정확히 어떤 알고리즘을 적용할지는 상황에 따라 조금씩 다르겠지만, 다음 예제는 임계점을 계속 바꾸면서 '최선의' 세팅을 찾는 예제입니다.

```python
import pytesseract
from pytesseract import Output
from PIL import Image
import numpy as np

def cleanFile(filePath, threshold):
    image = Image.open(filePath)
    # 임계점을 설정하고 저장합니다.
    image = image.point(lambda x: 0 if x < threshold else 255)
    return image

def getConfidence(image):
    data = pytesseract.image_to_data(image, output_type=Output.DICT)
    text = data['text']
```

따라서 임계점 필터 값을 다양하게 시도하면서 최선의 결과를 찾아내는 다음 섹션의 내용은 독자에게 당장 필요한 내용이 아닐 수 있지만, 본문에서 언급하듯 꼭 임계점뿐 아니라 다른 필터에도 적용할 수 있는 일반적 알고리즘을 소개하는 것에 가깝다고 생각하므로 저자의 의도를 존중하여 가감 없이 그대로 옮겼습니다.

```
        confidences = []
        numChars = []

        for i in range(len(text)):
            if int(data['conf'][i]) > -1:
                confidences.append(data['conf'][i])
                numChars.append(len(text[i]))

        return np.average(confidences, weights=numChars), sum(numChars)

    filePath = './textBad.png'

    start = 80
    step = 5
    end = 200

    for threshold in range(start, end, step):
        image = cleanFile(filePath, threshold)
        scores = getConfidence(image)
        output = 'threshold: {}, confidence: {}, numChars {}'
        output = output.format(str(threshold), str(scores[0]), str(scores[1]))
        print(output)
```

이 예제에는 두 함수가 있습니다.

cleanFile

cleanFile은 '지저분한' 파일과, 그 파일에 필로 임계점 툴을 적용할 임계점 값을 받아 처리한 다음 필로 이미지 객체를 반환합니다.

getConfidence

getConfidence는 임계점 필터를 거친 필로 이미지 객체를 받아서 테서랙트를 실행합니다. 인식된 각 문자열에 포함된 글자 수를 기준으로 각 문자열의 신뢰도를 계산해서 인식된 글자 수와 함께 반환합니다.

임계점 값을 바꿔가면서 신뢰도와 인식된 글자수를 계산한 결과는 다음과 같습니다.

```
threshold: 80, confidence: 61.8333333333 numChars 18
threshold: 85, confidence: 64.9130434783 numChars 23
threshold: 90, confidence: 62.2564102564 numChars 39
threshold: 95, confidence: 64.5135135135 numChars 37
threshold: 100, confidence: 60.7878787879 numChars 66
threshold: 105, confidence: 61.9078947368 numChars 76
threshold: 110, confidence: 64.6329113924 numChars 79
threshold: 115, confidence: 69.7397260274 numChars 73
threshold: 120, confidence: 72.9078947368 numChars 76
threshold: 125, confidence: 73.582278481 numChars 79
threshold: 130, confidence: 75.6708860759 numChars 79
threshold: 135, confidence: 76.8292682927 numChars 82
threshold: 140, confidence: 72.1686746988 numChars 83
threshold: 145, confidence: 75.5662650602 numChars 83
threshold: 150, confidence: 77.5443037975 numChars 79
threshold: 155, confidence: 79.1066666667 numChars 75
threshold: 160, confidence: 78.4666666667 numChars 75
threshold: 165, confidence: 80.1428571429 numChars 70
threshold: 170, confidence: 78.4285714286 numChars 70
threshold: 175, confidence: 76.3731343284 numChars 67
threshold: 180, confidence: 76.7575757576 numChars 66
threshold: 185, confidence: 79.4920634921 numChars 63
threshold: 190, confidence: 76.0793650794 numChars 63
threshold: 195, confidence: 70.6153846154 numChars 65
```

결과를 살펴보면 인식된 글자 수와 평균 신뢰도 모두 뚜렷한 경향이 보입니다. 두 값은 임계점 145에서 최고점에 도달하는데, 이 값은 실험으로 찾아낸 143에 아주 가까운 숫자입니다.

임계점 140과 145 모두 글자를 가장 많이(83개) 찾아내지만, 임계점 145에서 찾아낸 글자들의 신뢰도가 더 높으므로 이 임계점 값에서 인식한 텍스트를 이미지에 포함된 텍스트에 '가장 가까운' 텍스트로 채택할 만합니다.

물론 글자를 '가장 많이' 찾았다 해서 그 글자들이 정말 정확히 인식된 글자라는 보장은 없습니다. 임계점 값에 따라서는 글자 하나를 두 글자로 인식하는 경우도 있을 수 있고(n을 r과 i로 인식하는 등), 이미지에 있는 잡티를 글자로 잘못 인식할 수도 있는데 이런 경우에는 글자를 가장 많이 찾은 결과가 오히려 더 부정확할 겁니다. 이럴 때는 결과를 선택할 때 신뢰도에 비중을 더 높게 두면 됩니다.

예를 들어, 다른 이미지에 위 예제를 적용해 다음과 같은 결과를 얻었다고 합시다.

```
threshold: 145, confidence: 75.5662650602 numChars 83
threshold: 150, confidence: 97.1234567890 numChars 82
```

글자수가 하나 줄어들었을 뿐인데 신뢰도가 20% 이상 올라간 결과를 채택하고, 임계점 145가 단순히 부정확한 값이었다고 생각하거나 한 글자를 두 글자로 인식하는 등의 오작동이라고 판단한다면 그건 생각이 없는 행동일 겁니다.

이런 의외의 결과를 놓치지 말고 실험을 더 해보면 임계점 선택 알고리즘을 좀 더 완벽하게 다듬을 수 있는 좋은 기회입니다. 예를 들어 신뢰도와 찾아낸 글자수를 곱한 결과를 기준으로 임계점을 선택하거나, 기준이 될 만한 다른 방법을 찾을 수 있습니다. 곱한 결과를 기준으로 평가한다면, 이전 예제에서는 임계점 145가 6,272로 여전히 가장 높고, 상상의 결과에서는 임계점 150이 7,964로 더 높습니다.

임계점 선택 알고리즘은 꼭 임계점뿐 아니라 다른 필로 필터에도 적용할 수 있습니다. 둘 이상의 각각 다른 값을 선택하고 그중에서 가장 결과가 좋은 값을 채택하는 식으로 응용할 수도 있습니다.

물론 이런 식으로 임계점을 선택하는 알고리즘은 CPU 시간을 많이 소모하는 작업입니다. '이상적인' 임계점 값을 미리 알고 있다면 필로와 테서랙트를 한번씩만 실행하면 되지만, 다양한 값을 시도해보려면 매 이미지마다 필로와 테서랙트를 여러 번 실행해야 하니 실행 시간은 곱에 비례해서 늘어날 겁니다.

하지만 작업을 계속하다 보면 '이상적인' 임계점을 찾는 과정에서 어떤 패턴을 발견할 수 있습니다. 80부터 200 사이의 값을 모조리 시도하는 대신, 130부터 180 사이의 값만 시도해도 충분한 이미지들이 있을 수 있습니다.

아니면 한 번 실행으로 최적의 임계점을 찾으려 하지 말고, 몇 번에 걸쳐 찾는 방법으로 실행 시간을 줄일 가능성도 있습니다. 예를 들어 처음부터 80, 85, 90 하는 식으로 조밀하게 찾지 말고, 처음에는 80, 100, 120 식으로 듬성듬성 찾다가 가장 가능성이 높은 구간이 140과 160 사이라고 판단한다면 140, 145, 150 하는 식으로 조밀하게 찾으면 총 실행 시간은 줄어들 수 있을 겁니다. 변수가 다양할수록 이런 방식이 잘 어울립니다.

13.2.2 웹사이트 이미지에서 텍스트 스크레이핑하기

하드디스크에 있는 이미지에서 테서랙트로 텍스트를 읽는 일은 그다지 흥미롭지 않지만, 웹 스크레이퍼와 결합한다면 매우 강력한 도구가 됩니다. 텍스트를 이미지로 만들어서 알아보기 어렵게 되는 경우도 있지만(동네 식당 홈페이지라면 아마 이렇겠죠), 고의적으로 텍스트를 숨기기 위해 이미지를 쓰는 경우도 있습니다. 다음 예제에서 알아봅시다.

아마존의 robots.txt 파일은 사이트의 상품 페이지 스크레이핑을 허용하긴 하지만, 책 미리보기를 스크랩하는 봇은 많지 않습니다. 이는 아마존이 미리보기를 사용자 행동에 반응하는 Ajax 스크립트로 불러오며 실제 이미지는 몇 겹의 div 아래 주의 깊게 숨겨져 있기 때문입니다. 사실 이런 미리보기는 일반적인 사이트 방문자에게는 이미지 파일보다는 플래시로 만든 무엇인가에 더 가까워 보일 겁니다. 게다가 이미지에 접근한다 하더라도 그걸 텍스트로 읽는 건 쉽지 않습니다.

다음 스크립트는 아마존에 있는 톨스토이의 작품 『이반 일리치의 죽음』의 큰 활자판[8]입니다. 미리보기를 열고, 이미지 URL을 수집하고, 이미지를 내려받아 읽은 다음 그 텍스트를 출력합니다. 이 스크립트는 이전 장에서 설명한 여러 가지 개념을 한데 모은 비교적 복잡한 코드이므로, 조금이라도 이해하기 쉽도록 주석을 많이 달았습니다.

이 코드는 아마존 사이트 구조에 크게 의존합니다. 여기서 예제로 쓴 작품 미리보기가 사라지거나 다른 것으로 바뀐다면, 미리보기가 있는 다른 책의 URL로 바꿔도 됩니다. 필자의 경험으로는 글자가 크고 산세리프 계열 폰트일수록 잘 작동했습니다.

```python
import time
from urllib.request import urlretrieve
from PIL import Image
import pytesseract
from selenium import webdriver

# 셀레니움 드라이버를 만듭니다.
options = webdriver.ChromeOptions()
options.add_argument('headless')
driver = webdriver.Chrome(chrome_options=options)
```

---

8 테서랙트가 아직 훈련하지 않은 텍스트를 인식할 때는 활자가 큰 이미지를 더 잘 인식하며, 특히 이미지가 작다면 폰트가 커야 잘 인식합니다. 다음 섹션에서는 테서랙트를 훈련시켜, 활자가 작은 미리보기를 포함해 훨씬 작은 폰트도 인식할 수 있게 할 겁니다.

```
url = 'https://www.amazon.com/Death-Ivan-Ilyich-Nikolayevich-Tolstoy/'
url += 'dp/1427027277'
driver.get(url)
time.sleep(2)

# 미리보기 버튼을 클릭합니다.
driver.find_element_by_id('imgBlkFront').click()
imageList = []

# 페이지를 불러올 때까지 기다립니다.
time.sleep(5)

while 'pointer' in driver.find_element_by_id('sitbReaderRightPageTurner').get_
attribute('style'):
    # 오른쪽 화살표를 누를 수 있다면 페이지를 계속 넘깁니다.
    driver.find_element_by_id('sitbReaderRightPageTurner').click()
    time.sleep(2)
    # 새 페이지를 모두 가져옵니다. 동시에 여러 페이지를 가져올 수 있지만,
    # 세트에는 중복이 저장되지 않습니다.
    pages = driver.find_elements_by_xpath(
        '//div[@class=\'pageImage\']/div/img')
    if not len(pages):
        print("No pages found")
    for page in pages:
        image = page.get_attribute('src')
        print('Found image: {}'.format(image))
        if image not in imageList:
            urlretrieve(image, 'page.jpg')
            imageList.append(image)
            print(pytesseract.image_to_string(Image.open('page.jpg')))

driver.quit()
```

이론적으로는 위 예제를 어떤 셀레니움 웹드라이버로도 실행할 수 있어야 하지만, 필자는 크롬 드라이버가 현재 가장 믿을 만하게 동작한다고 판단했습니다.

앞의 예제들에서 봤던 것처럼 테서랙트는 책에 실린 긴 문장들을 거의 완벽하게 인식합니다. 다음은 1페이지 미리보기의 결과입니다.

```
Chapter I

During an Interval In the Melvmskl trial In the large
```

```
building of the Law Courts the members and public
prosecutor met in [van Egorowch Shebek's private
room, where the conversation turned on the celebrated
Krasovski case. Fedor Vasillevich warmly maintained
that it was not subject to their jurisdiction, Ivan
Egorovich maintained the contrary, while Peter
ivanowch, not havmg entered into the discussmn at
the start, took no part in it but looked through the
Gazette which had Just been handed in.

"Gentlemen," he said, "Ivan Ilych has died!"
```

하지만 명백히 잘못 인식한 단어들도 많이 있습니다. 예들 들어 Melvinski라는 이름을 Melvmsl로 잘못 인식했고, discussion을 discussmn으로 잘못 인식했습니다. 이런 타입의 에러 상당수는 딕셔너리를 만들어서 해결할 수 있습니다. Melvinski 같은 고유명사도 추가해야겠죠.

가끔 단어 전체가 완전히 잘못 인식되는 경우도 있습니다. 예를 들어 3페이지의 텍스트를 봅시다.

```
it is he who is dead and not 1.
```

여기서는 대문자 I를 숫자 1로 인식했습니다. 이런 오류에는 단어 딕셔너리와 마카로프 체인 분석을 통해 대응할 수 있습니다. 텍스트의 일부분에 명백히 이상한 구절(and not 1)이 있다면, 원래 텍스트는 더 널리 쓰이는 구절(and not I)이었을 거라 짐작할 수 있습니다.

이렇게 글자가 바뀌는 현상에는 예측 가능한 패턴이 있으므로 그런 패턴을 파악하면 도움이 됩니다. 예를 들어 vi를 w로 잘못 인식한다거나, I가 1로 바뀌는 패턴 말입니다. 이런 패턴이 자주 나타난다면, 원래 있었을거라 짐작하는 단어와 구절을 시도할 수 있도록 리스트를 만들어 가장 상식적인 결과가 나오는 해결책을 찾을 수 있습니다. 자주 잘못 인식하는 글자들을 대체하고 사전에 나오는 단어로 교체하거나, 널리 쓰이는 n-그램을 시도해보는 방법도 있습니다.

이런 방법을 시도해볼 생각이라면 9장을 읽고 텍스트와 자연어 처리에 관한 정보를 얻기 바랍니다.

이 예제의 텍스트가 널리 쓰이는 산세리프 폰트이므로 테서랙트가 글자들을 비교적 쉽게 인식할 수 있지만, 테서랙트를 좀 훈련시키면 정확도를 더 올릴 수 있습니다. 다음 섹션에서는 시간이 부족할 때 심하게 훼손된 텍스트에 대처하는 방법을 설명합니다.

테서랙트에 텍스트 이미지를 많이 입력하고 그 원본 텍스트도 함께 입력하면 테서랙트는 나중에 같은 폰트를 훨씬 정확하게 인식할 수 있습니다. 배경이 끼어들거나 위치에 문제가 있어도 가능합니다.

13.3 CAPTCHA 읽기와 테서랙트 훈련

CAPTCHA라는 단어에 친숙한 사람은 많지만, 정확히 어떤 뜻인지 아는 사람은 훨씬 적습니다. CAPTCHA는 컴퓨터와 사람을 구별하기 위해 완전히 자동화한 테스트Completely Automated Public Turing test to tell Computers and Humans Apart의 약자입니다. 이 무질서하게 보이는 두문자어 자체가, CAPTCHA가 없었다면 사용하기 쉬웠을 웹 인터페이스를 무질서하게 흐트려놓아 사람이든 로봇이든 CAPTCHA 테스트를 풀기 위해 진땀을 흘리게 만드는 오늘날 CAPTCHA 역할을 암시하는 듯합니다.

튜링 테스트는 앨런 튜링이 1950년에 발표한 논문「Computing Machinery and Intelligence」에 처음 등장합니다. 이 논문에서 앨런은 컴퓨터 터미널을 통해 사람이 사람이나 인공지능 프로그램 모두와 소통하는 방법을 설명합니다. 일상적인 대화를 하던 사람이 대화 상대가 사람인지 AI 프로그램인지 구별하지 못했다면 AI 프로그램은 튜링 테스트를 통과한 것으로 간주하는데, 튜링은 이 테스트를 통과한 인공지능이 이유와 목적을 가지고 '생각'한다고 판단합니다.

최근 60년 동안 튜링 테스트로 컴퓨터가 사람을 테스트하게 된 것은 아이러니라 할 만한 일입니다. 구글의 reCAPTCHA는 어렵기로 악명이 높은데, 봇이 아닌 사람조차 사이트에 접근할 수 없게 돼버려서(*http://bit.ly/1HGTbGf*) 결국 폐기됐습니다.

다른 CAPTCHA는 대개 좀 더 쉽습니다. PHP 기반 콘텐츠 관리 시스템(CMS)으로 널리 쓰이는 드루팔Drupal에도 CAPTCHA 모듈이 들어 있습니다(*https://www.drupal.org/project/captcha*) 드루팔의 CAPTCHA 모듈은 다양한 난이도로 CAPTCHA 이미지를 생성할 수 있습니다. 기본 이미지는 [그림 13-4]처럼 생겼습니다.

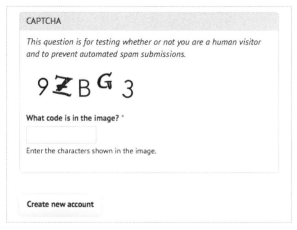

그림 13-4 드루팔의 CAPTCHA 모듈에 사용되는 기본 텍스트

이 CAPTCHA가 다른 CAPTCHA에 비해 사람이나 컴퓨터가 알기 쉬운 이유는 무엇일까요?

- 겹친 글자가 없고, 다른 글자의 영역을 침범하지도 않습니다. 바꿔 말하면, 각 글자 주위에 다른 글자를 전혀 침범하지 않는 사각형을 그릴 수 있습니다.

- 배경 이미지나 줄, 기타 OCR 프로그램을 혼란시킬 방해물이 없습니다.

- 이 이미지만으로 분명히 알 수는 없지만, CAPTCHA가 사용하는 폰트에는 몇 가지 변형이 있습니다. 9, B, 3에는 깔끔한 산세리프 폰트를 썼고 Z, G에는 필기체 스타일의 폰트를 썼습니다.

- 흰 배경과 어두운 색깔의 글자가 잘 구별됩니다.

하지만 이 CAPTCHA에는 OCR 프로그램이 읽기 어렵게 만드는 함정이 약간 섞여 있습니다.

- 글자와 숫자가 섞여 있어서 경우의 수가 늘어납니다.

- 무작위로 기울어진 글자들은 OCR 소프트웨어를 혼란시킬 수 있지만 사람이 읽는 데는 문제가 없습니다.

- 비교적 이상한 필기체 폰트가 인식을 어렵게 합니다. C와 3에는 추가된 획이 있고, 소문자 m은 너무 작아서 컴퓨터가 읽으려면 훈련이 더 필요합니다.

다음 명령으로 테서랙트가 이 이미지를 읽게 해봅시다.

```
$ tesseract captchaExample.tiff output
```

output.txt 파일을 보면 다음과 같을 것입니다.

92353

9와 3은 잘 인식했지만, CAPTCHA를 제대로 인식하려면 아직 갈 길이 먼 것 같습니다.

13.3.1 테서랙트 훈련

테서랙트가 모호하고 읽기 어려운 폰트나 CAPTCHA를 인식하게 하려면 각 글자의 예를 여러 번 입력해야 합니다.

이 작업을 하기 전에 좋아하는 팟캐스트나 영화를 미리 대기시켜두기 바랍니다. 매우 지루한 일을 몇 시간 동안 해야 하니까요. 첫 번째 단계는 CAPTCHA 예제 여러 개를 같은 디렉터리에 내려받는 겁니다.[9] 필요한 예제 숫자는 CAPTCHA가 얼마나 복잡한가에 따라 다릅니다. 필자는 샘플 파일 100개로 총 500글자, 즉 문자 하나당 평균 8가지 예제로 훈련시켰고 매우 성공적이었습니다.

이때 이미지 이름을 CAPTCHA의 답, 즉 9ZBG3.tiff 같은 것으로 정하길 권합니다. 필자가 해보니 이렇게 이름을 정하면 파일이 많아도 무엇이 틀렸고 무엇이 맞았는지 금방 알 수 있었습니다. 이미지 파일을 섬네일로 보면서 이미지 이름과 비교하면 쉽습니다. 이렇게 이름을 정해놓으면 다음 단계에서도 체크하기 편합니다.

두 번째 단계는 각 글자가 정확히 무엇이고, 이미지의 어디에 있는지 테서랙트에 알려주는 겁니다. 이 단계에서는 모든 CAPTCHA 이미지마다 박스 파일, 즉 정답지를 만들어야 합니다. 박스 파일은 다음과 같은 형태입니다.

```
9 12 19 30 48 0
Z 36 17 70 53 0
```

---

9 역자주_ 뒤에 나올 코드에서 보겠지만, 예제 사이트(*http://www.pythonscraping.com/humans-only*)에 접속하면 드루팔의 CAPTCHA 이미지를 구할 수 있습니다. 이 페이지를 200번 새로고침을 누르면서 저장한 이미지 200개도 한빛미디어 홈페이지에서 제공합니다. 압축 파일 중 00_original_jpg 폴더에 원본 .jpg가 들어 있고 이를 일괄로 .tiff로 변환한 게 01_converted_tif에 들어 있습니다.

```
B 81 17 100 46 0
G 111 29 136 58 0
3 153 15 171 45 0
```

맨 처음 문자는 무슨 글자인지를 나타내는 것이고, 다음 숫자 네 개는 글자 주위의 사각형 박스의 좌표입니다. 박스 파일에서는 (0, 0)이 왼쪽 아래를 뜻합니다. 마지막 숫자는 여러 페이지로 구성된 .tiff 파일을 훈련시킬 때 페이지 번호인데, 우리의 경우 페이지는 한 장이니 0입니다.

충분히 훈련시키려면 이런 파일 쌍을 100개 이상 준비해야 합니다. 테서랙트는 가끔 파일을 읽을 수 없다면서 포기할 때가 있으니 그에 대비한 예비 파일도 마련해두는 게 좋습니다. OCR 결과가 그다지 만족스럽지 않거나, 테서랙트가 특정 글자에서 막히길 반복한다면 훈련 데이터를 더 준비해서 다시 시도하는 게 좋습니다.

물론 이런 박스 파일을 손으로 만드는 건 대단히 지루한 일이고, 이런 일을 도와주는 다양한 도구가 있습니다. 필자는 온라인 도구인 테서랙트 OCR 초퍼(*http://pp19dd.com/tesseract-ocr-chopper*)를 추천합니다. 따로 설치하거나 라이브러리를 추가할 필요도 없고, 브라우저가 있는 컴퓨터라면 어디서든 동작하며, 비교적 쓰기 쉽습니다. 이미지를 올리고, 박스가 더 필요하면 화면 하단의 추가 버튼을 클릭하고, 필요하다면 박스 크기를 조절하고, 해당 박스의 글자를 제대로 인식했는지 확인하고 틀렸으면 고친 다음, 브라우저의 박스 파일 텍스트를 자신의 컴퓨터 텍스트 에디터에 복사해서 붙여넣으면 됩니다.[10]

박스 파일은 반드시 평문 텍스트 파일이어야 하고 확장자는 .box여야 합니다. 이미지 파일과 마찬가지로 박스 파일의 이름도 CAPTCHA의 답, 즉 9ZBG3.box처럼 정하면 편리합니다. 이렇게 이름을 정하면 박스 파일 내용과 파일 이름을 비교하기 쉽고, 디렉터리를 파일 이름 기준으로 정렬해서 볼 때 이미지 파일과 박스 파일을 비교하기 쉽습니다.

박스 파일과 이미지 파일을 충분히 준비했다면, 작업을 시작하기 전에 이 파일들을 백업 폴더에 복사해두십시오. 훈련 스크립트를 실행해도 뭔가가 삭제되지는 않지만, 박스 파일을 만드는 데 몇 시간을 들였을 테니 안전이 최선입니다. 또한, 다시 시도할 때는 컴파일된 데이터로 가득

---

10 역자주_ 역자는 200개의 .tiff 파일을 하나씩 OCR 초퍼에 올려서 박스 파일을 만드는 대신 먼저 테서랙트로 박스 파일을 만들었습니다. *https://git.io/vXB3h*를 참고하여 200개의 파일에 대해 tesseract tif 파일명.tif box파일명 batch.nochop makebox를 실행하면 됩니다. 이렇게 테서랙트로 만든 박스 파일은 02_original_box 폴더에 있습니다. 200개 중 75개는 테서랙트가 인식하지 못해 크기가 0으로 나왔습니다. 나머지 125개 중 25개는 정확히 다섯 글자를 모두 인식해서 수정할 필요가 없었고, 100개는 OCR 초퍼 사이트를 참고하여 수동으로 수정했습니다. 그 결과가 03_manually_edited_box 폴더에 들어 있습니다.

차 엉망진창이 된 디렉터리를 깨끗이 날려버릴 수 있어야 좋습니다.

데이터 분석을 모두 마치고 테서랙트에 필요한 훈련 파일을 만들기 위해서는 아직 할 일이 많이 남았습니다. 소스 이미지와 박스 파일을 가지고 이 일을 대신해주는 도구는 많이 있지만, 불행히도 이 글을 쓰는 시점에서 테서랙트 3.02에서 제공하는 도구는 따로 없습니다.

그래서 필자는 이미지와 박스 파일이 들어 있는 파일을 가지고 훈련에 필요한 파일을 모두 자동으로 만드는 파이썬 스크립트(_https://github.com/REMitchell/tesseract-trainer_)를 만들었습니다.

초기 설정과 각 실행 단계는 클래스의 __init__, runAll 메서드에 들어 있습니다.

```
def __init__(self):
        self.languageName = 'eng'
        self.fontName = 'captchaFont'
        self.directory = '<path to image>'

    def runAll(self):
        self.createFontFile()
        self.cleanImages()
        self.renameFiles()
        self.extractUnicode()
        self.runShapeClustering()
        self.runMfTraining()
        self.runCnTraining()
        self.createTessData()
```

여기서 설정할 세 변수는 매우 단순합니다.

languageName

어떤 언어인지 나타내는 세 글자 언어 코드입니다. 대개는 영어를 나타내는 **eng**를 쓰게 될 겁니다.

fontName

폰트 이름입니다. 무엇을 써도 되지만, 반드시 공백이 없는 단어 하나여야 합니다.

directory

모든 이미지와 박스 파일이 들어 있는 디렉터리입니다. 절대 경로를 쓰길 권하지만, 상대 경로를 쓸 때는 이 스크립트의 위치를 기준으로 하십시오. 절대 경로를 쓴다면 이 스크립트를 어디에 저장해도 상관없습니다. 본 예제를 따라 할 경우 언어와 폰트 이름은 바꿀 필요가 없지만 이변수만은 반드시 자신의 디렉터리로 바꿔야 합니다.

이제 각 함수를 봅시다.

createFontFile 함수는 필수 파일인 font_properties를 만듭니다. 이 파일은 테서랙트에 새폰트에 대해 알리는 역할을 합니다.

```
captchaFont 0 0 0 0 0
```

이 파일에는 먼저 폰트 이름이 오고, 그다음에는 테서랙트가 이탤릭, 볼드, 기타 변형들에 대해서도 고려해야 하는지를 나타내는 1 또는 0입니다. 각 변형에 대해서도 훈련시키는 건 흥미로운 과제지만, 이 책의 범위를 벗어납니다.

cleanImages 함수는 찾아낸 모든 이미지 파일 원본에서 명암비가 높은 버전을 만들어 그레이스케일로 바꾸고, 기타 이미지 파일을 OCR 프로그램에서 읽기 쉽게 만드는 작업을 합니다. 후처리를 통해 이미지에 있는 방해물을 쉽게 제거할 수 있는 CAPTCHA 이미지의 경우 이 함수에 추가하는 게 좋습니다.

renameFiles 함수는 박스 파일과 그 짝인 이미지 파일을 테서랙트에서 사용하는 형식으로 바꿉니다. 파일 이름에 있는 숫자 <fileNumber>는 여러 파일을 구분하기 위한 순번입니다.

- <languageName>.<fontName>.exp<fileNumber>.box
- <languageName>.<fontName>.exp<fileNumber>.tiff

extractUnicode 함수는 생성된 박스 파일을 모두 살펴보고 총 몇 세트를 훈련할 수 있는지 판단합니다. 결과인 유니코드 파일을 살펴보면 서로 다른 글자를 총 몇 개나 찾았는지, 놓친 것은 무엇인지 빨리 알 수 있습니다.

다음 세 함수 runShapeClustering, runMfTraining, runCtTraining는 각각 shapetable, pfftable, normproto 파일을 만듭니다. 이 파일들은 각 글자의 기하학적 구조geometry와 모양에

대한 정보와 함께, 테서랙트가 주어진 글자의 타입을 구별하는 데 필요한 통계적 정보를 제공합니다.

마지막으로, 테서랙트가 컴파일된 데이터 폴더의 이름 앞에 언어 이름을 붙이고(즉, shapetable을 eng.shapetable로), 이 파일 전체를 최종 훈련 데이터 파일인 eng.traineddata로 컴파일합니다. 다음과 같은 출력 결과를 볼 수 있을 테고, 해당 폴더에는 eng.shapetable, eng.traineddata 등의 훈련 데이터 파일이 생성되었을 것입니다.[11]

```
CLEANING IMAGES...
CREATING TRAINING DATA...
...
EXTRACTING UNICODE...
Extracting unicharset from eng.captchaFont.exp0.box
...
Wrote unicharset file ./unicharset.
RUNNING SHAPE CLUSTERING...
Reading eng.captchaFont.exp0.tr ...
...
Building master shape table
Computing shape distances...
Stopped with 0 merged, min dist 999.000000
...
RUNNING MF CLUSTERING...
Read shape table shapetable of 44 shapes
Reading eng.captchaFont.exp0.tr ...
...
Done!
RUNNING MF CLUSTERING...
Reading eng.captchaFont.exp0.tr ...
Clustering ...

Writing normproto ...
CREATING TESS DATA...
Combining tessdata files
Output eng.traineddata created successfully.
TessdataManager combined tesseract data files.
Offset for type  0 (eng.config                ) is -1
...
```

---

11 역자주_ 지금까지 만든 .tiff와 .box를 모두 04_prepared_tif_and_box 폴더로 복사했고 여기서 저자의 훈련기인 trainer.py를 실행한 결과물은 05_final_tif_and_box 폴더에서 확인할 수 있습니다.

```
Offset for type 16 (eng.params-model              ) is -1
```

이제 수작업으로 할 일은 생성된 eng.traineddata 파일을 자신의 tessdata 폴더로 옮기는 일 뿐입니다. 앞에서 $TESSDATA_PREFIX를 설정했다면 리눅스와 맥에서는 다음 명령어를 쓰면 됩니다.[12]

```
$ cp eng.traineddata $TESSDATA_PREFIX/tessdata
```

이 단계를 모두 따라 했다면 테서랙트는 이미 훈련한 타입의 CAPTCHA를 문제없이 인식할 수 있을 겁니다. 앞에서 봤던 CAPTCHA 이미지를 다시 읽으면 정확한 응답을 얻을 수 있습니다.[13]

```
$ tesseract captchaExample.tiff stdout
9ZBG3
```

이 섹션에서 소개한 것은 테서랙트의 폰트 훈련과 인식 기능을 말 그대로 간단히 소개한 것에 지나지 않습니다. 테서랙트를 고도로 훈련시키는 것에 관심이 있어서 개인적인 CAPTCHA 훈련 파일 라이브러리를 만들거나 폰트 인식 결과를 공유하고 싶다면 테서랙트 문서(*https://github.com/tesseract-ocr/tesseract/wiki*)를 읽어보십시오.

13.4 CAPTCHA 가져오기와 답 보내기

널리 쓰이는 콘텐츠 관리 시스템은 사용자 등록 페이지에서 봇의 자동 가입 스팸을 받는 일이 많습니다. *http://pythonscraping.com*에도 CAPTCHA(쉽다는 건 인정합니다)가 있지만, 이렇게 밀어닥치는 등록 스팸에는 별 도움이 되지 않습니다.

이러한 봇은 어떻게 만드는 걸까요? 우리는 하드디스크에 있는 이미지의 CAPTCHA를 푸는 데는 성공했지만, 봇이 완벽하게 기능하려면 어떻게 해야 할까요? 이 섹션에서는 이전 장에서

---

12 역자주_ 혹은 테서랙트 실행 시 --tess-data-dir 경로 옵션을 붙여 데이터 파일의 경로를 명시적으로 지정할 수도 있습니다.

13 역자주_ 정확도가 상승한 것은 분명하지만 모든 샘플 이미지에 대해 100퍼센트 정확한 결과를 얻을 수는 없었습니다. 박스 파일을 수동으로 수정하는 과정이 정확하지 않았을 수 있고 각 문자별로 샘플 수가 부족했을 수도 있습니다.

설명했던 것들을 한데 묶어 사용합니다. 아직 읽지 않았다면, 10장을 최소한 훑어보기라도 해야 합니다.

대부분의 이미지 기반 CAPTCHA에는 몇 가지 공통적인 특징이 있습니다.

- 이들은 서버 쪽 프로그램에서 동적으로 생성한 이미지입니다. 이 이미지의 소스는 우리가 생각하는 일반적인 이미지와는 다릅니다. 예를 들어 `<img src="WebForm.aspx?id=8AP85CQKE9TJ">` 같은 형태일 수 있습니다. 하지만 다른 이미지와 마찬가지로 내려받고 조작할 수 있습니다.

- 이미지의 답은 서버 데이터베이스에 들어 있습니다.

- CAPTCHA에는 대개 제한 시간이 있습니다. 보통 봇에는 별문제가 되지 않지만, 그 답을 나중에 쓰려고 한다거나, 기타 CAPTCHA 요청이 일어난 시점과 답을 제출하는 시점 사이에 지연이 생길 원인이 있었다면 실패할 겁니다.

일반적인 방법은 CAPTCHA 이미지를 하드디스크에 내려받아 테서랙트로 분석한 뒤, 답을 적절한 폼 매개변수로 전송하는 겁니다.

필자는 _http://pythonscraping.com/humans-only_에 CAPTCHA로 보호된 댓글 폼을 만들어 뒀습니다. 이 페이지의 목적은 CAPTCHA를 무력화할 봇을 만드는 겁니다. 봇은 파이테서랙트를 쓰지 않고 테서랙트 라이브러리를 사용하며, 다음과 같은 형태입니다.

```
from urllib.request import urlretrieve
from urllib.request import urlopen
from bs4 import BeautifulSoup
import subprocess
import requests
from PIL import Image
from PIL import ImageOps

def cleanImage(imagePath):
    image = Image.open(imagePath)
    image = image.point(lambda x: 0 if x<143 else 255)
    borderImage = ImageOps.expand(image,border=20,fill='white')
    borderImage.save(imagePath)

html = urlopen('http://www.pythonscraping.com/humans-only')
bs = BeautifulSoup(html, 'html.parser')
```

```
# 미리 만들어진 폼 값을 수집합니다.
imageLocation = bs.find('img', {'title': 'Image CAPTCHA'})['src']
formBuildId = bs.find('input', {'name':'form_build_id'})['value']
captchaSid = bs.find('input', {'name':'captcha_sid'})['value']
captchaToken = bs.find('input', {'name':'captcha_token'})['value']

captchaUrl = 'http://pythonscraping.com'+imageLocation
urlretrieve(captchaUrl, 'captcha.jpg')
cleanImage('captcha.jpg')
p = subprocess.Popen(['tesseract', 'captcha.jpg', 'captcha'], stdout=
    subprocess.PIPE,stderr=subprocess.PIPE)
p.wait()
f = open('captcha.txt', 'r')

# 공백을 제거합니다.
captchaResponse = f.read().replace(' ', '').replace('\n', '')
print('Captcha solution attempt: '+captchaResponse)

if len(captchaResponse) == 5:
    params = {'captcha_token':captchaToken, 'captcha_sid':captchaSid,
                'form_id':'comment_node_page_form', 'form_build_id': formBuildId,
                'captcha_response':captchaResponse, 'name':'Ryan Mitchell',
                'subject': 'I come to seek the Grail',
                'comment_body[und][0][value]':
                '...and I am definitely not a bot'}
    r = requests.post('http://www.pythonscraping.com/comment/reply/10',
                        data=params)
    responseObj = BeautifulSoup(r.text, 'html.parser')
    if responseObj.find('div', {'class':'messages'}) is not None:
        print(responseObj.find('div', {'class':'messages'}).get_text())
else:
    print('There was a problem reading the CAPTCHA correctly!')
```

이 스크립트가 실패하는 조건은 두 가지입니다. 첫째는 테서랙트가 이미지에서 정확히 다섯 글자를 추출하지 못한 경우이고(이 CAPTCHA의 답은 반드시 다섯 글자입니다), 둘째는 폼을 전송했지만 답이 틀린 경우입니다. 첫 번째는 대략 50퍼센트 확률로 일어납니다. 글자 수가 틀리면 폼을 전송하지 않고 에러를 낸 후 종료합니다. 두 번째는 대략 20퍼센트 확률로 일어납니다. 합산해보면 총 성공률은 30퍼센트 내외입니다. 혹은 다섯 글자에 대해 각각 80퍼센트 정도의 성공률이라고 할 수 있습니다.

성공률이 낮지만, CAPTCHA는 보통 사용자가 몇 번 시도할 수 있는지 제한하지 않으며, 실패한 경우 대부분은 폼을 아예 보내지도 않습니다. 폼을 보냈다면 성공률이 꽤 높은 겁니다. 여전히 성공률이 낮다고 생각하나요? 하지만 아무렇게나 찍어서 보낸다면 성공률은 0.0000001%일 겁니다. 프로그램을 서너 번 실행해서 해결할 수 있다면, 9억 번 찍는 것보다 훨씬 시간을 단축할 수 있습니다!

스크레이핑 함정 피하기

사이트를 스크랩하고 출력 결과를 봤더니 브라우저에서 보이는 데이터가 보이지 않는다면 힘이 빠질 것입니다. 폼을 완벽하게 작성해서 전송했는데 웹 서버가 거부할 때도 있습니다. 당신이 알지 못하는 이유로 IP 주소가 차단당할 때도 있습니다.

이런 것들은 해결하기 매우 어려운 버그입니다. 어떤 사이트에서는 완벽하게 동작하는 스크립트가, 겉보기에는 똑같아 보이는 다른 사이트에서는 전혀 동작하지 않는 등 예측하기도 어려울 뿐 아니라, 의도적으로 에러 메시지나 스택 추적을 제공하지 않기 때문입니다. 당신은 봇으로 분류되고, 거부당하고 있는데 이유를 모르고 있습니다.

이 책에서는 폼을 전송하고, 지저분한 데이터를 추출해서 정리하고, 자바스크립트를 실행하는 등 웹사이트에서 봇으로 하기 어려운 일들을 하는 방법을 많이 설명했습니다. 이 장은 다양한 주제(예를 들자면 HTTP 헤더, CSS, HTML 폼 등)에서 뻗어 나온 테크닉들을 한데 모은 것에 가깝습니다. 하지만 공통점도 있습니다. 이들은 모두 사이트에서 자동화된 웹 스크레이핑을 막으려는 유일한 목적으로 설치한 걸림돌들입니다.

이 장에서 설명하는 것들이 당장 어떤 도움이 되지 않더라도 최소한 훑어보기는 하길 권합니다. 나중에 언제라도, 어려운 버그를 해결하거나 문제를 예방하는 데 도움이 될 수도 있습니다.

14.1 스크레이핑의 윤리에 관해

이 책 초반 몇 장에서 필자는 웹 스크레이핑과 관련해 법적으로 모호한 부분이 있음을 설명하고 윤리적인 조언도 조금 했습니다. 솔직히 말해, 필자는 이 장을 써야 할지 많이 망설였습니다. 필자의 웹사이트는 셀 수도 없는 봇과 스팸, 웹 스크레이퍼, 온갖 종류의 가상 방문자들이 어지럽히고 있고, 아마 당신이 만든 봇도 방문했었을 겁니다. 그러면 사람들에게 봇을 더 잘 만들도록 설명하는 이유는 무엇일까요?

필자가 이 장을 넣어야겠다고 판단한 이유가 몇 가지 있습니다.

- 사이트에서 스크랩을 원하지 않더라도 스크랩해도 되는, 윤리적으로나 법적으로나 완벽한 근거가 있을 때가 있습니다. 필자의 이전 직업은 웹 스크레이퍼였는데, 그때 클라이언트의 이름과 주소, 전화번호, 기타 개인적인 정보를 동의 없이 인터넷에 올리던 웹사이트에서 그 정보를 수집했던 일이 있습니다. 필자는 스크랩한 정보를 바탕으로, 웹사이트에 이 정보를 제거해달라는 공식 요청을 작성했습니다. 이 사이트들은 경쟁을 피하기 위해 스크레이퍼가 이 정보를 수집할 수 없도록 보호하기 시작했습니다. 하지만 필자는 회사의 고객들(그들 중 일부에게는 스토커가 붙어 있었고, 가정폭력의 희생자도 있었고, 그 외에도 정보가 노출되면 안 되는 정당한 이유가 있었습니다)의 익명성을 지키기 위해 웹 스크레이핑을 사용한 것이 아주 설득력 있는 일이었다고 생각하며, 그만한 기술을 가져서 다행이라고도 생각했습니다.

- 정상적인 사용자에게는 아무 영향도 없으면서 스크레이퍼로부터는 절대 안전한 사이트를 만들기는 거의 불가능하지만, 이 장에서 설명하는 정보가 악의적 공격으로부터 웹사이트를 보호하는 데 도움이 되길 바랍니다. 이 장에서는 웹 스크레이핑 방법의 약점을 짚을 테니 당신의 사이트를 보호할 때도 활용할 수 있을 겁니다. 최근 웹에 있는 봇의 대부분은 단순히 광범위하게 정보와 취약점을 찾아낼 뿐이고, 이 장에서 설명하는 간단한 테크닉 한두 가지만 적용하더라도 봇의 99%를 무력화시킬 수 있을 겁니다. 물론 봇들 역시 계속 진화하고 있으니 항상 대비하는 게 중요합니다.

- 대부분의 프로그래머와 마찬가지로, 필자 역시 교육적인 정보를 막는 게 긍정적인 일이라고는 생각하지 않습니다.

이 장을 읽는 동안, 여기서 설명하는 스크립트와 테크닉을 아무 사이트에나 실행해서는 안 된다는 점을 염두에 두십시오. 올바른 일이 아닐뿐더러, 정지 명령이나 그보다 더 심한 일을 당할 수도 있습니다(정지 명령을 받았을 때 어떻게 해야할지 모르겠다면 18장을 참고하십시오). 물론 필자는 새로운 테크닉을 설명할 때마다 골치 아프게 할 마음도 없습니다. 이 책의 나머지 부분에 대해서는, 포레스트 검프의 유명한 대사 그대로, 제가 할 말은 그게 전부입니다.

14.2 사람처럼 보이기

스크랩을 막고 싶은 사이트에서 가장 먼저 해결할 숙제는 사람과 봇을 구분하는 겁니다. CAPTCHA처럼 이미 여러 사이트에서 사용하는 방법도 뚫기가 쉽지는 않지만, 당신의 봇이 사람처럼 보이게 하는 아주 쉬운 방법이 몇 가지 있습니다.

14.2.1 헤더를 수정하십시오

10장에서 웹사이트 폼을 다룬 것처럼, 이 책 전체에 걸쳐 파이썬 Requests 라이브러리를 써서 HTTP 요청을 만들고, 보내고 받았습니다. 그런데 Requests 라이브러리는 헤더 설정에 사용하기에도 아주 좋습니다. HTTP 헤더는 웹 서버에 요청을 보낼 때마다 함께 보내는 속성, 또는 선호하는 설정의 묶음입니다. HTTP 정의에는 모호한 헤더 타입이 아주 많이 있는데, 그중 상당수는 현재 널리 쓰이지 않습니다. 다음의 일곱 가지 필드는 대부분의 주요 브라우저에 서버에 연결할 때마다 사용하는 필드입니다(필자의 브라우저에서 가져왔습니다)

필드	값
Host	*https://www.google.com/*
Connection	keep-alive
Accept	text/html,application/xhtml+xml,application/xml;q=0.9,image/webp,*/*;q=0.8
User-Agent	Mozilla/5.0 (Macintosh; Intel Mac OS X 10_9_5) AppleWebKit/537.36 (KHTML, like Gecko) Chrome/39.0.2171.95 Safari/537.36
Referrer	*https://www.google.com/*
Accept-Encoding	gzip, deflate, sdch
Accept-Language	en-US,en;q=0.8

그리고 다음은 기본 **urllib** 라이브러리를 사용하는 일반적인 파이썬 스크레이퍼에서 보내는 헤더입니다.

필드	값
Accept-Encoding	identity
User-Agent	Python-urllib/3.4

당신이 웹사이트 관리자이고 스크레이퍼를 차단하고 싶다면, 어느 쪽을 허용하겠습니까?

---

requests 설치

실습을 그대로 따라 했다면 requests 모듈을 9장에서 설치했겠지만, 아직 하지 않았다면 웹사이트(*http://docs.python-requests.org/en/latest/user/install/*)에서 내려받거나 pip 같은 패키지 관리자로 설치할 수 있습니다.

---

requests 모듈을 쓰면 헤더를 원하는 대로 바꿀 수 있습니다. *https://www.whatismybrowser.com* 웹사이트에서 브라우저가 보내는 헤더가 서버에서 어떻게 보이는지 테스트할 수 있습니다. 다음 스크립트로 이 사이트를 스크랩해서 쿠키 설정을 확인해봅시다.

```
import requests
from bs4 import BeautifulSoup

session = requests.Session()
headers = {'User-Agent':'Mozilla/5.0 (Macintosh; Intel Mac OS X 10_9_5)'\
           'AppleWebKit 537.36 (KHTML, like Gecko) Chrome',
           'Accept':'text/html,application/xhtml+xml,application/xml;'\
           'q=0.9,image/webp,*/*;q=0.8'}
url = 'https://www.whatismybrowser.com/'\
'developers/what-http-headers-is-my-browser-sending'
req = session.get(url, headers=headers)

bs = BeautifulSoup(req.text, 'html.parser')
print(bs.find('table',{'class':'table-striped'}).get_text)
```

출력 결과의 헤더는 **headers** 딕셔너리 객체에 설정한 것과 같습니다.

웹사이트에서 어떤 필드를 보고 사람인지 확인할지는 사이트 관리자의 마음이지만, 필자의 경험에 따르면 중요한 것은 일반적으로 User-Agent 하나뿐입니다. 어떤 프로젝트를 만들고 있든, User-Agent 필드에 Python-urllib/3.4보다는 덜 의심스러운 것을 사용하는 게 좋습니다. 사이트 관리자가 의심이 아주 많다면, 널리 쓰이지만 체크하는 일은 드문 Accept-Language 같은 필드를 바꾸는 것도 사람처럼 보이는 데 도움이 될 수 있습니다.

헤더는 당신이 세계를 보는 방법을 바꿉니다.

연구 프로젝트에 사용할 머신러닝 번역기를 만들고 있지만, 테스트에 사용할 번역된 텍스트가 많지 않다고 가정합시다. 대형 사이트들은 같은 콘텐츠를 다른 언어로 번역해서 준비해두었다가 헤더에 있는 언어 설정에 따라서 보여주는 경우가 많습니다. 단순히 헤더에서 Accept-Language:en-US를 Accept-Language:fr로 바꾸기만 해도, Hello 대신 Bonjour가 나오고, 번역 테스트에 필요한 텍스트를 제공해줄 수 있습니다.

헤더는 웹사이트가 보내는 콘텐츠 형식을 바꾸기도 합니다. 예를 들어 모바일 장치로 웹을 볼 때는 배너 광고나 플래시, 기타 눈을 어지럽히는 것들이 제거된 버전이 나타날 때가 많습니다. User-Agent를 다음과 같이 바꾸면, 사이트를 스크랩하기가 조금 쉬워질 수 있습니다.

```
User-Agent:Mozilla/5.0 (iPhone; CPU iPhone OS 7_1_2 like Mac OS X)
AppleWebKit/537.51.2 (KHTML, like Gecko) Version/7.0  Mobile/11D257
Safari/9537.53
```

14.2.2 쿠키 처리

쿠키를 정확히 사용하면 스크레이핑 문제를 상당히 피할 수 있지만, 쿠키는 양날의 검이기도 합니다. 쿠키를 사용해서 당신이 웹사이트 어디를 다니는지 추적하는 사이트라면, 폼을 너무 빨리 완성한다거나 너무 여러 페이지를 다니는 등 이상한 행동을 보이는 쿠키를 차단할 수도 있습니다. 연결을 끊었다가 다시 연결하거나 IP 주소를 바꿔도(17장에서 더 설명합니다) 이런 '이상한 행동'을 숨길 수 있지만, 쿠키에서 당신의 정체를 숨길 수 있다면 그런 트릭은 필요 없게 됩니다.

쿠키는 사이트를 스크랩할 때도 꼭 필요합니다. 10장에서도 설명했지만, 사이트에 로그인된 상태를 유지하려면 페이지 사이를 이동할 때 쿠키를 유지하고 제시할 수 있어야 합니다. 일부 웹사이트는 매번 로그인할 필요조차 없습니다. 한 번 로그인하면 그 쿠키를 오랫동안 가지고 있으면서 사용합니다.

스크레이핑하는 웹사이트가 많지 않다면 그 사이트가 생성하는 쿠키를 점검해보고 스크레이퍼에서 어떤 쿠키를 조작해야 할지 생각해보길 권합니다. 사이트에 방문하고 이동함에 따라 쿠키가 어떻게 바뀌는지 보여주는 브라우저 플러그인이 많이 있습니다. 필자가 좋아하는 플러그인은 크롬 확장 프로그램인 EditThisCookie(*http://www.editthiscookie.com/*)입니다.

requests 모듈을 써서 쿠키를 처리하는 방법은 10장을 참고하십시오. 물론 requests 모듈은 자바스크립트를 실행하지 못하므로 구글 애널리틱스 같은 최신 추적 소프트웨어에서 만드는 쿠키는 처리하지 못합니다. 이런 쿠키는 클라이언트 쪽 스크립트가 실행을 마치거나 버튼 클릭 같은 페이지 이벤트에 따라 만들어집니다. 이런 쿠키를 처리하려면 11장에서 설명한 셀레니움이 필요합니다.

아무 사이트에나 방문해서 get_cookies()를 호출하면 쿠키를 볼 수 있습니다.

```python
from selenium import webdriver

options = webdriver.ChromeOptions()
options.add_argument('headless')
driver = webdriver.Chrome(chrome_options=options)

driver.get('http://pythonscraping.com')
driver.implicitly_wait(1)
print(driver.get_cookies())
```

이 코드를 실행하면 매우 일반적인 구글 애널리틱스 쿠키가 보입니다.

```
[{'domain': '.pythonscraping.com', 'expiry': 1538962515, 'httpOnly': False, 'name':
'_gid', 'path': '/', 'secure': False, 'value': 'GA1.2.1167700156.1538876116'},
{'domain': '.pythonscraping.com', 'expiry': 1601948115, 'httpOnly': False, 'name':
'_ga', 'path': '/', 'secure': False, 'value': 'GA1.2.680646747.1538876116'},
{'domain': '.pythonscraping.com', 'expiry': 1538876175, 'httpOnly': False, 'name': '_
gat', 'path': '/', 'secure': False, 'value': '1'}, {'domain': 'pythonscraping.com',
'httpOnly': False, 'name': 'has_js', 'path': '/', 'secure': False, 'value': '1'}]
```

쿠키를 조작할 때는 delete_cookie(), add_cookie(), delete_all_cookies() 함수를 사용합니다. 또한 쿠키를 다른 웹 스크레이퍼에서 쓸 수 있게 저장하는 것도 가능합니다. 다음 예제를 보면 이 함수들이 어떻게 동작하는지 알 수 있을 겁니다.

```python
from selenium import webdriver

options = webdriver.ChromeOptions()
options.add_argument('headless')
driver = webdriver.Chrome(chrome_options=options)
driver.get('http://pythonscraping.com')
driver.implicitly_wait(1)

savedCookies = driver.get_cookies()
print('saved cookies:')
print(savedCookies)
print('\n\n')

driver2 = webdriver.Chrome(chrome_options=options)
driver2.get('http://pythonscraping.com')
driver2.delete_all_cookies()
for cookie in savedCookies:
    # if not cookie['domain'].startswith('.'):
        # cookie['domain'] = '.{}'.format(cookie['domain'])
    driver2.add_cookie(cookie)

driver2.get('http://pythonscraping.com')
driver.implicitly_wait(1)
print('second cookies:')
print(driver2.get_cookies())
```

첫 번째 웹드라이버가 사이트에 방문해서 쿠키를 출력하고, savedCookies 변수에 저장합니다. 두 번째 웹드라이버는 같은 사이트에 방문해서 자신의 쿠키를 모두 지우고, 첫 번째 웹드라이버에서 저장한 쿠키를 복사합니다.

- 같은 웹사이트에 방문하는 것 자체는 스크레이퍼에 별 유용한 일이 아니지만, 셀레니움이 이 쿠키가 어느 도메인에 속하는지 알아야 하기 때문에 꼭 필요한 일입니다. 이 작업은 쿠키를 복사하기 전에 미리 해야 합니다.

- 이 예제에서는 각 쿠키를 복사하기 전에 도메인이 마침표(.) 문자로 시작하는지 검사했습

니다. 이런 검사가 필요한 이유는 팬텀JS의 변덕 때문입니다. 팬텀JS는 추가한 쿠키의 도메인이 .pythonscraping.com처럼 반드시 마침표로 시작해야 합니다. 웹드라이버에서 불러온 쿠키가 실제 이런 규칙을 따르지 않더라도 마침표로 시작해야 합니다. 파이어폭스나 크롬 같은 브라우저 드라이버를 사용한다면 마침표를 검사하는 과정은 필요 없습니다.[1]

이 과정이 끝나면 두 번째 웹드라이버는 첫 번째 웹드라이버와 똑같아집니다. 구글 애널리틱스도 두 번째 웹드라이버와 첫 번째 웹드라이버가 똑같다고 판단했습니다. 첫 번째 웹드라이버가 사이트에 로그인한 상태라면, 두 번째 웹드라이버도 마찬가지로 로그인한 상태입니다.

14.2.3 타이밍이 가장 중요합니다

잘 보호된 일부 웹사이트는 폼을 너무 빨리 전송하거나 너무 빨리 행동한다면 막힐 수 있습니다. 설령 이런 보안 기능이 설치되지 않았더라도, 일반적인 사람이 움직이는 속도보다 훨씬 빨리, 훨씬 많은 정보를 가져간다면 관리자의 주의를 끌고 차단당할 수 있습니다.

따라서 한 스레드에서 데이터를 처리하는 동안 다른 스레드에서 계속 페이지를 불러오는 멀티스레드 프로그래밍은 페이지 로드 속도를 끌어올릴지는 몰라도 스크레이퍼를 만드는 데는 쓸수 없습니다. 항상 페이지와 데이터 요청을 최소한으로 유지해야 합니다. 가능하면 몇 초 정도의 간격을 두는 편이 좋습니다.

```
import time

time.sleep(3)
```

이렇게 몇 초를 기다리는 것이 필요한지 아닌지는 보통 실제 적용을 통해 알 수 있습니다. 필자는 몇 분마다 '로봇이 아닙니다'라고 증명하기 위해 CAPTCHA를 손으로 풀고, 새로 얻은 쿠키를 스크레이퍼에 다시 넣어서 웹사이트가 스크레이퍼를 '사람이라고 확신'하게 하려고 진땀을 뺀 경험이 많은데, time.sleep을 추가하자 마법처럼 모든 문제가 해결되고 마음껏 데이터를 스크랩할 수 있었습니다. 가끔은 무릎을 굽혀 추진력을 얻을 수 있습니다!

---

[1] 역자주_ 한국어판 코드에서는 크롬 드라이버를 사용했으므로 마침표를 검사하는 부분을 주석처리했습니다.

14.3 널리 쓰이는 폼 보안 기능

웹 스크레이퍼와 사람이 쓰는 브라우저를 구분하는 테스트는 성공률은 서로 다르지만 지난 몇 년 동안 계속 사용됐고, 지금도 사용되고 있습니다. 봇이 사이트에서 공개한 글과 블로그 포스트를 몇 개 내려받는 건 별문제가 아니지만, 봇이 사용자 계정을 수천 개 만들고 사이트 사용자에게 스팸을 뿌려댄다면 큰 문제입니다. 웹 폼, 특히 계정 생성과 로그인에 관련된 폼에서 봇의 무분별한 사용을 차단하지 못한다면 보안이 크게 위험해지며 서버 자원에 심각한 위협이 됩니다. 따라서 대부분의 사이트 소유자들은 사이트 접근 제한을 중요한 문제로 판단하고 있습니다.

폼과 로그인에서 봇을 차단하기 위해 사용하는 보안 수단은 웹 스크레이퍼에게 매우 어려운 문제입니다.

이 섹션에서 설명하는 내용은 자동화된 봇을 만들 때 고려해야 할 보안 수단 중 일부에 지나지 않습니다. 잘 보호된 폼을 다룰 때 정보가 더 필요하다면 CAPTCHA와 이미지 처리에 대해서는 13장을, 헤더와 IP 주소에 관해서는 17장을 읽어보십시오.

14.3.1 숨긴 필드 값

'숨긴' 필드의 값은 브라우저에게는 보이지만 사용자에게는 보이지 않습니다(사이트의 소스 코드에서는 물론 볼 수 있습니다). 쿠키에 변수를 저장하고 웹사이트 전체에서 사용하는 방법이 널리 퍼지면서 숨긴 필드는 한동안 사용되지 않았지만 적절한 용도가 발견됐습니다. 스크레이퍼가 폼을 전송하지 못하게 막는 용도입니다.

[그림 14-1]은 페이스북 로그인 페이지에 사용된 숨긴 필드입니다. 페이스북 로그인 페이지에서 사용자에게 보이는 것은 사용자 이름과 비밀번호 필드, 전송 버튼뿐이지만 사실 이 폼은 이면에서 아주 많은 정보를 서버에 전달합니다.

그림 14-1 페이스북 로그인 폼에는 숨긴 필드가 많이 들어 있습니다.

숨긴 필드가 웹 스크레이핑을 막는 방법은 크게 두 가지입니다. 서버에서 폼을 생성할 때 무작위로 변수를 만들어 폼에 넣고 그 값을 폼을 처리하는 페이지에서 받는 방법입니다. 이 값이 폼에 들어 있지 않다면 서버는 전송받은 값이 폼 페이지에서 온 것이 아니라 봇이 직접 보냈다고 판단할 만한 근거가 있는 셈입니다. 이 방법에 대응하는 가장 좋은 방법은 먼저 폼 페이지를 스크랩해서 무작위로 생성된 변수를 가져온 후 처리 페이지로 보내는 것입니다.

두 번째 방법은 일종의 '허니팟honey pot'입니다. 폼에 숨긴 필드가 있고, 그 필드의 name 속성이 당연히 있을 법한, 예를 들어 username이나 email address 같은 것이라면, 이런 상황을 고려하지 않고 만든 봇은 그 필드가 숨겨져 있는지 아닌지와 관계없이 값을 채우고 전송할 겁니다. 숨긴 필드가 실제 값으로 채워지거나, 처리하는 페이지에서 기본값으로 정해놓은 값과 다르다면 서버는 전송된 값을 무시하고, 심지어 해당 사용자를 차단하는 경우도 있습니다.

간단히 말해, 이따금 서버에서 예상하고 있는 것을 놓치지는 않았는지 폼 페이지를 확인해야 합니다. 숨긴 필드가 여러 개 있고 종종 무작위로 생성된 큰 문자열 변수가 들어 있다면 서버에서 폼을 전송받을 때 그 값이 들어 있는지 체크하고 있을 가능성이 높습니다. 또한 폼 변수가 단 한 번만 사용됐는지, 최근에 생성됐는지 체크하는 서버도 있습니다. 이렇게 체크하면 그 값 자체를 스크립트에 저장하고 몇 번이고 사용하는 것을 막을 수 있습니다.

14.3.2 허니팟 피하기

CSS를 활용해, 즉 id와 class를 읽어서 유용한 정보와 그렇지 않은 정보를 쉽게 구분할 수 있을 때도 있지만, 가끔 웹 스크레이퍼에서 CSS 때문에 문제가 생길 때도 있습니다. CSS를 써서 폼 필드를 숨겼다면, 사이트에 방문하는 일반적인 사용자에게는 그 필드가 보이지 않으니 작성하지 않을 거라고 보는 게 타당합니다. 그 필드가 값으로 채워졌다면 봇이 활동 중이라고 보는 것이고 전송된 값은 버립니다.

이런 방식은 비단 폼뿐만 아니라 링크나 이미지, 파일, 기타 사이트에 존재하는 무엇이든, 브라우저를 써서 사이트에 방문한 사용자에게는 보이지 않고 봇은 읽을 수 있는 것에는 무엇이든 적용할 수 있습니다. 숨겨둔 링크로만 도달할 수 있는 페이지에 방문했다면 서버 쪽 스크립트로 사용자의 IP 주소를 차단하거나, 사용자를 로그아웃시키거나, 다른 방법으로 이후 사이트에 접근하지 못하게 막는 것은 간단합니다. 사실 여러 비즈니스 모델이 정확히 이 개념에 따라 만들어졌습니다.

http://pythonscraping.com/pages/itsatrap.html 페이지를 예로 들겠습니다. 이 페이지에는 링크가 두 개 있는데 하나는 CSS로 숨겼고 다른 하나는 보입니다. 그리고 숨긴 필드가 두 개 있는 폼이 들어 있습니다.

```html
<html>
<head>
    <title>A bot-proof form</title>
</head>
<style>
    body {
        overflow-x:hidden;
    }
    .customHidden {
        position:absolute;
        right:50000px;
    }
</style>
<body>
    <h2>A bot-proof form</h2>
    <a href=
     "http://pythonscraping.com/dontgohere" style="display:none;">Go here!</a>
    <a href="http://pythonscraping.com">Click me!</a>
    <form>
        <input type="hidden" name="phone" value="valueShouldNotBeModified"/><p/>
        <input type="text" name="email" class="customHidden"
                value="intentionallyBlank"/><p/>
        <input type="text" name="firstName"/><p/>
        <input type="text" name="lastName"/><p/>
```

```
        <input type="submit" value="Submit"/><p/>
    </form>
</body>
</html>
```

이 세 요소는 각각 다른 방법으로 사용자에게 숨겼습니다.

- 첫 번째 링크는 CSS display:none 속성으로 숨겼습니다.

- 전화번호 필드는 숨긴 필드입니다.

- 이메일 필드는 화면 오른쪽으로 50,000픽셀 이동했으니 어떤 모니터에도 보이지 않을 겁니다. 그리고 스크롤바를 숨겨서 그 필드로 이동하지 못하게 했습니다.

셀레니움은 방문한 페이지를 실제로 렌더링하므로 페이지에 보이는 요소와 보이지 않는 요소를 구별할 수 있습니다. 페이지에 요소가 존재하는지는 is_displayed() 함수로 알 수 있습니다.

다음 코드는 앞에서 설명한 페이지를 가져와서 숨긴 링크와 필드가 있는지 찾습니다.

```python
from selenium import webdriver
from selenium.webdriver.remote.webelement import WebElement

options = webdriver.ChromeOptions()
options.add_argument('headless')
driver = webdriver.Chrome(chrome_options=options)
driver.get('http://pythonscraping.com/pages/itsatrap.html')
links = driver.find_elements_by_tag_name('a')
for link in links:
    if not link.is_displayed():
        print('The link {} is a trap'.format(link.get_attribute('href')))

fields = driver.find_elements_by_tag_name('input')
for field in fields:
    if not field.is_displayed():
        print('Do not change value of {}'.format(field.get_attribute('name')))
```

셀레니움은 숨긴 링크와 필드를 찾고 다음과 같은 결과를 출력합니다.

```
The link http://pythonscraping.com/dontgohere is a trap
Do not change value of phone
Do not change value of email
```

숨긴 링크에는 방문하지 않겠지만, 미리 생성된 값이 들어 있는 숨긴 필드도 전송하지 말아야 합니다. 요약하면, 숨긴 필드를 단순히 무시해서는 위험하며 반드시 매우 조심스럽게 조작해야 합니다.

14.4 사람처럼 보이기 위한 체크리스트

이 장은 물론, 이 책에는 스크레이퍼처럼 보이지 않고 사람처럼 보이는 스크레이퍼를 만들기 위해 필요한 정보가 많이 들어 있습니다. 웹사이트에서 계속 차단당하는 데 그 이유를 모르겠다면, 여기의 체크리스트를 참고해서 문제를 해결할 수 있을 수도 있습니다.

- 먼저, 웹 서버에서 가져온 페이지가 비어 있거나, 있어야 할 정보가 없거나, 다른 어떤 형태로든 예상과 다르다면 사이트에서 페이지를 생성할 때 사용하는 자바스크립트가 실행되지 않았기 때문일 수 있습니다. 11장을 읽어보십시오.

- 폼을 전송하거나 POST 요청을 보낸다면 웹사이트에서 받을 것이라 예상하는 정보를 모두, 정확한 형식으로 보내고 있는지 확인하십시오. 크롬 개발자 도구 같은 도구에서 사이트에 실제 보내지는 POST 요청을 보고 모든 것을 정확히 보내고 있는지, 봇이 보내는 요청이 사람이 보내는 요청과 같은 모양인지 확인하십시오.

- 사이트에 로그인된 상태를 유지할 수 없거나 웹사이트가 이상한 '상태state' 동작을 보인다면 쿠키를 체크하십시오. 쿠키가 각 페이지에서 정확히 유지되는지, 사이트에 요청을 보낼 때마다 쿠키가 함께 전송되는지 확인하십시오.

- HTTP 에러를 겪고 있다면, 특히 403 Forbidden 에러를 겪고 있다면 웹사이트에서 당신의 IP 주소를 봇으로 판단했고 요청을 더는 받으려 하지 않기 때문일 수 있습니다. IP 주소가 블랙리스트에서 제거되길 기다리거나 새 IP 주소를 얻으십시오(가까운 스타벅스에 가거나, 17장을 읽으십시오). 다시 차단당하지 않으려면 다음 사항을 유념하십시오.

  - 스크레이퍼가 사이트를 너무 빨리 이동하지 않게 하십시오. 지나치게 빠른 스크레이핑은 서버에 부담을 주고, 법적인 문제를 불러오고, 스크레이퍼가 블랙리스트에 기록되는 1순위 원인입니다. 스크레이퍼에 지연 시간을 추가하고 밤에 실행하십시오. 기억할 것은, 프로그램 작성이든 데이터 수집이든 계획 없이 달려들면 반드시 문제가 생긴다는

겁니다. 미리 계획하고, 문제의 원인은 처음부터 피하십시오.

– 헤더를 바꾸십시오. 일부 사이트는 자신이 스크레이퍼라고 광고하는 것은 무엇이든 차단합니다. 헤더에 어떤 값을 써야 할지 잘 모르겠다면 브라우저의 헤더를 복사하십시오.

– 일반적인 사람이 불가능한 것을 클릭하거나 접근하지 마십시오(앞에서 다룬 '허니팟 피하기'를 읽어보십시오).

– 접근하기가 정 어렵다면 웹사이트 관리자에게 연락해 당신이 무엇을 하려는지 알리는 것도 한 방법이 될 수 있습니다. 관리자의 이메일 주소는 보통 webmaster@도메인명이거나 admin@도메인명입니다. 스크레이퍼를 사용할 수 있는 권한을 요청해보십시오. 관리자도 사람이고, 의외로 너그럽게 데이터를 공유해줄 수도 있습니다.

스크레이퍼로 웹사이트 테스트하기

여러 기술이 복합된 웹 프로젝트를 개발하다 보면, 정기적으로 테스트하는 부분은 보통 서버 쪽에 한정되기 마련입니다. 파이썬을 포함해 최근의 프로그래밍 언어는 대부분 어떤 종류든 테스트 프레임워크가 들어 있지만, 웹사이트의 프런트엔드는 보통 이런 자동화된 테스트에서 제외되곤 합니다. 사실 프로젝트에서 방문자와 마주하는 부분은 프런트엔드밖에 없는데도 말입니다.

웹사이트를 개발할 때 여러 가지 마크업 언어와 프로그래밍 언어를 뒤죽박죽으로 섞어 쓰는 것도 이런 문제의 한 원인입니다. 자바스크립트에 단위 테스트를 적용할 수 있지만, HTML이 바뀌어서 자바스크립트가 의도한 대로 동작할 수 없게 될 때도 있습니다.

웹사이트의 프런트엔드 테스트는 나중으로 미뤄지거나 초보 프로그래머에게 맡기는 게 대부분입니다. 그리고 이런 초보 프로그래머에게 주어지는 것은 기껏해야 체크리스트와 버그 트래커입니다. 하지만 조금만 수고를 들이면 이 체크리스트를 단위 테스트로, 사람의 눈을 웹 스크레이퍼로 대체할 수 있습니다.

웹 인터페이스의 모든 부분이 의도한 대로 동작하는지 매일 테스트하고, 누군가 웹사이트에 새 기능을 추가하거나 요소 위치를 바꿀 때마다 테스트 스위트가 동작하는 테스트 주도 웹 개발에 대해 상상해봅시다. 이 장에서는 파이썬 기반 웹 스크레이퍼로 웹사이트를 테스트하는 기본적인 방법에 대해 알아볼 겁니다.

15.1 테스트 입문

코드 테스트를 아직 만들어본 일이 없다면 더 미루지 말고 지금 당장 시작하십시오. 코드가 예상대로 동작한다고 확신할 수 있는(최소한 테스트를 만든 부분에서는) 테스트 **스위트**를 만들어두면 시간과 걱정을 덜 수 있고 새 업데이트를 적용하기도 쉽습니다.

15.1.1 단위 테스트란?

테스트와 **단위 테스트**는 종종 혼용됩니다. 프로그래머들이 테스트를 만들고 있다고 말한다면 대개는 단위 테스트를 만들고 있는 겁니다. 반면 프로그래머가 단위 테스트를 만들고 있다고 말한다면 사실은 다른 종류의 테스트를 만들고 있을 때가 많습니다.

구체적인 정의와 방법은 회사마다 다르지만, 단위 테스트에는 일반적으로 다음과 같은 특징이 있습니다.

- 각 단위 테스트는 한 구성 요소 기능의 한 가지 측면만 테스트합니다. 예를 들어 은행 계좌에서 돈을 인출할 때 액수가 음수라면 적절한 에러 메시지와 함께 에러가 일어나는지 테스트할 수 있습니다.

  테스트하는 구성 요소에 따라 단위 테스트를 같은 클래스에 그룹으로 묶을 때도 많습니다. 은행 계좌를 다시 예로 들자면, 인출한 액수가 음수일 때 해당 계좌에서 어떤 행동을 취하는지 연속해서 테스트할 수 있습니다.

- 각 단위 테스트는 완벽히 독립적이어야 하며, 각 단위 테스트의 시작과 끝은 반드시 그 단위 테스트 자체에서 모두 이루어져야 합니다. 마찬가지로, 단위 테스트는 다른 테스트의 성공 여부에 영향을 받아서는 안 되며, 반드시 순서에 상관없이 실행할 수 있어야 합니다.

- 각 단위 테스트에는 보통 **어서션**assertion이 최소한 하나 들어갑니다. 어서션이란 '단언'이란 뜻으로, 예를 들어 2 + 2는 반드시 4라고 확정적으로 말하는 겁니다. 가끔 단위 테스트에 실패 상태만 포함될 때도 있습니다. 예를 들어 예외가 발생하지 않은 상황을 실패 상태로 정하면 예외가 발생하지 않았을 때는 아무 일도 하지 않고 넘어갈 겁니다.

- 단위 테스트는 메인 코드와는 별도로 관리합니다. 테스트할 코드를 임포트해서 테스트해야 하지만, 일반적으로 다른 클래스와 디렉터리에 분리합니다.

통합 테스트와 유효성 검사 테스트 등 테스트 타입은 여러 가지가 있지만, 이 장은 단위 테스트에만 집중합니다. 최근 테스트 주도 개발이 인기를 끌면서 단위 테스트가 널리 쓰이기도 하지만, 단위 테스트는 짧고 유연해서 예제와 함께 사용하기 쉽습니다. 다음 섹션에서 살펴보겠지만 파이썬에는 단위 테스트 기능이 내장되어 있습니다.

15.2 파이썬 unittest

파이썬의 단위 테스트 모듈 unittest는 파이썬을 표준으로 설치하면 항상 설치됩니다. unittest.TestCase를 임포트해서 확장해 쓰기만 하면 다음과 같은 기능을 제공합니다.

- 각 단위 테스트의 처음과 끝에서 동작하는 setUp, tearDown 함수
- 테스트가 성공 또는 실패하게 하는 여러 가지 타입의 assert 문
- test_로 시작하는 모든 함수를 단위 테스트로 실행하고 이 전치사가 없는 함수는 무시

다음 코드는 2 + 2 = 4를 테스트하는 매우 단순한 단위 테스트입니다.

```python
import unittest

class TestAddition(unittest.TestCase):
    def setUp(self):
        print('Setting up the test')

    def tearDown(self):
        print('Tearing down the test')

    def test_twoPlusTwo(self):
        total = 2+2
        self.assertEqual(4, total);

if __name__ == '__main__':
    unittest.main()
```

이 코드에서는 setUp과 tearDown에 별 유용한 기능은 없지만 묘사 목적으로 여기 포함시켰습니다. 이들 함수는 각 테스트가 시작하고 끝날 때 실행되는 것이지, 클래스에 있는 모든 테스트보다 먼저 실행되거나 모든 테스트가 끝난 다음에 실행되는 것은 아닙니다.

테스트 함수를 명령행에서 실행시킨 결과는 다음과 같습니다.

```
Setting up the test
Tearing down the test
.
-----------------------------------------------------------------------
Ran 1 test in 0.000s

OK
```

위 결과는 테스트를 성공적으로 수행했고 2 + 2는 틀림없이 4라는 것을 나타냅니다.

주피터 노트북에서 단위 테스트 실행

이 장의 단위 테스트 스크립트에서 테스트를 시작하는 부분은 다음 조건문입니다.

```
if __name__ == '__main__':
    unittest.main()
```

조건인 __name__ == '__main__' 표현식은 해당 스크립트를 import 문으로 불러오지 않고 파이썬에서 직접 실행했을 때만 True로 평가됩니다. 이런 기준이 있으므로 unittest.TestCase 클래스를 상속하는 단위 테스트를 명령행에서 직접 실행할 수 있습니다.

하지만 주피터 노트북에서는 상황이 조금 다릅니다. 주피터가 생성하는 argv 매개변수는 단위 테스트에서 문제를 일으키고, 단위 테스트 프레임워크는 테스트가 끝난 후 파이썬을 종료하려 하기 때문에 주피터 노트북 커널에 문제를 일으킵니다. 따라서 주피터 노트북에서 단위 테스트를 수행하려면 이런 문제를 방지해야 합니다.

주피터 노트북에서는 다음 조건문으로 단위 테스트를 실행합니다.

```
if __name__ == '__main__':
    unittest.main(argv=[''], exit=False)
    %reset
```

두 번째 행은 명령행 매개변수인 argv 변수를 모두 비우고 빈 문자열 하나로 대체합니다. unnittest.main은 빈 문자열을 무시하므로 문제가 생길 소지를 하나 없앴습니다. 또, 테스트가 끝난 후 파이썬을 종료하지 못하게 막았습니다.

세 번째 행의 %reset은 메모리를 리셋하고 주피터 노트북에서 사용자가 생성한 변수를 모두 파괴하라는 명령입니다. 이 행이 없다면 같은 노트북 세션에서 이전에 실행한, setUp과 tearDown

메서드처럼 unittest.TestCase를 상속하는 메서드가 전부 메모리에 남아 있게 됩니다. 게다가 단위 테스트를 실행할 때마다 이전 테스트에서 만들었던 메서드를 전부 다시 실행합니다!

%reset을 사용하면 이런 불상사를 예방할 수 있지만, 테스트를 실행할 때마다 노트북에서 메모리를 리셋하는 것이 확실한지 물어보므로 약간 번거로워지긴 합니다. 그냥 **y**를 누르고 Enter를 입력하면 됩니다.

15.2.1 위키백과 테스트

웹사이트 프런트엔드 테스트는 스크레이퍼에 파이썬 unittest 라이브러리를 결합하기만 하면 될 정도로 매우 간단합니다(자바스크립트는 나중에 설명합니다).

```python
from urllib.request import urlopen
from bs4 import BeautifulSoup
import unittest

class TestWikipedia(unittest.TestCase):
    bs = None
    def setUpClass():
        url = 'http://en.wikipedia.org/wiki/Monty_Python'
        TestWikipedia.bs = BeautifulSoup(urlopen(url), 'html.parser')

    def test_titleText(self):
        pageTitle = TestWikipedia.bs.find('h1').get_text()
        self.assertEqual('Monty Python', pageTitle);

    def test_contentExists(self):
        content = TestWikipedia.bs.find('div',{'id':'mw-content-text'})
        self.assertIsNotNone(content)


if __name__ == '__main__':
    unittest.main()
```

이번에는 두 가지를 테스트합니다. 첫 번째 테스트는 페이지 타이틀이 Monty Python인지 확인하고, 두 번째 테스트는 페이지에 콘텐츠 div가 있는지 확인합니다.

페이지 콘텐츠는 한 번만 불러왔고 전역 객체 bs를 두 테스트에서 공유합니다. 이렇게 할 수 있는 것은 unittest에서 사용하는 setUpClass 함수 덕분입니다. 이 함수는 매 테스트마다 실행되는 setUp과는 달리 클래스를 시작할 때 단 한 번 실행됩니다. setUp 대신 setUpClass를 사용하면 불필요한 로딩을 줄이고 페이지 콘텐츠를 한 번만 불러와서 여러 테스트를 실행할 수 있습니다.

setUpClass와 setUp은 실행 횟수 및 실행 시점이 다르다는 현실적인 차이 외에도 구조적인 차이점이 있습니다. setUpClass는 클래스 자체에 '속하는' 정적static 메서드이며 전역 클래스 변수를 갖고, setUp은 클래스의 인스턴스에 속하는 인스턴스 함수라는 차이입니다. setUp은 self, 즉 클래스의 해당 인스턴스의 속성에 접근할 수 있지만, setUpClass는 TestWikipedia 클래스의 정적 클래스 속성에만 접근할 수 있다는 차이도 여기에서 나옵니다.

한 번에 페이지 하나씩 테스트하는 건 그리 강력하거나 흥미로워 보이지 않지만, 3장을 돌이켜보면 웹사이트의 페이지 전체를 방문하는 웹 크롤러는 비교적 쉽게 만들 수 있을 겁니다. 각 페이지마다 어서션을 실행하는 단위 테스트와 웹 크롤러를 결합하면 어떻게 될까요?

테스트를 반복적으로 실행하는 방법은 여러 가지이지만, 각 테스트 세트마다 페이지를 반드시 한 번씩만 불러오도록 조심해야 하며, 메모리에 너무 많은 정보를 담고 있지 않게 해야 합니다. 다음 코드가 바로 그 작업입니다.

```python
from urllib.request import urlopen
from bs4 import BeautifulSoup
import unittest
import re
import random
from urllib.parse import unquote

class TestWikipedia(unittest.TestCase):

    def test_PageProperties(self):
        self.url = 'http://en.wikipedia.org/wiki/Monty_Python'
        # 만나는 순서에 따라 페이지 10개를 테스트합니다.
        for i in range(1, 10):
            self.bs = BeautifulSoup(urlopen(self.url), 'html.parser')
            titles = self.titleMatchesURL()
            self.assertEqual(titles[0], titles[1])
            self.assertTrue(self.contentExists())
```

```
            self.url = self.getNextLink()
        print('Done!')

    def titleMatchesURL(self):
        pageTitle = self.bs.find('h1').get_text()
        urlTitle = self.url[(self.url.index('/wiki/')+6):]
        urlTitle = urlTitle.replace('_', ' ')
        urlTitle = unquote(urlTitle)
        return [pageTitle.lower(), urlTitle.lower()]

    def contentExists(self):
        content = self.bs.find('div',{'id':'mw-content-text'})
        if content is not None:
            return True
        return False

    def getNextLink(self):
        # 3장에서 설명한 방법에 따라 페이지의 링크를 무작위로 반환합니다.
        links = self.bs.find('div', {'id':'bodyContent'}).find_all(
            'a', href=re.compile('^(/wiki/)((?!:).)*$'))
        randomLink = random.SystemRandom().choice(links)
        return 'https://wikipedia.org{}'.format(randomLink.attrs['href'])


if __name__ == '__main__':
    unittest.main()
```

여기에는 몇 가지 눈여겨볼 것이 있습니다. 먼저, 이 클래스에 실제 테스트는 단 하나뿐입니다. 다른 함수들은 테스트가 통과했는지 판단하기 위해 복잡한 작업을 하긴 하지만, 그래도 보조 함수일 뿐입니다. 테스트 함수에서 assert 문을 실행하므로, 테스트 결과는 그 함수로 다시 돌아갑니다.

또, contentExists는 불리언을 반환하지만 titleMatchesURL은 그 값을 평가할 수 있도록 반환합니다. 그냥 불리언을 반환하지 않고 값을 되돌린 이유는, 다음 불리언 어서션의 결과를 비교해보면 알 수 있습니다.

```
======================================================================
FAIL: test_PageProperties (__main__.TestWikipedia)
----------------------------------------------------------------------
Traceback (most recent call last):
```

```
      File "15-3.py", line 22, in test_PageProperties
        self.assertTrue(self.titleMatchesURL())
    AssertionError: False is not true
```

assertEquals 문의 결과는 다음과 같습니다.

```
======================================================================
FAIL: test_PageProperties (__main__.TestWikipedia)
----------------------------------------------------------------------
Traceback (most recent call last):
  File "15-3.py", line 23, in test_PageProperties
    self.assertEquals(titles[0], titles[1])
AssertionError: 'lockheed u-2' != 'u-2 spy plane'
```

어느 쪽이 디버그하기 쉬울지는 두말할 필요가 없습니다. 여기서 에러가 생긴 이유는 *http://wikipedia.org/wiki/u-2%20spy%20plane* 항목이 Lockheed U-2 항목으로 리다이렉트했기 때문입니다.

15.3 셀레니움을 사용한 테스트

11장의 Ajax 스크레이핑도 쉽지 않았지만, 자바스크립트는 웹사이트 테스트도 어렵게 할 때가 있습니다. 다행히 셀레니움은 복잡한 웹사이트도 처리할 수 있는 훌륭한 테스트 프레임워크를 갖고 있습니다. 사실 이 라이브러리는 원래 웹사이트 테스트를 위해 설계된 것이니까요.

틀림없이 같은 언어로 만들어졌음에도 불구하고, 파이썬과 셀레니움의 단위 테스트 문법은 비슷한 부분이 많지 않습니다. 셀레니움의 단위 테스트는 클래스 안에 함수로 저장하지 않아도 됩니다. 셀레니움의 어서션 문에는 괄호가 필요 없고, 테스트는 조용히 수행되며 어떤 에러가 있을 때만 메시지가 표시됩니다.

```
from selenium import webdriver

options = webdriver.ChromeOptions()
options.add_argument('headless')
driver = webdriver.Chrome(chrome_options=options)
```

```
driver.get("http://en.wikipedia.org/wiki/Monty_Python")
assert "Monty Python" in driver.title
driver.close()
```

이 테스트를 실행해도 출력 결과는 없습니다.

셀레니움 테스트는 이런 방식으로 파이썬 단위 테스트보다 가볍게 작성할 수 있으며, 어서션 문을 일반적인 코드에 쓸 수도 있습니다. 이런 방식은 특정 조건이 맞지 않을 때 코드 실행을 종료하고자 할 때 유용합니다.

15.3.1 사이트 조작

필자는 최근 지방의 작은 회사에 연락할 일이 있어서 웹사이트의 연락 폼을 사용하려 했지만, 그 폼은 뭔가 잘못되어 있어서 전송 버튼을 클릭해도 아무 일도 일어나지 않았습니다. 조금 조사해보니 그 폼은 mailto를 써서 콘텐츠를 이메일로 보내게 만들어져 있었습니다. 다행히 이런 내용을 그 회사에 이메일로 보내 폼에 문제가 있음을 설명하고, 기술적인 문제에도 불구하고 그들과 계약할 수 있었습니다.

일반적인 스크레이퍼를 만들어서 이 폼을 사용하거나 테스트하려 했다면 아마 폼을 전혀 작성하지 않은 채 레이아웃을 복사해서 바로 이메일로 보냈을 겁니다. 폼의 기능을 테스트하고 브라우저에서 완벽히 동작하는지 확인하려면 어떻게 해야 할까요?

이전 장에서 링크 이동과 폼 제출, 기타 상호작용과 비슷한 동작들을 설명했지만 우리가 그동안 해온 것의 핵심은 브라우저 인터페이스를 사용하는 것이 아니라 **지나가는** 것이었습니다. 반면 셀레니움은 문자 그대로 텍스트를 입력하고, 버튼을 클릭하고, 기타 우리가 브라우저를 사용할 때 하는 일을 전부 합니다. 그리고 잘못된 폼, 코드가 엉성한 자바스크립트, HTML 오타, 그 밖에도 고객이나 방문자를 방해할 만한 요소들을 모두 찾아낼 수 있습니다.

이런 종류의 테스트의 핵심은 셀레니움 elements라는 개념입니다. 이 객체는 11장에서 가볍게 다룬 적이 있습니다. 다음과 같이 호출하면 이 객체가 반환됩니다.

```
usernameField = driver.find_element_by_name('username')
```

브라우저에서 사이트의 여러 요소에 다양한 행동을 취할 수 있는 것처럼, 셀레니움도 주어진 요소에 다양한 행동을 취할 수 있습니다. 그중에서도 다음과 같은 것들이 널리 쓰입니다.

```
myElement.click()
myElement.click_and_hold()
myElement.release()
myElement.double_click()
myElement.send_keys_to_element("content to enter")
```

이런 행동 여러 개를 **체인**으로 묶어서 저장하고 원하는 만큼 실행할 수도 있습니다. 액션 체인은 행동 여러 개를 하나로 묶는 간편한 방법이면서, 앞서 예제들에서 했던 것처럼 요소에 대해 해당 행동을 명시적으로 호출하는 것과 기능적으로는 완전히 같습니다.

10장에서 예제로 썼던 *http://pythonscraping.com/pages/files/form.html*에 있는 폼 페이지를 보면서 어떤 차이가 있는지 봅시다. 다음 방법으로 폼을 채우고 전송할 수 있습니다.

```
from selenium import webdriver
from selenium.webdriver.remote.webelement import WebElement
from selenium.webdriver.common.keys import Keys
from selenium.webdriver import ActionChains


options = webdriver.ChromeOptions()
options.add_argument('headless')
driver = webdriver.Chrome(chrome_options=options)
driver.get('http://pythonscraping.com/pages/files/form.html')

firstnameField = driver.find_element_by_name('firstname')
lastnameField = driver.find_element_by_name('lastname')
submitButton = driver.find_element_by_id('submit')

### 방법 1 ###
firstnameField.send_keys('Ryan')
lastnameField.send_keys('Mitchell')
submitButton.click()
################

### 방법 2 ###
actions = ActionChains(driver)
            .click(firstnameField).send_keys('Ryan')
```

```
            .click(lastnameField).send_keys('Mitchell')
            .send_keys(Keys.RETURN)
    actions.perform()
    ###############

    print(driver.find_element_by_tag_name('body').text)

    driver.close()
```

방법 1은 두 필드에서 send_keys를 호출한 다음 전송 버튼을 클릭합니다. 방법 2는 액션 체인으로 각 필드를 클릭한 다음 텍스트를 입력하는데, 이 동작은 perform 메서드를 호출했을 때 차례대로 일어납니다. 어느 방법을 써도 똑같이 동작하며, 결과는 다음과 같습니다.

```
Hello there, Ryan Mitchell!
```

두 방법에는 작은 차이가 하나 더 있습니다. 첫 번째 방법은 전송 버튼을 클릭했고 두 번째 방법은 엔터키를 눌렀습니다. 셀레니움에서는 결과적으로는 같은 동작을 여러 가지 방법으로 할 수 있으니 다양한 방법을 생각해낼 수 있을 겁니다.

드래그 앤 드롭

버튼을 클릭하고 텍스트를 입력하는 것도 유용하지만, 셀레니움이 정말 뛰어난 것은 웹에서 비교적 최근부터 쓰이는 상호작용 방식도 따라 할 수 있다는 겁니다. 셀레니움은 드래그 앤 드롭 동작도 쉽게 흉내 낼 수 있습니다. 드래그 앤 드롭 기능을 사용하려면 드래그할 요소인 '소스' 요소를 지정하고, 이동할 오프셋 또는 드래그 대상 요소를 지정하면 됩니다.

데모 페이지(*http://pythonscraping.com/pages/javascript/draggableDemo.html*)에서 드래그 앤 드롭 인터페이스 예제를 볼 수 있습니다.

```
from selenium import webdriver
from selenium.webdriver.remote.webelement import WebElement
from selenium.webdriver import ActionChains

options = webdriver.ChromeOptions()
options.add_argument('headless')
driver = webdriver.Chrome(options=options)
```

```
driver.get('http://pythonscraping.com/pages/javascript/draggableDemo.html')

print(driver.find_element_by_id('message').text)

element = driver.find_element_by_id('draggable')
target = driver.find_element_by_id('div2')
actions = ActionChains(driver)
actions.drag_and_drop(element, target).perform()

print(driver.find_element_by_id('message').text)
```

데모 페이지에서는 message div에 두 가지 메시지가 출력됩니다. 첫 번째 메시지는 다음과 같습니다.

```
Prove you are not a bot, by dragging the square from the blue area to the red
area!
```

그리고 작업이 완료됨과 동시에, 다음 메시지가 표시됩니다.

```
You are definitely not a bot!
```

페이지의 메시지처럼, 요소를 드래그해서 봇이 아님을 증명하는 것은 CAPTCHA에서 널리 쓰이는 방법입니다. 물론 그저 클릭하고, 누른 채 움직이기만 하면 되니까 봇이 페이지 요소를 드래그할 수 있게 된 건 오래된 일이지만 이걸 움직여서 사람임을 증명하라는 발상은 아직 사라지지 않았습니다.

드래그 앤 드롭을 사용하는 CAPTCHA 라이브러리에서 '고양이 그림을 소 그림 위로 드래그하시오' 같은, 봇에게는 무척 어려운(명령을 이해해야 하고, 어느 그림이 고양이인지 어느 그림이 소인지 알아야 하니까요) 행동을 지시하는 경우는 별로 없습니다. 대개는 숫자를 정렬한다거나 하는, 앞의 예에서 썼던 것과 비슷한 무척 쉬운 문제를 내는 경우가 많습니다.

물론 이런 드래그 앤 드롭 테크닉의 강점은 그 변형이 엄청나게 많다는 것인데, 사실 그런 변형들은 많이 쓰이지 않습니다. 그런 경우의 수에 모두 대응할 봇을 만들 사람은 없으니까요. 어쨌든 이 예제를 통해 굳이 이 테크닉을 대규모 웹사이트에서 쓸 필요는 없다는 사실은 충분히 이해했을 거라고 생각합니다.

스크린샷 찍기

셀레니움에는 일반적인 테스트 기능 외에도 테스트를 좀 더 쉽게 만들(당신의 상사에게 깊은 감명을 줄) 기능이 있습니다. 스크린샷입니다. 네, 테스트 중간에 PrtScn 키를 누르지 않아도 눈으로 확인 가능한 증거를 남길 수 있습니다.

```
from selenium import webdriver

options = webdriver.ChromeOptions()
options.add_argument('headless')
driver = webdriver.Chrome(options=options)

driver.get('http://www.pythonscraping.com/')
driver.get_screenshot_as_file('./pythonscraping.png')
```

이 스크립트는 *http://pythonscraping.com*으로 이동한 다음 홈페이지 스크린샷을 찍어서 현재 디렉터리에 저장합니다(정확히 저장하려면 폴더를 미리 만들어둬야 합니다). 스크린샷은 다양한 이미지 형식을 사용할 수 있습니다.

15.4 unittest vs. 셀레니움

대형 테스트 스위트를 만들 때는 파이썬 unittest의 엄격한 문법이 도움이 될 겁니다. 반면, 셀레니움의 유연함과 강력한 기능이 있어야만 테스트할 수 있는 부분도 있을 겁니다. 그럼 뭘 써야 할까요?

정답은, 아무것도 미리 선택하지 말라는 겁니다. 셀레니움은 사이트에서 정보를 가져오는 데 편리하고, unittest는 그 정보가 테스트를 통과하는 기준에 맞는지 평가할 수 있습니다. unittest에 셀레니움을 임포트해 그 둘을 결합하지 말라는 법도 없습니다.

다음 스크립트는 웹사이트의 드래그 인터페이스에서 한 요소를 다른 요소로 드래그했을 때 정확히 "You are not a bot!"이라는 메시지가 나타날 거라는 어서션을 포함한 단위 테스트입니다.

```
from selenium import webdriver
from selenium.webdriver.remote.webelement import WebElement
```

```
from selenium.webdriver import ActionChains
import unittest


class TestAddition(unittest.TestCase):
    driver = None

    def setUp(self):
        options = webdriver.ChromeOptions()
        options.add_argument('headless')
        self.driver = webdriver.Chrome(options=options)
        url = 'http://pythonscraping.com/pages/javascript/draggableDemo.html'
        self.driver.get(url)

    def tearDown(self):
        print("Tearing down the test")

    def test_drag(self):
        element = self.driver.find_element_by_id("draggable")
        target = self.driver.find_element_by_id("div2")
        actions = ActionChains(self.driver)
        actions.drag_and_drop(element, target).perform()
        self.assertEqual("You are definitely not a bot!",
                         self.driver.find_element_by_id("message").text)


if __name__ == '__main__':
    unittest.main()
```

파이썬의 unittest와 셀레니움을 조합하면 웹사이트의 거의 모든 것을 테스트할 수 있습니다. 13장에서 소개한 이미지 처리 라이브러리와 함께 사용한다면 사이트의 스크린샷을 찍어 픽셀 단위로 정교하게 테스트할 수도 있습니다.

병렬 웹 크롤링

웹 크롤링은 빠릅니다. 적어도 십수 명의 인턴사원을 고용해서 손으로 데이터를 복사하는 것보다는 훨씬 빠릅니다! 물론, 기술이 계속 발전하고 공리의 수레바퀴는 한없이 돌아가기 마련이니 어떤 시점에서는 이런 속도도 '충분히 빠르다'고 말할 수 없게 됩니다. 그리고 이런 시점에서 사람들은 분산형 컴퓨팅에 눈을 돌리게 됩니다.

컴퓨터 과학의 다른 분야와는 달리, 웹 크롤링은 단순히 사이클을 더 할당한다고 개선되지는 않습니다. 프로세스 하나는 빨리 돌아갑니다. 프로세스 두 개를 돌린다고 두 배로 빨라지지는 않습니다. 프로세스 세 개를 돌린다면? 당신의 요청을 견디다 못한 서버에서 당신을 차단해버릴 수도 있습니다!

병렬 웹 크롤링이나 병렬 스레드/프로세스 실행이 더 나은 경우도 물론 있습니다.

- 여러 소스(원격 서버)에서 데이터를 수집하는 경우

- 수집한 데이터에 이미지 분석이나 OCR처럼 길고 복잡한 작업을 수행해야 하고, 이 작업을 수행하면서 동시에 데이터를 가져올 수 있는 경우

- 매 쿼리에 대해 비용을 지불하는 대규모 웹 서비스에서 데이터를 수집하거나, 사용 계약의 범위 안에서 다중 연결을 이용하는 경우

16.1 프로세스 vs. 스레드

파이썬은 멀티프로세싱과 멀티스레딩을 모두 지원합니다. 멀티프로세싱과 멀티스레딩의 궁극적인 목표는 동일합니다. 전통적인 일차원적 방식으로 프로그램을 실행하기보다 두 가지 프로그램 작업을 동시에 수행하는 겁니다.

운영체제에서 실행되는 각 프로세스는 스레드를 여러 개 가질 수 있습니다. 각 프로세스는 독립적으로 메모리를 할당받습니다. 즉 한 프로세스 안에서는 여러 스레드가 동일한 메모리에 접근할 수 있지만, 프로세스끼리 메모리를 공유하는 것은 불가능하며 반드시 명시적으로 정보를 주고받아야 합니다.

일반적으로는 메모리를 공유하는 여러 스레드가 개별적으로 작업하는 멀티스레드 프로그래밍이 멀티프로세스 프로그래밍보다는 쉬운 편입니다. 물론 편리함에는 대가가 따릅니다.

파이썬의 전역 인터프리터 잠금global interpreter lock(GIL)은 스레드가 같은 코드 행을 동시에 실행하지 못하게 막는 방식으로 스레드들이 공유하는 메모리가 손상되지 않도록 보호합니다. 예를 들면 어떤 스레드에서 바이트의 절반에 값을 쓰는 동시에 다른 스레드에서 나머지 절반에 다른 값을 쓰는 일이 생기지 않습니다. 이 잠금 기능 덕택에 멀티스레드 프로그램을 작성할 때 각 라인이 의도한 대로 동작할 거라고 확신할 수 있지만, 병목 현상을 만들 가능성도 있습니다.

16.2 멀티스레드 크롤링

파이썬 3.x는 _thread 모듈을 사용합니다. thread 모듈은 폐기됐고 더 이상 사용되지 않습니다.

다음 예제는 멀티스레드를 사용하여 동일한 작업을 수행하는 예제입니다.

```python
import _thread
import time

def print_time(threadName, delay, iterations):
    start = int(time.time())
    for i in range(0,iterations):
        time.sleep(delay)
        seconds_elapsed = str(int(time.time()) - start)
```

```
        print ("{} {}".format(seconds_elapsed, threadName))

    try:
        _thread.start_new_thread(print_time, ('Fizz', 3, 33))
        _thread.start_new_thread(print_time, ('Buzz', 5, 20))
        _thread.start_new_thread(print_time, ('Counter', 1, 100))
    except:
        print ('Error: unable to start thread')

    while 1:
        pass
```

이 예제는 고전적인 피즈버즈^{FizzBuzz} 프로그래밍 테스트(*http://wiki.c2.com/?FizzBuzz Test*)를 참고해서 만들었습니다.

```
1 Counter
2 Counter
3 Fizz
3 Counter
4 Counter
5 Buzz
5 Counter
6 Fizz
6 Counter
```

이 스크립트는 세 개의 스레드를 실행합니다. 하나는 3초마다 **Fizz**를 출력하고, 다른 하나는 5초마다 **Buzz**를 출력하고, 마지막 하나는 매초마다 **Counter**를 출력합니다.

세 스레드를 시작하고 나면, 메인 스레드는 **while 1** 루프를 만나므로 사용자가 Ctrl+C를 눌러 강제로 종료할 때까지 프로그램과 하위 스레드를 계속 실행합니다.

간단한 멀티스레드 예제를 봤으니, 이제 웹사이트 크롤링 같은 더 유용한 작업을 실행해봅시다.

```
from urllib.request import urlopen
from bs4 import BeautifulSoup
import re
import random
import _thread
```

```
import time


def get_links(thread_name, bs):
    print('Getting links in {}'.format(thread_name))
    return bs.find('div', {'id':'bodyContent'}).find_all('a',
        href=re.compile('^(/wiki/)((?!:).)*$'))

# 스레드에서 실행할 함수입니다.
def scrape_article(thread_name, path):
    html = urlopen('http://en.wikipedia.org{}'.format(path))
    time.sleep(5)
    bs = BeautifulSoup(html, 'html.parser')
    title = bs.find('h1').get_text()
    print('Scraping {} in thread {}'.format(title, thread_name))
    links = get_links(thread_name, bs)
    if len(links) > 0:
        newArticle = links[random.randint(0, len(links)-1)].attrs['href']
        print(newArticle)
        scrape_article(thread_name, newArticle)

# 스레드 두개를 만듭니다.
try:
    _thread.start_new_thread(scrape_article, ('Thread 1', '/wiki/Kevin_Bacon',))
    _thread.start_new_thread(scrape_article, ('Thread 2', '/wiki/Monty_Python',))
except:
    print ('Error: unable to start threads')

while 1:
    pass
```

크롤러 실행 자체에는 영향이 없지만, 다음 행을 의도적으로 사용했습니다.

```
time.sleep(5)
```

이 프로그램은 싱글스레드로 실행했을 때보다 거의 두 배 빠른 속도로 위키백과를 크롤링하므로, 지연 시간을 두어서 위키백과 서버에 과중한 부담을 주지 않게 했습니다. 실무에서 요청 수가 문제되지 않는 서버에 실행한다면 이런 행은 필요하지 않습니다.

프로그램을 조금 수정해서 각 스레드가 방문했던 문서를 추적해, 같은 문서에 다시 방문하지 않게 하려면 어떻게 해야 할까요? 싱글스레드 환경에서 했던 방법과 마찬가지로 리스트를 사용하는 방법이 있습니다.

```
visited = []
def get_links(thread_name, bs):
    print('Getting links in {}'.format(thread_name))
    links = bs.find('div', {'id':'bodyContent'}).find_all('a',
        href=re.compile('^(/wiki/)((?!:).)*$'))
    return [link for link in links if link not in visited]

def scrape_article(thread_name, path):
    visited.append(path)
```

scrape_article을 호출하면 우선 방문한 링크 리스트에 링크를 추가합니다. 이렇게 하면 같은 페이지를 두 번 스크랩할 가능성이 줄어들지만, 완전히 사라지지는 않습니다.

운이 나빠서 두 스레드가 동시에 같은 링크에 방문한다면, 방문한 링크 리스트에 현재 페이지가 없으니 동시에 현재 페이지를 리스트에 추가하고 스크랩할 겁니다. 하지만 현실적으로는 두 스레드의 처리 속도가 완전히 같을 수 없고, 위키백과에 포함된 수많은 페이지를 랜덤하게 방문하다 보면 이런 문제가 발생할 가능성은 매우 낮습니다.

이것은 **경쟁 상태**race condition의 한 예입니다. 경험 많은 프로그래머라도 경쟁 상태는 디버깅하기 까다로울 수 있으므로 코드를 평가할 때 이러한 잠재적 상황이 얼마나 발생할지, 발생한다면 얼마나 심각한 영향이 있을지 생각하는 것이 중요합니다.

크롤러가 같은 페이지에 두 번 방문한다는 경쟁 상태는 시간을 들여 살펴볼 정도로 중요하지는 않습니다.

16.2.1 경쟁 상태와 큐

리스트를 사용해서 스레드들이 통신하게 할 수는 있지만, 리스트는 원래 스레드 간의 통신 목적으로 설계된 것도 아니며 잘못 사용하면 프로그램 실행이 느려지기 쉽고, 경쟁 상태 때문에 에러가 일어날 가능성도 있습니다.

리스트는 효율적으로 읽을 수 있고 마지막에 항목을 추가하는 것도 효율적이지만, 임의의 위치에 항목을 추가하는 것은 비효율적이며 특히 리스트 처음에 추가하는 것은 매우 비효율적입니다. 다음 명령을 보십시오.

```
myList.pop(0)
```

사실 이 명령은 리스트 전체를 다시 작성해야 하므로 프로그램 실행 속도가 느려집니다.

더 위험한 것은, 리스트를 사용하다 보면 멀티스레드 환경에서 안전하지 않은 코드를 작성하기 쉽다는 겁니다. 예를 들어 다음 코드를 보십시오.

```
myList[len(myList)-1]
```

이 명령은 실제로 멀티스레드 환경에서 리스트의 마지막 항목을 가져오지 않을 수도 있고, 다른 작업이 리스트를 수정하기 직전에 len(myList)-1의 값이 계산되면 예외가 일어날 수도 있습니다.

위 명령은 myList[-1]처럼 더 '파이썬 답게' 작성할 수 있다고 주장하는 사람도 있을 테고, 물론 실수로 '파이썬 답지 않은' 코드를 작성하는 사람도 없을 겁니다. 특히 myList[myList.length-1] 같은 패턴을 많이 쓰던 자바 개발자들은 그런 실수를 안 하겠죠. 그러나 흠잡을 데 없는 코드를 작성했더라도, 리스트를 사용하면 여전히 멀티스레드 환경에서 안전하지 않은 코드가 될 가능성이 있습니다. 다음 코드를 보십시오.

```
my_list[i] = my_list[i] + 1
my_list.append(my_list[-1])
```

모두 예상치 못한 결과로 이어지는 경쟁 상태를 초래할 수 있습니다. 그럼 리스트를 포기하고 리스트가 아닌 변수를 사용하여 스레드에 메시지를 전달해봅시다!

```
# 전역 변수에서 메시지를 읽어옵니다.
my_message = global_message
# 전역 변수를 갱신합니다.
global_message = 'I've retrieved the message'
# my_message를 이용하는 코드
```

괜찮아 보일 수도 있지만, 첫 번째 행과 두 번째 행 사이의 어떤 순간에 다른 스레드에서 'I've

got your message' 비슷한 무언가로 메시지를 덮어쓸 수 있다는 사실을 깨닫는 데 오래 걸리진 않을 겁니다. 그럼 이제 각 스레드마다 정교한 일련의 개인 메시지 객체를 구성하여 어느 스레드가 무엇을 얻는 지 파악할 수 있는 로직을 만들어서... 너무 어렵군요. 딱 이 목적으로 만들어진 **큐**^{queue}를 사용합시다.

큐는 선입 선출^{first in first out}(FIFO) 또는 후입 선출^{last in first out}(LIFO) 방식으로 작동하는 리스트 비슷한 객체입니다. 큐는 `queue.put()`을 통해 어떤 스레드로부터든 메시지를 받고, `queue.get()`을 호출하는 어떤 스레드에든 메시지를 전달합니다.

큐의 설계 목적은 정적 데이터를 저장하는 것이 아니라 멀티스레드에서도 안전한 방식으로 데이터를 전송하자는 것입니다. 어떤 스레드가 큐에서 데이터를 꺼내면, 그 데이터는 오직 그 스레드에만 존재합니다. 작업을 위임하거나 임시 알림을 보내는 것 같은 일에서 큐의 특징을 잘 살릴 수 있으므로 큐는 이런 일에 자주 쓰입니다.

웹 크롤링에서도 큐를 유용하게 쓸 수 있습니다. 스크레이퍼에서 수집한 데이터를 데이터베이스에 저장하려 하고, 각 스레드가 최대한 빨리 데이터를 수집할 수 있게 해야 한다고 합시다. 연결 하나에서 요청을 병렬로 처리할 수 없으므로 모든 스레드가 연결 단 하나를 공유한다면 문제가 생길 수 있지만, 그렇다고 스크레이핑 스레드 하나하나가 모두 데이터베이스에 접근할 수 있게 하는 것도 상식적이지 않습니다. 스레드 100개가 100가지 웹사이트에서 데이터를 수집하는 대규모 스크레이퍼를 상상해보십시오. 각 스레드는 페이지를 불러온 다음에야 데이터베이스에 뭔가 기록할 텐데, 연결 유지 시간의 대부분을 아무것도 안 하는 데이터베이스 연결이 100개나 있는 셈입니다.

그보다는, 데이터베이스 인터페이스 구실을 할 스레드 몇 개를 만들어서 큐에서 데이터를 받아 저장하는 일만 담당하게 하는 편이 낫습니다. 이렇게 하면 데이터베이스 연결을 관리하기가 훨씬 쉬워집니다.

```
from urllib.request import urlopen
from bs4 import BeautifulSoup
import re
import random
import _thread
from queue import Queue
import time
import pymysql
```

```python
def storage(queue):
    conn = pymysql.connect(host='127.0.0.1'
        , user='root', passwd='', db='mysql', charset='utf8')
    cur = conn.cursor()
    cur.execute('USE wiki_threads')
    while 1:
        if not queue.empty():
            article = queue.get()
            cur.execute('SELECT * FROM pages WHERE path = %s',
                (article["path"]))
            if cur.rowcount == 0:
                print("Storing article {}".format(article["title"]))
                cur.execute('INSERT INTO pages (title, path) VALUES (%s, %s)'
                    , (article["title"], article["path"]))
                conn.commit()
            else:
                print("Article already exists: {}".format(article['title']))

visited = []
def getLinks(thread_name, bs):
    print('Getting links in {}'.format(thread_name))
    links = bs.find('div', {'id':'bodyContent'}).find_all('a',
        href=re.compile('^(/wiki/)((?!:).)*$'))
    return [link for link in links if link not in visited]


def scrape_article(thread_name, path, queue):
    visited.append(path)
    html = urlopen('http://en.wikipedia.org{}'.format(path))
    time.sleep(5)
    bs = BeautifulSoup(html, 'html.parser')
    title = bs.find('h1').get_text()

    print('Added {} for storage in thread {}'.format(title, thread_name))
    queue.put({"title":title, "path":path})
    links = getLinks(thread_name, bs)
    if len(links) > 0:
        newArticle = links[random.randint(0, len(links)-1)].attrs['href']
        scrape_article(thread_name, newArticle, queue)

queue = Queue()
try:
    _thread.start_new_thread(scrape_article, ('Thread 1',
        '/wiki/Kevin_Bacon', queue,))
    _thread.start_new_thread(scrape_article, ('Thread 2',
```

```
                '/wiki/Monty_Python', queue,))
        _thread.start_new_thread(storage, (queue,))
    except:
        print ('Error: unable to start threads')

    while 1:
        pass
```

이 스크립트는 스레드를 세 개 생성합니다. 두 개는 위키백과 페이지를 무작위로 스크랩하고, 세 번째는 수집한 데이터를 MySQL 데이터베이스에 저장합니다. MySQL 및 데이터 저장소에 대한 자세한 내용은 6장을 참조하십시오.[1]

16.2.2 threading 모듈

_thread 모듈은 스레드를 미세 조정할 수 있는 저수준 모듈이지만, 간편한 고수준 기능을 제공하지는 않습니다. threading 모듈은 기본 _thread의 모든 기능을 노출하면서 스레드를 깨끗하게 사용할 수 있게 해주는 상위 인터페이스입니다.

예를 들어 enumerate와 같은 정적 함수를 사용하면 threading 모듈을 통해 초기화된 활성 스레드 리스트를 직접 추적할 필요 없이 편하게 얻을 수 있습니다. 비슷하게 activeCount 함수는 총 스레드 수를 제공합니다. threading 모듈의 함수 이름은 대개 더 편리하고 기억하기 쉽습니다. 예를 들어 _thread에서 현재 스레드의 이름을 반환하는 함수 이름은 get_ident인데, threading 버전의 이름은 currentThread입니다.

다음은 간단한 threading 예제입니다.

----

1 역자주_ MySQL 명령어가 기억나지 않는다면 다음 명령으로 예제 실습에 필요한 테이블을 만들 수 있습니다.

```
mysql> CREATE DATABASE wiki_threads;
mysql> USE wiki_threads;

mysql> CREATE TABLE pages (
           id BIGINT(7) NOT NULL AUTO_INCREMENT, PRIMARY KEY(id),
           title VARCHAR(200),
           path VARCHAR(200)
       );
```

```
import threading
import time

def print_time(threadName, delay, iterations):
    start = int(time.time())
    for i in range(0,iterations):
        time.sleep(delay)
        seconds_elapsed = str(int(time.time()) - start)
        print ('{} {}'.format(seconds_elapsed, threadName))

threading.Thread(target=print_time, args=('Fizz', 3, 33)).start()
threading.Thread(target=print_time, args=('Buzz', 5, 20)).start()
threading.Thread(target=print_time, args=('Counter', 1, 100)).start()
```

위 예제는 이전 섹션의 피즈버즈 예제와 같은 결과를 출력합니다.

threading 모듈의 장점 중 하나는 다른 스레드에서 사용할 수 없는 로컬 스레드 데이터를 쉽게 만들 수 있다는 것입니다. 이런 특징은 여러 스레드가 서로 다른 사이트를 스크랩하면서 각각 방문한 페이지 리스트를 관리할 때 유용하게 쓸 수 있습니다.

스레드 함수 어디에서든 threading.local()을 호출하여 로컬 스레드 데이터를 만들 수 있습니다.

```
import threading

def crawler(url):
    data = threading.local()
    data.visited = []
    # 크롤링 코드

threading.Thread(target=crawler, args=('http://brookings.edu')).start()
```

이렇게 하면 스레드의 공유 객체 간에 발생하는 경쟁 상태 문제를 해결할 수 있습니다. 객체를 공유할 필요가 없어지면 즉시 공유를 중단하고 로컬 스레드 메모리로 옮겨야 합니다. 이전 섹션에서 설명한 큐를 이용해 스레드 간에 객체를 안전하게 공유할 수 있습니다.

threading 모듈은 일종의 스레드 보모 역할을 합니다. 우리는 보모가 무슨 일을 할지 상세하게 지시할 수 있습니다. isAlive 함수는 기본적으로 스레드가 여전히 활성 상태인지 확인합니다. 스레드가 크롤링을 완료할 때까지는(또는 충돌할 때까지는) true입니다.

크롤러는 보통 매우 오랫동안 실행되도록 설계합니다. isAlive 메서드를 사용해서 스레드가 충돌하면 다시 시작하게 만들 수 있습니다.

```python
threading.Thread(target=crawler)
t.start()

while True:
    time.sleep(1)
    if not t.isAlive():
        t = threading.Thread(target=crawler)
        t.start()
```

threading.Thread 객체를 확장하여 모니터링에 쓸 메서드를 추가할 수 있습니다.

```python
import threading
import time

class Crawler(threading.Thread):
    def __init__(self):
        threading.Thread.__init__(self)
        self.done = False

    def isDone(self):
        return self.done

    def run(self):
        time.sleep(5)
        self.done = True
        raise Exception('Something bad happened!')

t = Crawler()
t.start()

while True:
    time.sleep(1)
    if t.isDone():
        print('Done')
        break
    if not t.isAlive():
        t = Crawler()
        t.start()
```

이 새로운 Crawler 클래스에는 크롤러가 크롤링을 완료했는지 확인하는 데 쓸 수 있는 isDone 메서드가 들어 있습니다. isDone은 일반적으로 상태나 진행 상황 측정 메서드, 예를 들어 얼마나 많은 페이지를 방문했는지 현재 페이지가 어디인지 등을 반환하는 메서드로 대체할 수 있습니다.

isDone이 True이고 프로그램이 종료되기 전에는, Crawler.run에서 예외가 발생할 때마다 클래스를 다시 시작합니다.

크롤러 클래스를 만들 때 threading.Thread를 상속하면 더 견고하고 유연한 크롤러를 만들 수 있을 뿐만 아니라, 동시에 여러 크롤러를 모니터링할 수 있습니다.

16.3 멀티프로세스 크롤링

Process 모듈은 메인 프로세스에서 시작하고 결합할 수 있는 새로운 프로세스 객체를 생성합니다. 다음 코드는 threading 섹션에서 만들었던 피즈버즈 예제를 멀티프로세스로 만든 겁니다.

```
from multiprocessing import Process
import time

def print_time(threadName, delay, iterations):
    start = int(time.time())
    for i in range(0,iterations):
        time.sleep(delay)
        seconds_elapsed = str(int(time.time()) - start)
        print (threadName if threadName else seconds_elapsed)

processes = []
processes.append(Process(target=print_time, args=('Counter', 1, 100)))
processes.append(Process(target=print_time, args=('Fizz', 3, 33)))
processes.append(Process(target=print_time, args=('Buzz', 5, 20)))

for p in processes:
    p.start()
for p in processes:
    p.join()
```

운영체제는 각 프로세스를 독립적인 프로그램으로 취급합니다. 운영체제의 작업 관리자나 활성 상태 보기 프로그램을 보면 [그림 16-1]처럼 각 프로세스가 따로 표시되는 것을 볼 수 있습니다.

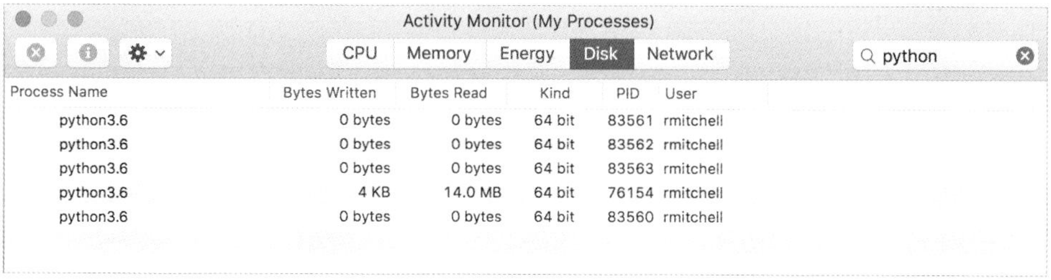

그림 16-1 피즈버즈 예제를 실행했을 때 나타나는 다섯 개의 Python 프로세스

PID 76154인 네 번째 프로세스는 실행중인 주피터 노트북 인스턴스입니다. iPython 노트북에서 이 프로그램을 실행하는 경우에 나타납니다. 다섯 번째 프로세스 83560은 프로그램이 처음 실행될 때 시작되는 메인 프로세스입니다. PID는 OS에 의해 순차적으로 할당됩니다. 피즈버즈 예제를 실행하자마자 다른 프로그램을 실행한 것이 아니라면, 서브 프로세스의 PID는 메인 프로세스 바로 다음부터 순차적으로 할당됩니다. 따라서 이 그림에는 83561, 83562, 83563이 표시됐습니다.

os 모듈을 사용하면 코드 안에서도 PID를 알 수 있습니다.

```
import os
...
# 서브 프로세스의 PID
print(os.getpid())
# 메인 프로세스의 PID
print(os.getppid())
```

os.getpid()는 프로세스마다 다른 PID를 반환하고, os.getppid()는 모두 동일한 상위 PID를 반환합니다.

이 프로그램에는 꼭 필요하지는 않은 코드가 있습니다. 마지막의 join() 메서드를 실행하지 않아도, 즉 다음 두 줄을 생략해도 메인 프로세스는 자동으로 서브 프로세스를 종료하고 종료합니다.

```
for p in processes:
    p.join()
```

그러나 서브 프로세스가 완료된 후에 다른 코드를 더 실행하려면 join() 메서드가 필요합니다.

예를 들어 다음을 보십시오.

```
for p in processes:
    p.start()
print('Program complete')
```

join() 메서드가 포함되어 있지 않으면 출력은 다음과 같습니다.

```
Program complete
1
2
```

join() 메서드를 사용하면 프로그램은 각 프로세스가 완료될 때까지 기다립니다.

```
for p in processes:
    p.start()

for p in processes:
    p.join()

print('Program complete')

...
Fizz
99
Buzz
100
Program complete
```

프로그램 실행을 강제로 멈추려면 Ctrl+C를 사용하여 메인 프로세스를 종료할 수 있습니다. 메인 프로세스가 종료되면 서브 프로세스도 따라서 종료되므로, Ctrl+C를 사용할 때 백그라운드에 프로세스가 남아 있지 않을까 하는 걱정은 하지 않아도 됩니다.

16.3.1 멀티프로세스 크롤링

다음은 멀티스레드를 사용해서 위키백과를 크롤링했던 예제를 수정해 멀티프로세스를 사용하도록 고친 프로그램입니다

```python
from urllib.request import urlopen
from bs4 import BeautifulSoup
import re
import random

from multiprocessing import Process
import os
import time

visited = []
def get_links(bs):
    print('Getting links in {}'.format(os.getpid()))
    links = bs.find('div', {'id':'bodyContent'}).find_all('a',
        href=re.compile('^(/wiki/)((?!:).)*$'))
    return [link for link in links if link not in visited]

def scrape_article(path):
    visited.append(path)
    html = urlopen('http://en.wikipedia.org{}'.format(path))
    time.sleep(5)
    bs = BeautifulSoup(html, 'html.parser')
    title = bs.find('h1').get_text()
    print('Scraping {} in process {}'.format(title, os.getpid()))
    links = get_links(bs)
    if len(links) > 0:
        newArticle = links[random.randint(0, len(links)-1)].attrs['href']
        print(newArticle)
        scrape_article(newArticle)

processes = []
processes.append(Process(target=scrape_article, args=('/wiki/Kevin_Bacon',)))
processes.append(Process(target=scrape_article, args=('/wiki/Monty_Python',)))

for p in processes:
    p.start()
```

다시 말하지만, 위키백과 서버에 너무 큰 부담을 주지 않고 예제 목적으로 사용할 수 있도록

time.sleep(5)를 사용해서 스크레이퍼 프로세스를 인위적으로 늦췄습니다.

멀티스레드 예제에서는 사용자 정의 매개변수인 thread_name을 만들어 이리저리 전달했지만, 멀티프로세스 환경에서는 어디서든 os.getpid()를 통해 PID를 알 수 있으므로 thread_name 대신 os.getpid()를 쓰면 이리저리 전달할 필요가 없어집니다.

프로그램의 출력 결과는 다음과 같습니다.

```
Scraping Kevin Bacon in process 84275
Getting links in 84275
/wiki/Philadelphia
Scraping Monty Python in process 84276
Getting links in 84276
/wiki/BBC
Scraping BBC in process 84276
Getting links in 84276
/wiki/Television_Centre,_Newcastle_upon_Tyne
Scraping Philadelphia in process 84275
```

이론적으로 멀티프로세스 크롤링은 멀티스레드 크롤링보다 약간 더 빠른데, 이유는 크게 두 가지입니다.

- GIL은 프로세스를 잠그지 않으므로 여러 프로세스가 동시에 같은 코드를 실행할 수 있고 동시에 같은 객체(엄밀히 말하면 같은 객체의 서로 다른 인스턴스)에 접근할 수 있습니다.

- 프로세스는 멀티코어를 활용할 수 있으므로, 프로세스나 스레드가 CPU 의존적이라면 성능이 더 올라갈 수 있습니다.

그러나 이러한 장점에는 큰 단점이 하나 따라옵니다. 이 프로그램에서 찾은 URL은 모두 전역 visited 리스트에 저장됩니다. 멀티스레드 환경에서는 이 리스트를 모든 스레드가 공유했습니다. 드물게 경쟁 상태가 발생하지 않는 한, 한 스레드에서 이미 방문한 페이지를 다른 스레드가 다시 방문하는 일은 없습니다. 하지만 멀티프로세스 환경에서는 각 프로세스가 자신만의 visited 리스트를 갖게 되므로, 다른 프로세스에서 이미 방문한 페이지에 다시 방문하는 것을 막을 수 없습니다.

16.3.2 프로세스 간 통신

프로세스는 각각 독립적인 메모리 공간 안에서 동작하므로 별도의 조치 없이 서로 정보를 공유하기는 어렵습니다.

이전 프로그램을 다음과 같이 수정해서 visited 리스트를 출력해보면 어떤 문제인지 금방 알 수 있습니다.

```
def scrape_article(path):
    visited.append(path)
    print("Process {} list is now: {}".format(os.getpid(), visited))
```

출력 결과는 다음과 같습니다.

```
Process 84552 list is now: ['/wiki/Kevin_Bacon']
Process 84553 list is now: ['/wiki/Monty_Python']
Scraping Kevin Bacon in process 84552
Getting links in 84552
/wiki/Desert_Storm
Process 84552 list is now: ['/wiki/Kevin_Bacon', '/wiki/Desert_Storm']
Scraping Monty Python in process 84553
Getting links in 84553
/wiki/David_Jason
Process 84553 list is now: ['/wiki/Monty_Python', '/wiki/David_Jason']
```

물론 방법은 있습니다. 파이썬 객체인 큐와 파이프를 사용하면 프로세스 사이에 정보를 공유할 수 있습니다.

큐는 이전에 설명한 스레딩 큐와 비슷합니다. 한 프로세스에서 큐에 정보를 넣고 다른 프로세스에서 제거할 수 있습니다. 제거된 정보는 대기열에서 사라집니다. 하지만 큐는 일종의 '임시적 데이터 전달' 방법으로 설계된 객체이므로, '이미 방문한 웹 페이지 리스트' 같은 정적인 참조 목록을 담기에 안성맞춤은 아닙니다.

그러면 정적인 리스트 대신 일종의 스크레이핑 위임자delegator를 쓴다면 어떨까요? 스크레이퍼가 큐(taskQueue)에서 스크랩할 경로(/wiki/Monty_Python) 형태인 '작업'을 꺼내오고, 작업을 완료하면 '찾아낸 URL' 리스트를 별도의 큐(urlsQueue)에 추가합니다. 그러면 위임자가 urlsQueue를 처리해 새로운 URL만 taskQueue에 추가합니다. 다음 프로그램을 보십시오.

16장 병렬 웹 크롤링 **323**

```
from urllib.request import urlopen
from bs4 import BeautifulSoup
import re
import random
from multiprocessing import Process, Queue
import os
import time


def task_delegator(taskQueue, urlsQueue):
    # 각 프로세스에서 처리할 작업을 초기화합니다.
    visited = ['/wiki/Kevin_Bacon', '/wiki/Monty_Python']
    taskQueue.put('/wiki/Kevin_Bacon')
    taskQueue.put('/wiki/Monty_Python')

    while 1:
        # urlsQueue에 처리할 새 링크가 있는지 확인합니다.
        if not urlsQueue.empty():
            links = [link for link in urlsQueue.get() if link not in visited]
            for link in links:
                # 새 링크를 taskQueue에 추가합니다.
                taskQueue.put(link)

def get_links(bs):
    links = bs.find('div', {'id':'bodyContent'}).find_all('a',
        href=re.compile('^(/wiki/)((?!:).)*$'))
    return [link.attrs['href'] for link in links]

def scrape_article(taskQueue, urlsQueue):
    while 1:
        while taskQueue.empty():
            # 작업 큐가 비어 있으면 0.1초 대기합니다. 이런 일은 드물게 일어납니다.
            time.sleep(.1)
        path = taskQueue.get()
        html = urlopen('http://en.wikipedia.org{}'.format(path))
        time.sleep(5)
        bs = BeautifulSoup(html, 'html.parser')
        title = bs.find('h1').get_text()
        print('Scraping {} in process {}'.format(title, os.getpid()))
        links = get_links(bs)
        # 찾아낸 링크를 위임자에 보내 처리하게 합니다
        urlsQueue.put(links)

processes = []
```

```
taskQueue = Queue()
urlsQueue = Queue()
processes.append(Process(target=task_delegator, args=(taskQueue, urlsQueue,)))
processes.append(Process(target=scrape_article, args=(taskQueue, urlsQueue,)))
processes.append(Process(target=scrape_article, args=(taskQueue, urlsQueue,)))

for p in processes:
    p.start()
```

이 스크레이퍼와 이전 스크레이퍼 사이에는 구조적인 차이가 있습니다. 각 프로세스/스레드가 할당된 출발점에서 시작해 임의의 링크를 방문하는 방법을 버리고, 함께 작업하여 웹사이트를 완전히 커버하는 크롤링을 수행합니다. 각 프로세스는 큐에서 어떤 작업이든 받아서 수행하지, 자신이 찾은 링크만 방문하지는 않습니다.

16.4 멀티프로세스 크롤링의 다른 접근법

그동안 살펴본 멀티스레드/멀티프로세스 크롤링은 모두 프로그래머가 서브 스레드/프로세스를 '감독'한다고 가정했습니다. 한 번에 모두 시작하거나 끝낼 수 있고, 서로 메시지를 주고받거나 메모리를 공유할 수 있습니다.

그러나 스크레이퍼가 이런 감독이나 통신이 필요하지 않도록 설계됐다면 어떨까요? 덮어놓고 import _thread부터 입력한 다음 생각할 필요는 없습니다.

예를 들어 두 개의 유사한 웹사이트를 동시에 크롤링한다고 합시다. 설정만 조금 바꾸거나, 명령행 매개변수만 바꾸면 두 사이트 중 어느 것이든 처리할 수 있는 크롤러도 있습니다. 그럼 그냥 이렇게 해볼 수도 있습니다. 안될 이유도 없잖아요?

```
$ python my_crawler.py website1

$ python my_crawler.py website2
```

와우! 정말 간단히 멀티프로세스 크롤러를 만들었군요. 게다가 프로세스들을 관리할 메인 프로세스조차 필요 없으니 CPU 부하도 더 적습니다.

물론 이 접근법에는 단점이 있습니다. **동일한** 웹사이트에서 웹 크롤러 두 개를 이 방법으로 실행하려면 같은 페이지를 스크레이핑하지 않도록 막을 방법이 필요합니다. 크롤러 1은 블로그 페이지만 담당하고, 크롤러 2는 상품 페이지만 담당하는 식으로 URL 규칙을 나눌 수도 있고, 기타 다른 방식으로 사이트를 분할하는 방법도 있을 겁니다.

중간자 역할을 할 데이터베이스를 두어서 두 크롤러의 동작을 조율할 수도 있습니다. 크롤러가 새 링크로 이동하기 전에 데이터베이스를 확인해 해당 링크를 이미 방문한 적이 있는지 확인하는 겁니다. 이런 방법을 택한다면 데이터베이스를 프로세스 간 통신 시스템으로 이용하는 셈입니다. 물론, 주의 깊게 조절하지 않는다면 경쟁 상태가 발생할 수 있고, 원격 데이터베이스를 사용하는 경우라면 해당 데이터베이스와의 연결 속도에 따라 지연시간이 생길 수도 있습니다.

이 방법에는 확장성이 부족하다는 단점도 있긴 합니다. Process 모듈을 사용하면 사이트를 크롤링하거나 데이터를 저장하는 프로세스 수를 동적으로 조절할 수 있습니다. Process 모듈이 없다면 사람이 직접 스크립트를 조절하거나, 별도의 관리 스크립트(배시 스크립트, cron[2] 등)가 필요합니다.

하지만 필자는 예전에 이런 방법을 썼었고 결과는 매우 성공적이었습니다. 소규모 1:1 프로젝트라면, 특히 여러 웹사이트 대상이라면 많은 정보를 빠르게 얻을 수 있는 좋은 방법입니다.

---

2 역자주_ cron은 유닉스 계열 운영체제에서 사용할 수 있는 작업 스케줄러입니다.

원격 스크레이핑

이 장이 책의 마지막 장인 것은 꽤 적절한 배치라고 생각합니다. 여태까지는 모든 파이썬 애플리케이션을 자신의 컴퓨터라는 제한된 환경에서 실행했습니다. 물론, 실제 서버 환경을 복제할 생각으로 MySQL을 설치해봤을 수도 있지만, 그게 실제와 똑같지는 않습니다. 무언가를 진정 사랑한다면 놓아주라는 속담도 있죠.

이 장에서는 스크립트를 다른 컴퓨터, 또는 자신의 컴퓨터에서 다른 IP 주소를 사용해 실행하는 방법을 몇 가지 설명합니다. 이 단계가 당장은 **필요 없다**고 생각하고 옆으로 치우고 싶을 수도 있겠지만, 호스팅 계정에 갖고 있는 개인 웹사이트 같은 것으로도 얼마나 쉽게 할 수 있는 일인지 알게 된다면, 그리고 파이썬 스크레이퍼를 노트북에서 실행하지 않아도 되면 삶이 얼마나 단순해지는지 알게 된다면 분명히 놀랄 겁니다.

17.1 원격 서버를 쓰는 이유

원격 서버는 많은 사람에게 공개할 웹 앱을 만들 때 필수불가결한 단계이지만, 우리 자신의 필요에 의해 만든 도구는 대개 로컬에서 실행됩니다. 원격 플랫폼을 사용하는 사람들이 그런 결정을 내리는 동기는 보통 두 가지입니다. 하나는 더 강력하고 유연한 환경이 필요해서이고, 다른 하나는 대체 IP 주소가 필요해서입니다.

17.1.1 IP 주소 차단 방지

웹 스크레이퍼를 만들다 보면 무엇이든 속일 수 있다는 걸 알게 될 겁니다. 당신의 것이 아닌 주소에서 이메일을 보낼 수 있고, 명령줄에서 마우스를 움직일 수 있으며, 심지어 인터넷 익스플로러 5.0으로 사이트를 방문한 것처럼 속여 사이트 관리자를 충격에 빠뜨릴 수도 있습니다.

단 하나 속일 수 없는 것은 IP 주소입니다.[1] 누구든 당신에게 우편을 보낼 때 반송 주소를 '워싱턴 DC 20500 백악관. 미합중국 대통령'이라고 써서 보낼 수 있습니다. 하지만 그 편지에 붙은 우표에 앨버커키 소인이 찍혀 있다면 대통령이 당신에게 연락한 게 아니란 걸 알 수 있을 겁니다.

스크레이퍼가 웹사이트에 접근하지 못하게 막는 노력의 대부분은 사람과 봇을 구별하는 것에 집중합니다. 봇을 막으려고 IP 주소까지 차단하는 건, 마치 농부가 농약을 포기하고 밭에 불을 지르는 것이나 마찬가지입니다. 마지막 수단이긴 하지만, 말썽을 부리는 IP 주소에서 보내는 패킷을 모두 무시하는 게 아주 효율적인 수단인 건 분명하지만 이 방법에는 문제가 있습니다.

- IP 주소 접근 리스트를 관리하는 건 아주 고통스러운 일입니다. 대형 웹사이트는 대부분 이런 리스트를 자동적으로 관리하는 프로그램을 사용하고 있지만(봇이 봇을 차단하는군요!), 누군가는 가끔이라도 체크하거나 최소한 관찰이라도 하고 있어야 합니다.

- 서버는 패킷을 받을 때마다 그 패킷을 무시할지 받아들일지 리스트를 보고 판단해야 하므로, 각 주소에서 패킷을 받을 때마다 미미하지만 프로세서 시간을 소모합니다. 주소와 패킷의 수를 곱하면 이 시간은 순식간에 엄청나게 늘어납니다. 처리 시간과 복잡성을 줄이기 위해, 공격자들이 밀집되어 있을 때 관리자들은 이들 IP 주소를 그룹으로 묶고 '이 범위에 있는 주소 256개를 모두 차단한다' 같은 규칙을 만들곤 합니다. 여기서 세 번째 문제가 발생합니다.

- IP 주소 차단은 의도하지 않은 결과를 낳을 수 있습니다. 필자가 프랭클린 올린 공과대학교에 다니고 있을 때 학생 한 명이 소프트웨어를 만들어 디그(*http://digg.com*)에서 인기 있던 콘텐츠에 부정 투표를 하려 한 일이 있었습니다. 차단당한 IP 주소는 단 하나였지만, 기숙사 전체가 그 사이트에 접근할 수 없게 되었습니다. 그 학생은 단순히 그 소프트웨어를 다른 서버로 옮겨버렸고, 그동안 디그는 수많은 주요 대상 고객의 방문을 잃어버렸습니다.

---

1 기술적으로는 물론 IP 주소도 속일 수 있습니다. 나가는 패킷을 위조하면 됩니다. 이는 분산형 서비스 거부 공격(DDOS)에서 사용하는 방법이며, 이 방법을 사용하면 공격자는 반환 패킷을 받지 못합니다(반환 패킷을 보내더라도 엉뚱한 주소로 이동합니다). 하지만 웹 스크레이핑은 당연히 웹 서버의 응답을 바라고 하는 행동이므로 IP 주소는 속일 수 없는 것이라고 생각해도 됩니다.

결점이 있음에도 불구하고, IP 주소 차단은 서버 관리자가 웹 스크레이퍼로 의심되는 무엇인가가 서버에 접근하지 못하게 할 때 아주 널리 쓰이는 방법입니다.

17.1.2 이동성과 확장성

어떤 작업은 집에 있는 컴퓨터와 인터넷만으로 수행하기엔 너무 규모가 크기도 합니다. 웹사이트 하나에 그렇게 큰 부담을 주고 싶지야 않겠지만, 광범위한 사이트를 대상으로 데이터를 수집하다 보면 연결 대역폭과 저장 공간을 감당할 수 없을 때도 있습니다.

프로세서 자원을 많이 소모하는 작업을 다른 컴퓨터에 맡기면 집의 컴퓨터로는 더 중요한 작업을 할 수 있습니다(거기 〈월드 오브 워크래프트〉 하는 분 계신가요?). 컴퓨터의 전원이나 인터넷 연결에 신경 쓸 필요도 없습니다. 스타벅스에서 앱을 실행하고 노트북을 챙겨 떠나도 모든 작업이 안전하게 수행되니, 수집된 데이터는 인터넷에 연결되는 곳이라면 어디서든 볼 수 있습니다.

애플리케이션이 컴퓨터 자원을 어마어마하게 소모하게 되어 아마존 임대 서버 하나로는 감당할 수 없다면 **분산형 컴퓨팅**을 알아보면 됩니다. 분산형 컴퓨팅은 여러 컴퓨터를 병렬로 연결해 한 가지 작업을 수행하는 것입니다. 단순한 예를 들면 컴퓨터 한 대가 한 사이트 집합에서 데이터를 수집하는 동안 다른 컴퓨터는 다른 사이트 집합에서 데이터를 수집하고, 두 컴퓨터는 수집된 데이터를 같은 데이터베이스에 저장하는 겁니다.

누구든 구글 검색을 따라 할 수 있지만, 구글 검색의 규모를 그대로 따라 할 수 있는 곳은 거의 없습니다. 분산형 컴퓨팅은 매우 방대한 분야이며 이 책의 범위를 벗어납니다. 하지만 원격 서버에서 애플리케이션을 실행하는 것은 필수적인 첫 단계이고, 최근 컴퓨터가 할 수 있는 일이 얼마나 많은지 알면 놀랄 겁니다.

17.2 토어

두문자어 **토어**Tor로 더 잘 알려진 어니언 라우터The Onion Router 네트워크는 자발적으로 참여하는 서버로 구성된 네트워크입니다. 트래픽은 여러 계층으로 구성된 서버들을 거치며(어니언이란 이름은 여기서 나왔습니다) 어디서 출발했는지 알 수 없게 됩니다. 데이터는 네트워크에 들어가기 전에 암호화되므로 특정 서버가 중간에서 감청하더라도 내용을 알 수 없습니다. 또한, 특정 서버에서 들어오고 나가는 통신을 탈취하더라도 통신의 시작과 끝을 정확히 파악하려면 그 통신 경로에 있는 **모든** 서버의 들어오고 나가는 통신에 대해 자세히 알아야 하는 데, 이건 거의 불가능한 일입니다.

토어는 인권 운동가나 정계의 내부 고발자들이 언론과 연락하는 데 널리 쓰이며 미국 정부로부터 후원을 받고 있습니다. 물론 불법적인 행위에도 널리 쓰이므로 항상 정부의 감시를 받고 있습니다(감시가 썩 성공적이지는 않습니다).

CAUTION_ 토어 익명성의 한계

이 책에서 토어를 사용하는 이유는 IP 주소를 바꾸는 것이지 완전한 익명성이 아닙니다만, 잠시 시간을 내서 토어의 트래픽 익명화에 대해 강점과 한계를 알아보는 것도 좋을 겁니다.

토어를 사용하면 IP 주소를 추적당하지는 않지만, 웹 서버와 공유한 정보 자체에 당신을 노출할 단서가 있을 수 있습니다. 예를 들어 지메일 계정에 로그인한 다음 구글에서 검색을 하면, 그 검색에서 당신의 정체가 드러날 수 있습니다.

토어에 로그인하는 것만으로도 위험이 있을 수 있습니다. 2013년 12월, 하버드 학부생이 기말고사를 회피할 목적으로, 토어 네트워크를 통해 익명 이메일 계정으로 대학을 공격한 일이 있었습니다. 하버드 IT 팀은 로그를 조사하여 그 공격이 이루어진 시간 동안 토어 네트워크에서 나간 트래픽은 단 하나의 컴퓨터에서 출발했다는 사실을 밝혀냈고 그 컴퓨터의 사용자로 등록된 학생을 알아냈습니다. IT 팀은 이 트래픽이 토어를 경유했다는 사실만 알아냈을 뿐 정확한 목적지를 찾아낼 수는 없었지만, 시간이 일치했고 그 시점에서 토어에 로그인된 컴퓨터는 단 한 대였다는 사실만으로도 그 학생을 기소하기에는 충분했습니다.

토어에 로그인한다고 해서 투명화 망토를 입는 것도 아니고, 인터넷에서 원하는 대로 할 수 있게 되는 것도 아닙니다. 토어가 유용한 도구임은 분명하지만, 사용할 때는 충분히 생각하고, 조심해서, 선의를 가지고 사용하길 바랍니다.

파이썬에서 토어를 사용하려면 따로 설치하고 실행해야 합니다. 다행히 토어 서비스는 설치하고 실행하기 대단히 쉽습니다. 토어 다운로드 페이지(*https://www.torproject.org/download/download*)에서 내려받아 설치하고, 실행해서 연결하기만 하면 됩니다. 토어를 사용하는 동안은 인터넷 속도가 느려질 수 있습니다. 패킷이 전 세계를 여러 번 왔다 갔다 하고 있을 수도 있으니 인내심을 가지십시오.

17.2.1 파이삭스

파이삭스PySocks는 프록시 서버로 트래픽을 돌리는 매우 단순한 파이썬 모듈이며 토어와 함께 잘 동작합니다. 웹사이트 *https://pypi.python.org/pypi/PySocks/*에서 내려받아도 되고, 패키지 관리자를 통해 설치해도 됩니다.

파이삭스 문서는 그다지 자세하지는 않지만, 이 모듈은 대단히 단순합니다. 이 코드를 실행하려면 토어 서비스가 반드시 포트 9150(기본 포트)에서 실행 중이어야 합니다.

```
import socks
import socket
from urllib.request import urlopen

socks.set_default_proxy(socks.SOCKS5, "localhost", 9150)
socket.socket = socks.socksocket
print(urlopen('http://icanhazip.com').read())
```

http://icanhazip.com 사이트는 서버에 연결된 클라이언트의 IP 주소만 표시하며 테스트에 유용하게 쓸 수 있습니다. 이 스크립트를 실행한 결과로 표시된 IP 주소는 자신의 원래 IP와 달라야 합니다.

셀레니움과 팬텀JS를 써서 토어를 사용한다면 파이삭스가 필요하지 않습니다. 토어가 실행 중일 때 셀레니움에서 포트 9150을 사용하게 하는 service_args 매개변수를 사용하기만 하면 됩니다.

```
from selenium import webdriver
service_args = [ '--proxy=localhost:9150', '--proxy-type=socks5', ]
driver = webdriver.PhantomJS(executable_path='[path to PhantomJS]',
                             service_args=service_args)

driver.get("http://icanhazip.com")
print(driver.page_source)
driver.close()
```

이번에도 표시된 IP 주소는 원래 IP가 아니라 토어가 현재 사용 중인 IP 주소여야 합니다.

17.3 원격 호스팅

일단 신용카드를 꺼내는 순간 완전한 익명성은 사라지지만, 웹 스크레이퍼를 호스팅 서버에서 실행하면 속도가 극적으로 빨라질 수 있습니다. 당신의 컴퓨터보다 서버 컴퓨터가 더 빠르기도 하지만, 목적지에 연결하는 과정에서 토어 네트워크 계층을 오가지 않기 때문이기도 합니다.

17.3.1 웹사이트 호스팅 계정에서 실행

웹사이트를 가지고 있다면 외부 서버에서 웹 스크레이퍼를 실행할 수단은 이미 가지고 있는 겁니다. 명령줄에 접근할 수 없는 비교적 완고한 웹 서버에서도 웹 인터페이스를 이용하면 스크립트를 시작할 수 있습니다.

리눅스 서버에서 웹사이트를 운영하고 있다면 파이썬은 이미 설치되어 있을 겁니다. 윈도우 서버라면 할 일이 좀 더 있습니다. 파이썬이 설치되어 있는지 확인해야 하고, 설치되어 있지 않다면 서버 관리자에게 연락해서 설치를 부탁해야 합니다.

웹호스팅은 대개 **cPanel**이라는 소프트웨어를 함께 제공합니다. 이 소프트웨어는 기본적인 관리 서비스와 함께 웹사이트 및 그와 관련된 서비스에 관한 정보를 제공합니다. cPanel에 접근할 수 있다면 아파치 핸들러에서 파이썬이 서버에 설치되어 있는지 알 수 있고, 파이썬 핸들러가 없다면 추가할 수 있습니다.

```
Handler: cgi-script
Extension(s): .py
```

이 명령은 모든 파이썬 스크립트를 **CGI** 스크립트를 통해 실행하라고 지시합니다. CGI란 공통 게이트웨이 인터페이스Common Gateway Interface의 약자입니다. CGI는 서버에서 실행되는 프로그램이며 웹사이트에 표시될 콘텐츠를 동적으로 생성합니다. 파이썬 스크립트가 CGI 스크립트라고 명시적으로 정의하면 서버는 파이썬 스크립트를 브라우저에 바로 보내지 않고 실행 결과를 보냅니다.

파이썬 스크립트를 작성해 서버에 올리고, 파일 퍼미션을 755로 바꿔 실행할 수 있게 만듭니다. 스크립트를 실행하려면 브라우저에서 그 위치로 이동하기만 하면 됩니다(스크레이퍼가 그 작업을 대신 하게 만들면 더 좋습니다). 누구나 스크립트에 접근해서 실행하는 것을 막으려면 두 가지 방법이 있습니다.

- 스크립트를 저장할 때 짐작하기 어려운 URL을 사용하고, 다른 접근할 수 있는 URL에 스크립트를 가리키는 링크를 저장하지 않으면 검색 엔진이 스크립트를 인덱싱하지 못하게 막을 수 있습니다.

- 스크립트에 비밀번호를 지정하거나, 실행 전에 비밀번호 또는 비밀 토큰을 요구하게 만드십시오.

물론 웹사이트를 표시하도록 설계된 서비스에서 파이썬 스크립트를 실행하는 것은 일종의 속임수입니다. 웹 스크레이퍼 겸 웹사이트는 로딩 시간이 더 깁니다. 사실 그 '페이지'는 스크랩이 완료되기 전에는 나타나지 않습니다. 스크레이퍼를 어떻게 만들었느냐에 따라 몇 분, 몇 시간이 걸릴 수도 있고 아예 끝나지 않을 수도 있습니다. 작업 자체는 확실히 끝나겠지만, 결과를 좀 더 실시간으로 확인하고 싶을 겁니다. 실제 서버가 필요한 건 이 때문입니다.

17.3.2 클라우드에서 실행

옛날에는 프로그래머들이 시간 컴퓨터를 사용할 때 돈을 내거나 예약을 했습니다. 개인용 컴퓨터가 등장하면서 그럴 필요는 사라졌습니다. 자신의 컴퓨터에서 코드를 작성하고 실행하면 되니까요. 이제는 애플리케이션의 발전 속도가 프로세서의 발전 속도를 뛰어넘어, 프로그래머들은 다시 돈을 내고 컴퓨터를 사용해야 하게 됐습니다.

하지만 이번에는 물리적인 컴퓨터 한 대에 대한 사용료를 내는 것이 아니라 처리 능력을 기준으로 돈을 냅니다. 작업 자체는 보통 여러 컴퓨터에서 나눠 실행합니다. 이 시스템의 모호한 구조 때문에 사용료는 요구치가 가장 높은 부분을 기준으로 산정됩니다. 예를 들어 아마존 스팟 인스턴스는 시간보다는 비용 절약에 더 관심이 있는 사람들을 위한 옵션입니다.

서버 임대 옵션도 더 세분화되어, 애플리케이션의 필요에 따라 메모리 우선, 처리속도 우선, 저장공간 우선 등의 옵션을 선택할 수 있습니다. 웹 스크레이퍼는 보통 메모리를 크게 요구하지는 않으므로 범용적인 옵션 보다는 처리 속도나 저장 공간을 우선시해서 선택하는 것이 좋을 수 있습니다. 자연어 처리를 많이 하거나, 이미지 인식을 많이 하거나, 위키백과의 여섯 다리 같은 경로 탐색 작업이 필요하다면 처리 속도에 중점을 둬야 합니다. 데이터를 아주 많이 스크랩하거나, 파일을 많이 저장하거나, 대규모 분석이 필요하다면 저장 공간에 중점을 둬야 합니다.

비용이야 하늘 높은 줄 모르고 올라갈 수 있지만, 이 글을 쓰는 시점에서 아마존 EC2 마이크로 서버는 시간당 1.3센트에 불과하고, 구글의 가장 저렴한 옵션은 시간당 4.5센트이며 최소 사용 시간은 10분에 불과합니다. 규모의 경제 덕분에 큰 회사에서 작은 서버 인스턴스를 구입하는 것은 자신만의 컴퓨터를 소유하는 것이나 마찬가지입니다. 게다가 그 컴퓨터를 관리할 사람을 따로 둘 필요도 없죠.

클라우드 컴퓨팅을 한 단계씩 설명하는 것은 이 책의 범위를 벗어나기도 하고, 그런 게 필요하지도 않을 겁니다. 이 업계의 셀 수 없이 많은 작은 회사들은 언급할 것도 없이, 아마존과 구글은 클라우드 컴퓨팅의 패권을 다투고 있으므로 서버 인스턴스 설정은 점점 더 쉬워져서 이제는 앱 이름을 생각해뒀다가 클릭 몇 번 하고 신용카드 번호를 입력하면 끝날 정도입니다. 이 글을 쓰는 시점에서 아마존과 구글은 수백 달러 상당의 무료 체험도 제공합니다.

서버 인스턴스를 설정하기만 하면 새 소유자 IP 주소와 사용자 이름, SSH 연결에 사용할 개인/공용 키를 받게 됩니다. 거기서부터는 직접 소유한 서버와 모든 것이 똑같습니다. 물론 하드웨어를 직접 관리하거나, 모니터링 도구를 잔뜩 만들 필요가 없다는 점은 빼고 말이죠.

특히 SSH나 키 쌍을 다뤄본 경험이 없다면, 빨리 처리할 수 있는 지저분한 일들에 대해선 구글 클라우드 플랫폼이 바로 설정해서 사용하기 편리합니다. 실행기도 간단하고 브라우저에서 바로 SSH 터미널을 볼 수 있는 버튼도 있습니다(그림 17-1).

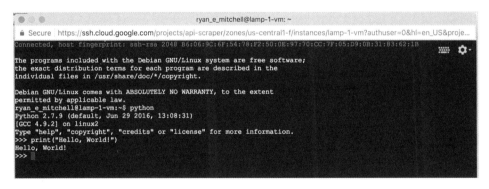

그림 17-1 구글 클라우드 플랫폼 VM 인스턴스에서 실행한 브라우저 기반 터미널

17.4 추가 자료

예전에는 '클라우드에서 실행'한다는 것은 문서와 매뉴얼을 열심히 읽고 서버 관리 경험도 있는 사람들의 영역이었습니다. 하지만 최근에는 클라우드 컴퓨팅이 유행하며 회사들이 경쟁하면서 관련 도구도 극적으로 발전했습니다.

하지만 대규모 스크레이퍼나 더 복잡한 스크레이퍼를 만들기 위해서는 데이터를 수집하고 저장하는 플랫폼에 대해 조금 더 알아야 할 수도 있습니다.

마크 코언[Marc Cohen], 캐스린 헐리[Kathryn Hurley], 폴 뉴슨[Paul Newson]이 쓴 『Google Compute Engine』(O'Reilly, 2014)은 구글 클라우드 컴퓨팅에서 파이썬과 자바스크립트를 사용하는 법에 관한 쉬운 가이드입니다. 이 책은 구글의 사용자 인터페이스뿐 아니라 애플리케이션을 유연하게 만들 수 있는 명령줄과 스크립트 도구도 설명합니다.

아마존을 선호한다면 미치 가나트의 『파이썬을 이용한 AWS 가이드』(한빛미디어, 2013)를 권합니다. 이 책은 아마존 웹 서비스의 기초와 함께 확장성 있는 애플리케이션 제작을 설명하는 대단히 유용한 가이드입니다.

웹 스크레이핑의 합법성과 윤리

2010년, 소프트웨어 엔지니어 피트 워든^{Pete Warden}은 웹 크롤러를 만들어 페이스북에서 데이터를 수집했습니다. 피트는 대략 2억 명의 페이스북 사용자로부터 사용자 이름, 위치 정보, 친구, 관심사 등의 데이터를 수집했습니다. 물론 페이스북은 이 사실을 알아채고 피트에게 정지 명령을 보냈고 피트는 이 명령에 응했습니다. 누군가가 피트에게 왜 정지 명령에 순응했는지 묻자, 피트는 이렇게 대답했습니다. "빅 데이터? 싸죠. 법률가는? 비싸요."

이 장에서는 웹 스크레이핑과 관련된 미국 법률(일부 국제법과 함께)에 대해 알아보고, 웹 스크레이핑 상황의 합법성과 윤리를 분석해보겠습니다.

이 섹션을 읽기 전에 한 가지 분명한 사실을 다시 확인하겠습니다. 필자는 소프트웨어 엔지니어일 뿐 법률가가 아닙니다. 여기 또는 이 책의 다른 장에 수록된 내용 중 무엇이라도 법률 전문가의 조언이라고 생각해도 안 되며, 그에 따라 행동해서도 안 됩니다. 비록 필자가 웹 스크레이핑의 합법성과 윤리에 대해 아는 것이 있고 설명할 수도 있지만, 법적으로 모호한 웹 스크레이핑 프로젝트를 시작하기 전에는 소프트웨어 엔지니어가 아니라 반드시 법률가와 상담해야 합니다.

이 장의 목적은 웹 스크레이핑 윤리를 지적 재산권, 인증되지 않은 컴퓨터 접근, 서버 사용량 같은 다양한 관점으로 바라보는 출발점을 제시하는 것이지, 실제 법적 문제에 어떻게 대응할지 조언하는 것이 아닙니다.

18.1 상표? 저작권? 특허?

지적 재산권에 대해 설명할 시간이군요. 지적 재산권에는 크게 세 가지가 있습니다. 상표(™ 또는 ® 기호), 저작권(아주 흔한 ©), 특허(이따금 특허로 보호된 발명품임을 설명하는 노트나 특허 번호가 있기도 하지만 대개 없습니다) 세 가지입니다.

특허는 발명품에 한해 소유권을 선언하기 위해 쓰입니다. 이미지,텍스트, 기타 정보 자체에는 특허를 낼 수 없습니다. 소프트웨어 특허 같은 일부 특허는 우리가 보통 '발명품'이라 생각하는 것만큼 뚜렷하지는 않지만, 중요한 건 그 **물건**(또는 테크닉)이 특허의 대상일 뿐 그 안에 담긴 정보는 특허의 대상이 아닙니다. 스크랩한 청사진으로 무언가를 만들거나 누군가가 웹 스크레이핑 방법에 특허를 내지 않는 한, 웹 스크레이핑 때문에 우연히 특허를 위반할 가능성은 매우 낮습니다.

상표 역시 문제의 소지는 낮지만 염두에 두기는 해야 합니다. 미국 특허청에 따르면 상표의 정의는 다음과 같습니다.

> **상표**trademark란 어느 일방의 상품의 원천을 타인의 상품의 원천과 식별하고 구별하는 단어, 구절, 기호, 디자인이다. **서비스 마크**service mark란 상품이 아니라 서비스의 원천을 식별하고 구별하는 단어, 구절, 기호, 디자인이다. '상표'란 용어는 종종 상표와 서비스 마크 양쪽을 모두 가리킨다.

상표를 생각할 때 우리가 보통 떠올리는 전통적인 단어 또는 마크 같은브랜딩 외에도, 기타 독특한 속성도 상표가 될 수 있습니다. 예를 들어 용기 모양(코카콜라 병)이나 심지어 색깔(오웬스코닝의 핑크 팬더 광섬유 절연체에사용하는 핑크색)도 이에 포함됩니다.

특허와는 달리, 상표 소유권은 문맥에 따라 크게 달라집니다. 예를 들어 필자가 코카콜라 로고 사진이 들어 있는 블로그 포스트를 썼다 해도, 해당 블로그 포스트가 코카콜라의 협찬을 받았거나 코카콜라에서 작성한 것이라는 암시만 들어 있지 않다면 괜찮습니다. 하지만 필자가 새로운 음료 상품을 만들면서 똑같은 코카콜라 로고를 패키지에 표시했다면 그건 명백한 상표권 위반입니다. 마찬가지로, 핑크 팬더의 핑크색을 새 음료 패키지에 쓰는 건 상관없지만 같은 색깔을 가정용 절연 제품에는 쓸 수 없습니다.

18.1.1 저작권법

상표와 특허는 모두, 인식되기 위해서는 먼저 공식적으로 등록되어야 한다는 상식이 존재합니다. 이런 상식은 저작권의 보호를 받는 출판물에는 통용되지 않습니다. 이미지, 텍스트, 음악 등에 저작권을 부여하는 것은 무엇일까요? 페이지 맨 아래에 있는 'All Rights Reserved' 경고도 아니고, '출판된' 것과 '출판되지 않은' 것 사이에 어떤 특별한 차이가 있는 것도 아닙니다. 당신이 창작한 것은 존재하게 되는 즉시 자동으로 저작권법의 대상이 됩니다.

문학, 예술적 저작물의 보호를 위한 베른 조약은 1886년 처음 도입되었으며 저작권에 관한 국제 표준입니다. 이 조약을 요약하면, 모든 회원국은 다른 회원국 국민의 저작권도 자국 국민의 저작권처럼 동일하게 보호해야 한다는 내용입니다. 알기 쉽게 말하면, 미국 시민이 프랑스에 사는 누군가가 쓴 저작물의 저작권을 위반한다면 미국에서 처벌받을 수 있다는 뜻입니다(반대도 마찬가지입니다).

물론 저작권은 웹 스크레이퍼의 주요 관심사입니다. 필자가 누군가의 블로그 콘텐츠를 스크랩해서 필자의 블로그에 올린다면 소송을 자초한 것이나 마찬가지입니다. 다행히 블로그 스크레이핑 프로젝트가 어떻게 동작했느냐에 따라 필자를 보호하는 방법이 몇 가지 있습니다.

저작권 보호는 창의적 활동에만 적용되며 통계나 사실에는 적용되지 않습니다. 다행히 웹 스크레이핑은 대부분 사실과 통계에 관련된 것입니다. 웹 스크레이퍼가 웹에서 시를 수집해 당신의 웹사이트에 올렸다면 저작권법을 위반한 것이지만, 웹 스크레이퍼가 시간에 따른 시의 출현 빈도에 관한 정보를 수집했다면 저작권법을 위반한 것이 아닙니다. 시 자체는 창의적인 활동의 결과이지만, 어떤 웹사이트에 시어가 한 달 동안 몇 번 등장했는지 세는 건 실제 데이터일 뿐 창의적인 활동이 아닙니다.

콘텐츠를 그대로(가공되지 않은 스크랩 데이터에서 수집하거나 계산한 콘텐츠가 아니라) 포스팅했다 해도, 그 데이터가 가격이거나, 회사 경영진 이름이거나, 기타 사실적 정보라면 저작권법을 위반한 것이 아닙니다.

디지털 밀레니엄 저작권법(DMCA)에 따르면 저작권의 보호를 받는 콘텐츠라도 합당한 이유가 있다면 직접 사용할 수 있습니다. DMCA에는 저작권 있는 콘텐츠의 자동화된 처리에 관한 몇 가지 규칙의 개요가 있습니다. DMCA는 매우 길고, 이북부터 전화에 이르는 여러 사안을 규정하는 특정한 규칙들이 포함됩니다. 여기에는 특별히 웹 스크레이핑과 관련됐다고 볼만한 두 가지 조항이 있습니다.

- '세이프하버' 보호 조약 아래에서, 저작권과 관계없는 것만 있다고 믿었을 것이라 보이는 소스에서 자료를 스크랩했지만 다른 사용자가 그 소스에 저작권 있는 자료를 올린 경우, 고지받은 시점에서 저작권 있는 자료를 제거하기만 하면 보호받을 수 있습니다.

- 콘텐츠를 수집하기 위해 보안 수단(비밀번호 같은)을 회피해서는 안 됩니다.

또한, DMCA에는 미국 법령에 의거한 공정 이용을 인정하며, 저작권으로 보호된 것이라도 공정 이용 규칙 범위를 벗어나지 않았다면 세이프 하버 보호 조약에 따라 폐기 통지가 발행되지 않을 수 있다는 조항도 있습니다.

간단히 말해, 저작권 있는 자료는 원저자나 저작권 소유자로부터 허가받지 않고 직접 게시해서는 안 됩니다. 접근 권한이 있는 저작권 있는 자료를 당신의 데이터베이스에 저장하고 분석 목적으로 공개하지 않은 채 사용한다면 괜찮습니다. 그 데이터베이스를 웹사이트에 게시해보거나 내려받을 수 있게 해서는 안 됩니다. 그 데이터베이스를 분석하고 단어 통계, 저자 리스트, 기타 데이터에 관한 메타 분석을 게시하는 것은 괜찮습니다. 메타 분석에 몇 가지 인용구가 있거나 간단한 샘플 데이터를 써서 당신이 원하는 바가 드러나게끔 돕는 정도도 괜찮을 것 같지만, 확실히 하려면 DMCA의 '공정 이용' 절을 검토해야 합니다.

18.2 동산 침해

동산 침해는 부동산이나 땅에 적용되는 것이 아니라 서버처럼 움직일 수 있는 소유물에 적용된다는 점에서 우리가 보통 생각하는 '주거침입에 관한 법률'과는 다릅니다. 동산 침해는 어떤 식으로든 소유물에 접근하거나 사용하는 것을 방해받았을 때 적용됩니다.

클라우드 컴퓨팅의 시대에 웹 서버를 실존하는 뚜렷한 자원으로 생각하기는 쉽지 않습니다. 하지만 서버는 그 자체로 값비싼 물건일 뿐 아니라, 보관하고 관찰하며 식히고 방대한 전력을 공급해야 하는 대상입니다. 일부 추산에 따르면 지구에서 소비되는 전기의 10%[1]가 컴퓨터에 들어간다고 합니다(자신이 소비하는 전기의 비율을 생각하고 의아해하지 마십시오. 구글의 방대한 서버 팜은 거대한 전력 시설에 연결되어 있어야 합니다).

---

1 Bryan Walsh, "The Surprisingly Large Energy Footprint of the Digital Economy [UPDATE]" (*http://ti.me/2IFOF3F*), TIME.com, August 14, 2013.

서버는 값비싼 자원이기도 하지만, 웹마스터는 일반적으로 사람들이 자원을 소비(웹사이트에 접근하는 등)하길 바란다는 점에서 법적 관점에서는 흥미로운 분야입니다. 그저 너무 심하게 소비하지 않길 바랄 뿐입니다. 브라우저로 웹사이트를 체크하는 것은 괜찮지만, 대규모 DDOS 공격을 감행하는 것은 물론 안 됩니다.

웹 스크레이퍼가 동산 침해를 위반했는지는 세 가지 범주에서 판단합니다.

동의 없음

웹 서버는 모든 이에게 열려 있으므로 일반적으로 웹 스크레이퍼에게도 '동의한다'고 간주합니다. 하지만 상당수의 웹사이트가 약관에서 스크레이퍼 사용을 명시적으로 금지합니다. 정지 명령 고지가 이 동의를 취소하는 것은 물론입니다.

실제 피해

서버에는 비용이 듭니다. 실제 비용 외에 스크레이퍼 때문에 웹사이트가 다운되거나 다른 사용자에게 서비스를 제공할 능력이 제한되면 이 역시 당신이 초래한 '피해'라고 간주합니다.

고의성

당신이 코드를 작성했다면 당연히 고의적입니다!

동산 침해가 적용되려면 반드시 이들 세 가지 범주를 충족해야 합니다. 하지만 약관을 어기고 있다면, 실제 피해를 초래하지 않았다고 해서 법적 대응에서 자유로울 것이라 생각하지는 마십시오. 저작권법, DMCA, 컴퓨터 사기와 악용에 관한 법률(나중에 더 설명합니다), 기타 웹 스크레이퍼에 적용되는 다른 법률을 어기고 있을 확률이 매우 높습니다.

봇의 활동 제한

과거에는 웹 서버가 개인용 컴퓨터보다 훨씬 강력했습니다. 사실 '서버'의 정의 일부분이 '큰 컴퓨터'였으니까요. 이제는 상황이 좀 다릅니다. 예를 들어 필자의 컴퓨터에는 3.5GHz 프로세서와 8GB 램이 달려 있습니다. 반면 이 책을 쓰는 시점에서 아마존 중급 서버 인스턴스는 4GB 램과 3GHz 정도의 처리 능력을 갖고 있습니다.

충분한 속도의 인터넷 연결과 전용 컴퓨터만 있다면 개인용 컴퓨터 단 한 대로도 여러 웹사이트에 심각한 부하를 줄 수 있고, 완벽히 다운시키는 것도 가능합니다. 사람의 생명이 위험한 상황이고 유일한 해결책이 홍길동의 웹사이트에서 2.5초 만에 모든 데이터를 긁어오는 것이 아닌 이상 사이트에 악영향을 줄 이유는 전혀 없습니다.

봇을 통한 수집은 끝이 없는 일입니다. 크롤러를 오후나 저녁에 돌리지 말고 밤 동안 작업하게 두는 것이 나은 이유가 몇 가지 있습니다.

- 8시간이면 초당 2페이지의 속도로도 14,000페이지 이상을 크롤링하기 충분합니다. 시간이 중요한 게 아니라면 크롤러 속도를 올릴 필요는 없습니다.
- 웹사이트의 대상 사용자가 당신과 비슷한 위치에 있다면(사용자가 멀리 있는 경우에는 적절히 조절하십시오) 웹사이트 트래픽은 밤 동안 훨씬 낮으므로, 당신이 크롤링을 하더라도 사이트가 가장 바쁜 시간에 복합적인 악영향을 줄 리는 없습니다.
- 로그를 끊임없이 체크하면서 새 정보가 있는지 확인하는 대신 자면서 시간을 아낄 수 있습니다. 아침에 일어났더니 완전히 새로운 데이터가 쌓여 있는 모습을 상상해보십시오!

다음 시나리오를 생각해봅시다.

- 웹 크롤러를 사용해 홍길동의 웹사이트에서 데이터 전체 또는 일부를 수집하고 있습니다.
- 웹 크롤러를 사용해 수백 개의 작은 웹사이트에서 데이터 전체 또는 일부를 수집하고 있습니다.
- 웹 크롤러를 사용해 위키백과 같은 매우 큰 사이트에서 정보를 수집하고 있습니다.

첫 번째 시나리오에서는 봇 속도를 제한하고 밤에만 동작하게 하는 편이 가장 좋습니다.

두 번째 시나리오에서는 각 웹사이트를 한 번에 하나씩 크롤링하는 편이 가장 좋습니다. 수집하는 웹사이트 숫자에 따라 다르지만, 이렇게 하면 인터넷 연결 속도와 컴퓨터가 감당할 수 있는 최고의 속도로 데이터를 수집하면서도 각 원격 서버에는 큰 부하를 주지 않을 수 있습니다. 다중 스레드를 사용하면서 각 스레드에서 사이트 하나씩 수집하면서 스스로 일시 정지하는 방식을 쓰거나, 파이썬 리스트를 통해 사이트를 추적하는 방식을 쓰면 이 시나리오도 프로그램으로 유지할 수 있습니다.

세 번째 시나리오라면, 당신의 인터넷 연결 속도와 가정용 컴퓨터의 속도 정도라면 위키백과 같은 대형 사이트에서는 눈치채지 못할 정도로 미미하거나 별로 신경 쓰이지 않을 정도일 겁니다. 하지만 분산형 컴퓨터 네트워크를 사용한다면 물론 얘기가 다릅니다. 항상 조심하고, 가능하면 항상 회사 책임자에게 문의하십시오.

18.3 컴퓨터 사기와 악용에 관한 법률

컴퓨터는 1980년대 초기부터 대학에서 비즈니스 세계로 이동하기 시작했습니다. 바이러스와 웜이 처음으로 불편함(때로는 유쾌한 취미) 이상으로 보이기 시작했고, 실제 금전적 손실을 초래할 수 있는 심각한 위법 행위로 받아들여지기 시작한 시기입니다. 이에 따라, 1986년에 컴퓨터 사기와 악용에 관한 법률(CFAA)이 만들어졌습니다.

이 법률이 바이러스를 퍼뜨리는 일부 진부한 악의적 해커에게만 적용될 거라고 생각하겠지만, 사실 이 법률은 웹 스크레이퍼에게도 강하게 암시하는 바가 있습니다. 스크레이퍼가 웹을 스캔하며 짐작하기 쉬운 로그인 비밀번호를 찾거나, 의도치 않게 비밀스럽지만 공공연한 위치에 있는 정부 기밀을 수집한다고 상상해보십시오. 이들 행위는 모두 위법이며 당연히 CFAA의 제재 대상입니다.

이 법률은 일곱 가지 주요 범법 공격을 정의하는데, 다음과 같이 요약할 수 있습니다.

- 미국 정부가 소유한 컴퓨터에 의도적으로 허가 없이 접근해 그 컴퓨터에서 정보를 취득하는 행위

- 컴퓨터에 의도적으로 허가 없이 접근해 재정적 정보를 취득하는 행위

- 미국 정부가 소유한 컴퓨터에 의도적으로 허가 없이 접근해 정부가 컴퓨터를 사용하는 것에 영향을 주는 행위

- 보호된 컴퓨터에 의도적으로 접근해 사취를 시도하는 행위

- 컴퓨터에 승인 없이 의도적으로 접근해 컴퓨터에 손상을 초래하는 행위

- 미국 정부가 사용하는 컴퓨터 또는 주 사이, 또는 국제 거래에 영향이 있는 컴퓨터의 비밀 번호나 승인 정보를 공유하거나 퍼뜨리는 행위

- 보호된 컴퓨터에 손상을 초래하거나, 손상을 초래하겠다고 위협하여 돈 또는 '가치 있는 것'을 갈취하려는 시도

간단히 말해, 보호된 컴퓨터에서 멀리 떨어지고, 웹 서버를 포함해 접근 권한이 없는 컴퓨터에 접근하지 말고, 특히 정부나 재무 관련 컴퓨터를 멀리하십시오.

18.4 robots.txt와 이용 약관

웹사이트 이용 약관과 robots.txt 파일은 법적으로 말해 흥미로운 영역입니다. 웹사이트가 공개적으로 접근할 수 있다면, 어떤 소프트웨어가 접근할 수 있고 어떤 소프트웨어는 접근할 수 없는지 선언하는 웹마스터의 권한은 논란의 여지가 있습니다. '브라우저로 이 사이트를 보는 건 괜찮지만 직접 만든 프로그램을 쓰는 건 안 된다'는 말은 해석이 까다로운 문제입니다.

대부분의 사이트에는 모든 페이지 푸터에 이용 약관^{Terms of Service}(TOS)을 가리키는 링크가 있습니다. TOS는 웹 크롤러와 자동화된 접근에만 해당하는 규칙은 아닙니다. 웹사이트에 어떤 종류의 정보가 있고 그 정보로 무엇을 하는지 기록되어 있을 때가 많으며, 보통 웹사이트에서 제공하는 서비스에는 명시적 또는 묵시적 보증이 없다는 법적 면책 조항도 들어 있습니다.

검색 엔진 최적화(SEO)나 검색 엔진 기술에 흥미가 있다면 robots.txt 파일에 대해 들어봤을 겁니다. 규모 있는 웹사이트라면 어디든 *http://website.com/robots.txt* 같은 식으로 루트 웹 폴더에 robots.txt 파일이 존재합니다.

robots.txt 파일의 문법은 웹 검색 엔진 기술이 처음 유행하던 1994년에 만들어졌습니다. 이 때쯤부터 알타비스타나 도그파일^{DogPile} 같은 검색 엔진이 전체 인터넷을 달구며, 야후!에서 큐레이팅하던 리스트처럼 주제별로 정리된 단순한 사이트와 본격적으로 경쟁하기 시작했습니다. 이렇게 인터넷 전체에서 검색 엔진이 성장하면서 폭발적으로 늘어난 것은 웹 크롤러의 숫자만이 아닙니다. 웹 크롤러가 수집해 일반 대중에게 전달한 정보도 함께 늘어났습니다.

오늘날의 우리에게는 이런 정보의 가용성이 당연한 것처럼 느껴지지만, 일부 웹마스터는 웹사이트 깊숙이 감춰둔 정보가 주요 검색 엔진의 검색 결과 첫 페이지에 나타나는 걸 충격으로 받아들였습니다. 이에 따라 로봇 제외 표준^{Robots Exclusion Standard}이라 불리는 robots.txt 파일의 문법이 만들어졌습니다.

TOS는 보통 웹 크롤러를 넓은 의미로 부르고 사람이 읽는 언어로 쓰여지는 반면, robots.txt는 자동화된 프로그램에서 대단히 쉽게 파싱하고 사용할 수 있습니다. robots.txt가 불청객인 봇 문제를 단번에, 영원히 해결할 완벽한 시스템처럼 보일 수도 있지만 다음과 같은 문제도 있습니다.

- robots.txt 문법을 정의하는 공식적인 기구가 없습니다. 이 문법은 일반적으로 쓰이고 보통 잘들 따르는 문법이지만, 누군가가 자신만의 robots.txt 파일을 만들려 할 때 아무도

막을 수 없습니다. 널리 퍼지기 전에는 어떤 봇도 그 문법을 인식하거나 따르지 않을 거라는 사실은 차치하고도 말입니다. 그렇긴 하지만 현재 쓰이는 문법도 매우 널리 받아들여졌는데, 주된 이유는 그 문법이 비교적 단순하며 어떤 회사가 자신만의 표준을 만들거나 현재 문법을 개선함으로써 얻을 수 있는 이득이 없기 때문입니다.

- robots.txt 파일을 따르길 강제할 방법이 없습니다. robots.txt는 단순히 '이곳으로는 가지 말기 바랍니다'라는 표지판일 뿐입니다. robots.txt를 따르는(기본 설정일 뿐이며 오버라이드 가능) 웹 스크레이핑 라이브러리도 여럿 있습니다. 물론 그 외에도 robots.txt 파일을 따르기에는 장벽이 있을 때가 많습니다. 그냥 원하는 페이지를 스크랩해버리면 되니까요.

로봇 제외 표준 문법은 매우 단순합니다. 파이썬과 마찬가지로(다른 언어도 대개 그렇지만) 주석은 #으로 시작해서 줄바꿈 문자로 끝나며 파일 어디든 쓸 수 있습니다.

주석과 상관없이 파일의 첫 행은 User-agent:로 시작합니다. 이 행은 다음에 이어지는 규칙이 적용될 대상을 가리킵니다. User-agent: 다음에는 규칙이 이어지는데, 규칙은 Allow: 또는 Disallow:이며 사이트의 해당 섹션에서 봇이 허용되는지 아닌지를 나타냅니다. 아스테리스크(*)는 와일드카드이며 User-agent나 URL을 대체합니다.

어떤 규칙이 이전 규칙과 충돌한다면 마지막 규칙에 우선권이 있습니다. 다음 예를 보십시오.

```
# Welcome to my robots.txt file!
User-agent: *
Disallow: *


User-agent: Googlebot
Allow: *
Disallow: /private
```

여기서는 모든 봇에 대해 사이트 전체를 금지했지만, 예외로 Googlebot에 대해서는 /private 디렉터리를 제외한 사이트 전체를 허용했습니다.

트위터의 robots.txt 파일에는 구글, 야후, 얀텍스Yandex(러시아에서 인기 있는 검색 엔진), 마이크로소프트에서 만든 봇과 기타 이전 카테고리에 속하지 않는 검색 엔진에서 만든 봇에 대한 명시적 규칙이 들어 있습니다. 구글 섹션은 다음과 같습니다.

```
#Google Search Engine Robot
User-agent: Googlebot
Allow: /?_escaped_fragment_

Allow: /?lang=
Allow: /hashtag/*?src=
Allow: /search?q=%23
Disallow: /search/realtime
Disallow: /search/users
Disallow: /search/*/grid

Disallow: /*?
Disallow: /*/followers
Disallow: /*/following
```

트위터에서는 자신들이 API를 제공하는 부분에서는 접근을 제한하고 있습니다. 트위터는 잘 만들어진 API를 갖추고 있고 이를 통해 라이선스 수익을 올리므로 '정체 모를 API'가 독립적으로 사이트를 크롤링하며 정보를 수집하지 못하도록 막는 게 회사의 최대 관심사 중 하나입니다.

처음에는 크롤러의 접근을 막는 파일이 제약이라 느껴지겠지만, 실제 웹 크롤러를 개발하다 보면 축복일 수도 있습니다. 사이트의 특정 섹션에서 크롤링을 금지하는 robots.txt 파일이 있다면, 바꿔 말해 웹마스터가 사이트의 나머지 부분에서는 크롤러를 허용한다는 것이나 마찬가지입니다. 허용하지 않을 거라면 처음부터 robots.txt로 접근을 제한했을 테니까요.

예를 들어 위키백과의 robots.txt 파일에서 일반적인 웹 스크레이퍼(검색 엔진이 아니라)에 적용되는 부분은 매우 관대합니다. 그 파일에는 심지어 사람이 읽을 수 있는 텍스트로 봇을 환영하는 문구까지 있고, 접근을 제한하는 페이지는 로그인 페이지, 검색 페이지, '임의 문서로' 페이지 등 일부일 뿐입니다.

```
#
# Friendly, low-speed bots are welcome viewing article pages, but not
# dynamically generated pages please.
#
# Inktomi's "Slurp" can read a minimum delay between hits; if your bot supports
# such a thing using the 'Crawl-delay' or another instruction, please let us
# know.
#
# There is a special exception for API mobileview to allow dynamic mobile web &
# app views to load section content.
```

```
# These views aren't HTTP-cached but use parser cache aggressively and don't
# expose special: pages etc.
#
User-agent: *
Allow: /w/api.php?action=mobileview&
Disallow: /w/
Disallow: /trap/
Disallow: /wiki/Especial:Search
Disallow: /wiki/Especial%3ASearch
Disallow: /wiki/Special:Collection
Disallow: /wiki/Spezial:Sammlung
Disallow: /wiki/Special:Random
Disallow: /wiki/Special%3ARandom
Disallow: /wiki/Special:Search
Disallow: /wiki/Special%3ASearch
Disallow: /wiki/Spesial:Search
Disallow: /wiki/Spesial%3ASearch
Disallow: /wiki/Spezial:Search
Disallow: /wiki/Spezial%3ASearch
Disallow: /wiki/Specjalna:Search
Disallow: /wiki/Specjalna%3ASearch
Disallow: /wiki/Speciaal:Search
Disallow: /wiki/Speciaal%3ASearch
Disallow: /wiki/Speciaal:Random
Disallow: /wiki/Speciaal%3ARandom
Disallow: /wiki/Speciel:Search
Disallow: /wiki/Speciel%3ASearch
Disallow: /wiki/Speciale:Search
Disallow: /wiki/Speciale%3ASearch
Disallow: /wiki/Istimewa:Search
Disallow: /wiki/Istimewa%3ASearch
Disallow: /wiki/Toiminnot:Search
Disallow: /wiki/Toiminnot%3ASearch
```

웹 크롤러가 robots.txt를 따르게 만들지 아닐지는 당신의 자유지만, 필자는 그러기를 적극 권하며, 특히 웹을 가리지 않고 탐색하는 크롤러를 만든다면 꼭 robots.txt를 따르길 바랍니다.

18.5 세 가지 웹 스크레이퍼 사례

웹 스크레이핑은 한계가 없는 영역이므로 법을 어기게 될 가능성도 헤아릴 수 없이 많습니다. 이번 절에서는 일반적으로 웹 스크레이퍼에 적용되는 법을 어긴 세 가지 사례를 소개하겠습니다.

18.5.1 이베이 vs. 비더스 에지: 동산 침해

1997년은 비니 베이비가 붐을 이뤘고 기술 부문은 거품 경기의 힘을 입었으며, 온라인 경매가 인터넷의 핫 트렌드였던 해였습니다. 비더스 에지Bidder's Edge라는 회사는 메타 경매 사이트라는 새로운 영역을 개척했습니다. 이 서비스를 이용하면 경매 사이트를 찾아다니며 가격을 비교할 필요 없이, 특정 제품에 관해 현재 열려 있는 경매 데이터를 긁어모아 가장 싼 사이트를 바로 찾을 수 있었습니다.

비더스 에지는 이 서비스를 위해 수많은 웹 스크레이퍼를 사용하면서 다양한 경매 사이트의 웹 서버에 끊임없이 요청을 보내 제품 정보와 가격을 수집했습니다. 경매 사이트 중에서는 이베이가 가장 컸고, 비더스 에지는 이베이 서버에 하루 십만 번가량 요청을 보냈습니다. 이 트래픽은 현재 기준으로도 과한 트래픽입니다. 이베이에 따르면 이 숫자는 당시 총 인터넷 트래픽의 1.53%에 달했고, 확실히 유쾌할 수 없는 상황이었습니다.

이베이는 비더스 에지에 정지 명령을 보내면서 데이터 라이선스를 제안했습니다. 하지만 이 교섭은 실패했고 비더스 에지는 이베이 사이트에 크롤링을 계속했습니다.

이베이는 비더스 에지의 IP 주소 차단을 시도했고 IP 주소 169개를 차단했지만, 비더스 에지는 프록시 서버를 통해 이를 우회했습니다(프록시 서버는 다른 컴퓨터의 요청을 자신의 IP 주소를 통해 전송하는 서버입니다). 충분히 상상할 수 있겠지만 이 상황은 양자 모두에게 좌절스럽고 고통스러운 상황이었습니다. 비더스 에지는 끊임없이 새 프록시 서버를 찾고 차단된 IP 주소를 대체할 새 IP 주소를 구입해야 했으며, 이베이는 방화벽 리스트를 관리하고 각 패킷마다 IP 주소를 비교하느라 서버에 부하를 초래했습니다.

마침내 1999년 12월 이베이는 비더스 에지에 동산 침해 소송을 걸었습니다.

이베이 서버는 현존하는 뚜렷한 자원이었고 비더스 에지가 이베이 서버를 비정상적으로 사용하고 있었으므로, 동산 침해는 이베이가 호소하기에 이상적인 법률로 비쳤습니다. 사실 최근에도 동산 침해는 웹 스크레이핑 소송에 자주 등장하며 IT에 관한 법률로 생각될 때가 많습니다.

법원은 이베이가 동산 침해 소송에서 이기려면 두 가지를 증명해야 한다고 판결했습니다.

- 비더스 에지에는 이베이의 자원을 사용할 권한이 없었다.

- 이베이는 비더스 에지의 행위로 인해 재정적 손실을 입었다.

이베이는 이미 정지 명령을 보낸 기록이 있고 서버 사용과 실제 비용에 관한 기록도 있었으므로 이는 비교적 쉬운 일이었습니다. 물론 큰 소송이 쉽게 끝날 리는 없습니다. 재소송이 줄을 이었고 여러 법률가들이 돈을 벌었으며, 양측은 최종적으로 2001년 3월에서야 법정 밖에서 합의했지만 합의금은 밝혀지지 않았습니다.

과연 누군가가 다른 사람의 서버를 승인받지 않은 채 사용했다는 것만으로 자동으로 동산 침해를 위반했다는 의미로 받아들여질 수 있을까요? 그렇지 않습니다. 비더스 에지는 도를 지나친 경우였습니다. 이 회사가 이베이의 자원을 지나치게 사용한 탓에 이베이는 서버를 더 사야 했고, 전기료도 더 내야 했고, 아마 인력도 더 고용해야 했을 겁니다(1.53%라는 숫자는 그리 커 보이지 않더라도, 회사가 크면 액수는 엄청나집니다).

한편 2003년에 캘리포니아 대법원은 인텔 대 하미디 소송에 대한 판결을 내렸습니다. 인텔 직원이었던 케네스 하미디Kenneth Hamidi는 인텔의 서버를 통해 인텔이 유쾌하지 않을 이메일을 인텔의 직원들에게 보냈습니다. 판결문은 다음과 같습니다.

> 인텔의 주장을 기각하는 이유는 인터넷을 통해 전파된 이메일에 고유한 면죄부가 있기 때문이 아니며 동산 침해 불법 행위가, 언급한 행위의 목적과 달리, 캘리포니아에서는 원고의 사유물 또는 그 안에 존재하는 법적 관심사를 침해했다는 증거 없이 증명될 수 없기 때문이다.

간추리자면, 인텔은 하미디가 인텔의 직원 전원에게(흥미롭게도, 메일을 받은 각 직원은 하미디의 메일링 리스트에서 자신을 제외할 수 있었습니다. 하미디는 최소한 예의 바른 사람이었군요) 이메일을 여섯 번 보낸 비용이 인텔에 재정적 손실을 입혔다고 증명하는 데 실패했습니다. 인텔은 소유물을 빼앗기지도, 소유물을 사용하는 걸 방해받지도 않았습니다.

18.5.2 미국 vs. 오언하이머: 컴퓨터 사기와 악용에 관한 법률

어떤 정보가 인터넷에 있고 사람이 웹 브라우저를 통해 그 정보에 순조롭게 접근할 수 있다면, 정확히 같은 정보에 자동화된 방법으로 접근했다는 이유만으로 연방 정부와 소송에 휘말릴 것 같지는 않아 보입니다. 하지만 충분히 의심스러운 사람이 조그만 보안 허점을 발견했다면, 그리고 자동화된 스크레이퍼가 끼어든다면 그 작은 보안 허점은 순식간에 더 크고 훨씬 위험한 것이 될 수 있습니다.

2010년, 앤드루 오언하이머^{Andrew Auernheimer}와 대니엘 스피틀러^{Daniel Spitler}는 아이패드의 멋진 기능을 발견했습니다. 아이패드로 AT&T 웹사이트에 접속하면 아이패드 고유의 ID 숫자가 포함된 URL로 리다이렉트됐습니다.

```
https://dcp2.att.com/OEPClient/openPage?ICCID=&IMEI=
```

이 페이지에는 로그인 폼이 들어 있으며 URL에 포함된 ID를 가진 사용자의 이메일 주소가 노출되었습니다. 사용자는 단순히 비밀번호만 입력하면 계정에 접근할 수 있었습니다.

아이패드 ID 숫자로 가능한 숫자는 대단히 많지만, 웹 스크레이퍼가 충분히 많기만 하다면 가능성 있는 숫자를 순회하며 이메일 주소를 수집할 수 있습니다. AT&T는 사용자에게 간편한 로그인 기능을 제공하려 했지만 결과적으로 고객의 이메일 주소를 웹에 공개한 것이나 마찬가지입니다.

오언하이머와 스피틀러는 스크레이퍼를 만들어 이메일 주소를 114,000개 수집했는데, 이중에는 유명인사나 CEO, 정부 관계자들의 개인용 이메일 주소도 들어 있었습니다. 오언하이머는 고커 미디어에 리스트를 넘기면서 이 정보를 어떻게 얻었는지도 이야기했고, 고커 미디어는 '애플 최악의 보안 붕괴! 아이패드 소유자 114,000명이 노출되다'라는 헤드라인으로 이 이야기를 기사화했습니다(고커 미디어는 리스트 자체를 공개하지 않았으며, 스피틀러는 이 사건에 개입하지 않았습니다).

2011년 6월, FBI는 이메일 주소 수집과 관련해 오언하이머의 집을 급습했습니다(체포 자체는 마약 혐의였습니다). 2012년 11월, 오언하이머는 신분 사기 판결과 함께 승인 없이 컴퓨터에 접근했다는 혐의를 받고, 얼마 뒤 연방 형무소에서 41개월을 복역하고 73,000달러를 배상하라는 선고를 받았습니다.

오언하이머 사건은 인권변호사 오린 커^{Orin Kerr}의 관심을 끌었고, 오린은 오언하이머의 법률 팀에 합류해 제3 상고법원에 항소했습니다. 2014년 4월 11일(이런 법적 절차는 매우 오래 걸릴 수 있습니다), 제3 상고법원은 항소를 받아들여 다음과 같이 판결했습니다.

> 공개된 웹사이트에 접근하는 것은 컴퓨터 사기와 악용에 관한 법률, 18 U.S.C. § 1030(a)(2)(C)에 의거해 승인받지 않은 접근이라 볼 수 없으므로 1심에서 오언하이머에게 내려진 유죄 판결은 반드시 뒤집혀야 한다. AT&T는 고객의 이메일 주소에 대한 접근을 컨트롤할 비밀번호나 기타 방어적 수단을 채용하지 않았다. AT&T가 외부인이 데이터에 침입하지 않기를 바랐다고 해서 오언하이머의 접근을 '절도'라고 과장되게 규정할 수는 없다. AT&T는 정보를 모든 사람이 사용할 수 있도록 서버를 설정했고, 따라서 일반 대중이 정보를 볼 수 있도록 인증한 것이다. AT&T 웹사이트를 통해 이메일 주소에 접근하는 것은 CFAA에서 승인한 것이며, 따라서 범죄가 아니다.

이에 따라 법정에서 정의가 승리했고 오언하이머는 같은 날 석방되었으며 모두가 행복해졌습니다.

결국 오언하이머가 컴퓨터 사기와 악용에 관한 법률을 어기지 않았다고 밝혀지긴 했지만, 그는 FBI에게 집을 급습당했고 재판 비용으로 수천 달러를 소비했으며, 3년 동안 재판정과 형무소를 오가야 했습니다. 웹 스크레이퍼가 이와 비슷한 상황을 피하려면 어떤 교훈을 얻을 수 있을까요?

변호사와 통하는 핫라인이 없다면, 개인적인 데이터(여기서는 이메일 주소)든, 거래에 관한 비밀이든, 정부의 비밀이든 예민한 정보는 무엇이든 스크레이핑하지 말아야 합니다. 설령 공개된 것이라도 한 번 더 생각하십시오. '일반적인 컴퓨터 사용자가 원하기만 한다면 쉽게 이 정보에 접근할 수 있나?' 혹은 '이 정보는 회사에서 사용자들이 보길 원하는 정보인가?'

필자는 여러 회사에 연락해 그들의 웹사이트와 웹 애플리케이션에 있는 보안 취약점을 알려주곤 했습니다. 이렇게 말하면 놀랄 정도로 잘 먹히곤 합니다. "안녕하세요, 저는 보안 전문가인데 귀사의 웹사이트에서 잠재적 보안 취약점을 발견했습니다. 이 문제에 대해 설명하고 해결할 수 있도록 담당자에게 연결해주시겠습니까?" 이렇게 하면 명석한 화이트 해커라는 자긍심을 즉시 느낄 수 있을 뿐만 아니라, 무료 등록, 사례금, 기타 보상을 얻을 수도 있습니다!

오언하이머는 AT&T에 알리지 않은 채 고커 미디어에 정보를 넘겼고, 취약점을 노출하면서 그가 보인 과시하는 듯한 행동은 AT&T의 법률가들이 오언하이머를 예의주시하게 만들었습니다.

사이트의 보안 취약점을 발견했을 때 취할 수 있는 가장 좋은 행동은 미디어에 알리는 게 아니라 사이트 소유자에게 알리는 겁니다. 블로그에 글을 써 전 세계가 알게 하고 싶다는 유혹도 있겠고, 특히 그 문제가 즉시 수정되지 않으면 유혹이 더 강할 겁니다. 하지만 그 취약점은 당신의 책임이 아니라 회사의 책임임을 기억하십시오. 당신이 할 수 있는 가장 좋은 일은 그 사이트에서 웹 스크레이퍼를 철수하는 겁니다(비즈니스 관계가 있다면 함께 정리하십시오).

18.5.3 필드 vs. 구글: 저작권과 robots.txt

변호사인 블레이크 필드Blake Field는 자신의 책을 웹사이트에서 내린 다음에도 구글의 사이트 캐싱 기능 때문에 그 사본이 공개되었으니 저작권법을 어겼다며 구글에 소송을 걸었습니다. 저작권법은 창의적인 작품의 원 저자에게 그 배포에 대한 권한도 부여합니다. 필드의 주장은 구글의 캐싱이 (웹사이트에서 책을 내린 다음) 그의 배포 권한을 침해했다는 것이었습니다.

> **NOTE_ 구글 웹캐시**
>
> 구글 웹 스크레이퍼('구글 봇')는 웹사이트를 크롤링한 후 복사본을 만들어 인터넷에 올립니다. 누구든 다음과 같은 형식의 URL을 이용해 이 캐시에 접근할 수 있습니다.
>
> ```
> http://webcache.googleusercontent.com/search?q=cache:http://pythonscraping.com/
> ```
>
> 검색하거나 스크레이핑하려 한 웹사이트를 이용할 수 없다면 이곳에서 사본을 찾아보십시오

필드는 구글의 캐싱 기능에 대해 알고 있으면서도 이에 대처하지 않았는데, 이 사실이 필드에게 불리하게 작용했습니다. 어쨌든 필드는 robots.txt 파일을 만들고 각 페이지를 스크랩해도 되는지 안 되는지 알리는 단순한 지시자만 넣어두었어도 구글 봇이 그의 웹사이트를 캐싱하지 않게 막을 수 있었으니까요.

더 중요한 건, 법원에서 DMCS 세이프 하버 조항이 구글이 필드의 사이트나 그 비슷한 사이트를 적법하게 캐싱하고 표시할 수 있다고 판결했다는 겁니다. "서비스 제공자는 금전적 구원 책임을 지지 않는다. (...) 서비스 제공자가 운영하는, 또는 서비스 제공자를 위해 운영되는 시스템 또는 네트워크에 중간적이고도 일시적으로 저장된 것 때문에 저작권법을 위반하더라도."

18.6 미래를 향해

웹은 끊임없이 변하고 있습니다. 우리에게 이미지, 비디오, 텍스트, 기타 데이터 파일을 전달하는 기술은 끊임없이 업데이트되고 새로 개발되고 있습니다. 이러한 흐름을 따라가려면 인터넷에서 데이터를 스크랩하는 기술들도 반드시 함께 변해야 합니다.

훗날 이 책을 다시 쓸 때는 자바스크립트는 거의 쓰이지 않는 완전히 필요 없는 기술이 되고, 대신 HTML8 홀로그램을 분석하는 내용을 실을지도 모릅니다. 하지만 웹사이트를 성공적으로 스크랩하기 위해 필요한 사고방식과 일반적인 접근법은 바뀌지 않을 겁니다. 지금부터 먼 미래에 이르기까지, 웹 스크레이핑 프로젝트에 임할 때는 항상 스스로에게 다음과 같은 질문을 던져야 합니다.

- 지금 내가 처한 문제는 무엇인가?

- 어떤 데이터가 문제 해결에 도움이 되고, 어디에서 그걸 찾을 수 있나?

- 웹사이트는 이 데이터를 어떻게 표시하나? 웹사이트의 코드 어느 부분에 이 정보가 들어 있는지 정확히 파악할 수 있나?

- 데이터를 어떻게 정확히 찾아서 가져올 수 있을까?

- 데이터를 더 유용하게 만들려면 어떻게 처리하고 분석해야 할까?

- 이 방식을 더 좋게, 더 빠르게, 더 견고하게 개선하려면 어떻게 해야 할까?

또한 이 책에서 소개한 도구 하나하나를 이해하는 데 그치지 말고 그들을 결합해 더 큰 문제를 해결하는 데 쓸 수 있어야 합니다. 데이터를 쉽게 얻을 수 있고 형식도 정확해서 간단한 스크레이퍼로 일을 해결할 수 있을 때도 있을 겁니다. 생각을 많이 해야 할 때도 있을 겁니다.

예를 들어 13장에서는 셀레니움 라이브러리를 써서 아마존에서 Ajax 이미지를 가져오고, 테서랙트로 그 이미지에서 글자를 인식했습니다. 위키백과의 여섯 다리 문제에서는 정규 표현식을 써서 링크 정보를 데이터베이스에 저장하는 크롤러를 만들고, 그래프 해석 알고리즘으로 '케빈 베이컨과 에릭 아이들을 연결하는 가장 짧은 링크 경로는 무엇인가?'라는 문제를 풀었습니다.

인터넷에서 자동으로 데이터를 수집하는 것에 관한 한 풀 수 없는 문제는 거의 없습니다. 하나만 기억하십시오. 인터넷은 사용자 인터페이스가 좀 부실한 거대한 API입니다.

INDEX

INDEX

INDEX